本书为国家社科基金重点项目
"区域法治资本、法治动力与地方法治政府建设绩效关系研究"
（批准号：14AZZ008）的研究成果

地方法治政府建设的资本、动力与绩效

——基于六县（区）的调查

THE CAPITAL, DYNAMICS, AND PERFORMANCE

IN THE CONSTRUCTION OF

LOCAL RULE OF LAW GOVERNMENT

欧阳景根　陈　琼　著

社会科学文献出版社

SOCIAL SCIENCES ACADEMIC PRESS (CHINA)

序　言

在人类文明的发展长河中，耸立着一座一座的思想丰碑，上面镌刻着那些对人类文明进程产生重大影响和做出过巨大贡献的伟大思想家的名字。正因为有了这些伟大思想的指引，人类社会才一步一步地从黑暗走向光明，从愚昧走向文明。当然，人类在向着光明摸索前行时，总会受到一些错误思想的误导，乃至走了不少弯路。一些在我们今天看来不言而喻的简单道理，在数百年前却信众寥寥、难以生存。众所周知，良好法律制度的制定及其有效实施对一个国家的长治久安具有举足轻重的意义。然而，在人们没有真切体验到法治的妙处、享受到法治果实的甘美时，是既认识不到良好法律与法治的好处，也认识不到它们对于国家长治久安的重要性的。比如清末民初著名法学家程树德先生就曾尖锐指出："纪文达编纂《四库全书》政书类法令之属，仅收二部，存目仅收五部，其案语则谓刑为盛世所不能废，而亦盛世所不尚，所录略存梗概，不求备也。此论一创，律学益微。"① 虽然早在此两千余年之前就有人指出法律之重要性，如《尹文子·大道上》所说的"国乱有三事：年饥民散，无食以聚之则乱；治国无法则乱；有法而不能用则乱。有法，食以聚民，有法而能行，国之乱未之有也"，但即使是在时隔两千多年之后的十八世纪的中国，法律与法治的作用仍然不为统治者所承认。即便在今天的中国，亦不乏尚权甚于尚法之人。由此可见，人类社会从黑暗、蒙昧时代一路走来，不断成长、发展，这是何其不易的事情。

关于学者和思想家在人类文明发展进程中所应承担的责任，北宋五子之一的张载曾经说得好："为天地立心，为生民立命，为往圣继绝学，为万世开太平。"德国古典主义哲学家费希特在此问题上也十分理智、清醒。他指出："学者阶层的真正使命是，高度关注人类一般的实际发展进程，并经常促进这种发展进程"，"就学者的使命来说，学者就是人类的教师"，"他不仅必须使人们一般地了解他们的需求以及满足这些需求的手段，他尤其应当随时随地向他们指明在当前这个特定条件下出现的需求以及达到面临

---

① 程树德：《九朝律考》，商务印书馆，2010，第4页。

的目标的特定手段"。① 而另一位德国哲学巨擘黑格尔也曾说："我每一天都越来越相信，理论工作在世界上取得的成就要比实践工作多得多。一旦观念世界发生了革命，那么现实就会招架不住。"② 张载、费希特与黑格尔的话无不昭示我们，作为人类文明进步的燃灯者与传道者的学者，身上的责任有多么重大，肩负的使命又是多么神圣！任何一个以学术为志业、具有学术良心与正义感的学者，都应文以载道，踵武前贤。

党的十八大以来，以习近平同志为核心的党中央殚精竭虑、锐意进取，团结和带领全党全国人民致力于实现中华民族的伟大复兴，正在把中华文明推向一个崭新的发展阶段和发展高峰。正如习近平总书记在党的十九大报告中指出的，"经过长期努力，中国特色社会主义进入了新时代，这是我国发展新的历史方位"。值此特殊重大历史时期，尤其需要我国学者深度参与到民族复兴与国家发展的这一关键阶段中来，为民族复兴与国家进步做出应有的思想贡献，使自己的学问文章有益于家国，"有益于天下"。三国时曹丕曾言，"盖文章者经国之大业，不朽之盛事"。清朝一代鸿儒顾亭林在论述"著书之难"时以为，"其必古人所未及就，后世之所不可无者，庶乎其传也与？"③ 而程树德也认为，"古人著述，大抵以毕生之力赴之，用力愈久，则其传愈远，书之佚者，必其无可传之具"。④ 因此，凡是"不假良史之辞，不托飞驰之势"就能流传千古的经典著作，一定是经邦济世、古人未及就后世不可无、有其可传之具的鸿篇巨制。古人曾以立德、立功、立言为三不朽。唐朝大儒孔颖达在《左传·襄公二十四年》中对此解释说："立德谓创制垂法，博施济众"；"立功谓拯厄除难，功济于时"；"立言谓言得其要，理足可传"。作为一介书生，能一以贯之地坚持学术操守与良心而不为虎作伥出卖灵魂已是难能可贵，焉敢奢望"创制垂法，博施济众"？至于"拯厄除难，功济于时"，以创万世之功更是登天无径、下海乏途。三者之中似乎唯有立言一途略微可行，若是所言不得其要、所著无可传之具，既无益于家国又无助于天下，甚至沦为糟粕，不出数年即为当世所忘为世人所弃，岂不悲哉！

那么本书如何才能避免这种悲惨命运呢？马克思的"问题就是时代的口

---

① 费希特：《论学者的使命 人的使命》，梁志学、沈真译，商务印书馆，1984，第41、44、45页。
② 转引自阿维纳瑞《黑格尔的现代国家理论》，朱学平译，知识产权出版社，2016，第85页。
③ 顾炎武：《著书之难》（第十九卷），《日知录集释》（下），黄汝成集释，上海古籍出版社，2014，第427页。
④ 程树德：《九朝律考》，商务印书馆，2010，第vii页。

号，是它表现自己精神状态的最实际的呼声"① 这一精辟见解为我们指明了方向，顾亭林和米尔斯的真知灼见也为笔者带来了启发。顾炎武在论述"文须有益于天下"时说得非常清楚："文之不可绝于天地间者，曰明道也，纪政事也，察民隐也，乐道人之善也。若此者，有益于天下，有益于将来，多一篇，多一篇之益矣。"② 赖特·米尔斯亦曾谓，"论题是件公共事务：公众感到他们所珍视的某种价值受到了威胁……一个论题往往包含了制度安排中的某个危机"。③ 在当今中国，最大的论题就是决胜全面建成小康社会，夺取新时代中国特色社会主义伟大胜利，实现中华民族伟大复兴。无庸讳言，我们的人民生活还不富足，有少部分人仍深陷贫困，我们的制度体系仍存不少缺陷，有的地方甚至积弊已久，我们的某些政府权力运行并还不十分规范，我们的党内仍然存在腐败现象。因此，作为全面建成小康社会、实现中华民族伟大复兴这一宏伟目标的基本手段和根本保障的全面深化改革、全面依法治国与全面从严治党就是中国共产党和全体中国人民政治日程中的中心任务。所以在本书中，明道者，期明政道，明中国法治之道也；纪事者，求以六大案例为依托和截面，完整记载、准确剖析国家近二十年的制度变革史、法治建设史与政治发展史；④ 察隐者，图由深入基层调研，以"视民如伤"的情怀，访察法治道路上的民间疾苦，传达维权过程中的黎民心声；道善者，望弘扬制度正义、政治正义也。

作为一个有使命感、责任感的政治学者和思想者，在他的思想世界内

① 《马克思恩格斯全集》第40卷，人民出版社，1982，第289-290页。
② 顾炎武：《文须有益于天下》（第十九卷），《日知录集释》（下），黄汝成集释，上海古籍出版社，2014，第425页。
③ 赖特·米尔斯：《社会学的想象力》，陈强等译，生活·读书·新知三联书店，2001，第7页。
④ 具体言之，即是要通过呈现各案例所涉省、市、县（区）三级政府从1997-2017年的20年间在法治政府建设方面的制度、政策制定与实施情况，通过呈现县级政府的法治政府建设细节，完整记录和准确再现当代中国的政治变迁历程，来观察分析国家的改革历程，评估改革的实际力度，以及地方政府贯彻执行的程度，并且由此整体上观察、分析、评估、把握中国政治发展的进程、方向、趋势与进展，诊断中国政治发展过程中存在的问题并寻求解决之道。要通过描述各案例的法治建设过程，观察中国正在发生什么，如何发生，为什么会发生，发生的局面如何，从而讲好中国故事，说明中国的政治发展进程，以及寻求或解释这一进程的内在动力、机制、障碍、原因等。因此，要把对案例的审察和阐析放在中国政治发展进程这一宏大格局中进行，从基层国家政权建设的角度，来说明各地的法治建设为何进展不一，效果参差不齐。总之，案例只是途径和工具，是记录和证明国家不断发展的载体与证据，是一个国家发展的时间截面和空间截面图景。这些案例展示的剖析图景就像一份CT扫描图一样，里面包含和记载着关于中国政治发展的大量细节与丰富信息。此种设想即顾炎武所言纪政事之旨趣在本书中的具体体现。

至少必须同时树立四个思想支柱或培育四个问题情怀，以作为其从事更加精深的专业领域研究的基础，而这也是整个中国社会科学界必须共同深入思考与协力解决的深层问题。

第一，从认识论上思考并回答如何才可能提出更为正确的正义理论，并正确认识到哪种社会是最为正义的社会，哪种制度是最适合该国国情的制度，这就像康德在《纯粹理性批判》《实践理性批判》等著作中曾经做过的那样；这是一个从认识论上思考正确的正义理论何以可能的哲学问题。

第二，运用这种认识论，从政治哲学的角度，来思考、发现、建构、论证适合于一国国情的正义理论，就像罗尔斯在《正义论》中所做过的那样。

第三，从比较政治学的意义上，即通过比较政治制度研究，来对实现这一正义理论的政治制度进行科学设计与完善。简而言之，就是如何通过制度设计来实现这一目标，就像亚里士多德在《政治学》《雅典政制》中所做过的那样。

第四，从行政学的意义上，研究如何加强、完善政治过程或政府过程的科学组织与管理，从而使体现正义理论的制度设计和政治理想落地生根，使制度能得到真切执行且有序运转，就像一大批行政管理学家所做过的那样。

只有同时具有这四种理论情怀并在这四个层次中不断转换角色与角度，才可能弄清楚在建构国家理论大厦的宏伟工程中，自己所应处的研究角色、研究层次与研究担当，提出的理论见解也才更具深度与针对性。

正是受顾炎武和米尔斯两位思想家的启发，以及考虑到完整的学术体系或理论体系应该具有这种结构上的层次性与整体性，所以笔者在著述本书时，时时遵循明道、纪事、察隐、道善此四旨而不敢稍有偏离。不过，虽然笔者以此四者为著述之基本遵循，但亦不敢自言更不敢奢望拙著真能臻此四境，达此目的。只是作为学者，吾一直以弘道、燃灯为己任；而作为国民，吾又以秉承国民使命、报效国家为无上荣耀。虽距先贤所定"弘""毅"之标准差距尚远，但吾已竭尽所能、勉力为之，正所谓表里俱澄澈、肝胆皆冰雪，自然能俯仰无愧矣。

目 录
Contents

· 对 策 篇 ·

理论篇 ────────

第一章　导论

第一节　法治的价值与中国法治的特殊问题

一　法治的价值

1. 法治作为目的

幸福的国度都是相似的，不幸的国度各有各的不幸。正是因为感觉到现实的差距，人们才会对美好社会无比向往。从古至今，无论是市井凡夫还是政坛巨子，无论是迁客骚人还是思想巨匠，总会表达对美好生活的向往之情和对理想社会的无限憧憬。从柏拉图的"理想国"，到陶渊明的"桃花源"，从托马斯·莫尔（Sir Thomas More）的"乌托邦"，再到马克思的"共产主义社会"，无一例外地都寄托了他们各自的正义理想和奋斗目标。正如亚里士多德指出的："一切社会团体的建立，其目的总是为了完成某种善业"，"城邦以正义为原则。由正义衍生的礼法，可凭以判断人间的是非曲直，正义恰正是树立社会秩序的基础"。一个理想的社会，必定是一个正义的社会；一个人心中的理想社会，也一定是一个符合其正义标准的社会。因此，建设理想社会的过程，就是实现正义的过程。①

然而，关于何种社会才是合乎正义的理想社会（何谓正义是这一问题的另一种表述方式），以及应当如何去实现符合这一正义原则的理想社会，古今中外的政治家和思想家们各执一词、莫衷一是，这也构成了自古希腊发展至今政治学（我们可以大体把它划分为政治哲学和政治科学两个部分）的两个永恒主题和发展线索。比如卢梭在写给友人的信中就这样说："政治学中的大问题，我将之比作几何学上将圆形变为方形这种为不可为的事情，亦即是要发现一种将法律置于人之上的政制形式（a form of government）。"②

---

① 亚里士多德：《政治学》，吴寿彭译，商务印书馆，1965，第3、9页。
② 转引自哈耶克《自由秩序原理》（上），邓正来译，生活·读书·新知三联书店，1997，第245页。

— 3 —

如果说自古希腊绵延至今的政治哲学均致力于通过规范地描绘一幅理想社会的应然图景，以及论证和回答为什么要以之为理想社会的话，那么政治科学则是通过客观描述与解释政治人在实现理想社会的政治过程中的实然景象，来发现和阐明建设理想社会过程中的客观规律，从而使我们在通往这一理想社会的过程中少走弯路。柏拉图构建了社会各个等级各司其职、各得其所的分工协作的理想社会，并指出实现这一理想社会的必由之途是以哲学王为最高统治者和建立贤人政体；莫尔虚构了一个没有私有财产、没有剥削、没有贫困的乌托邦，指明实现这一理想社会的途径是共同劳动、按需分配和民主政治；马克思在发现"资本主义必然灭亡、社会主义必然胜利"这一人类社会发展的客观规律基础上，高瞻远瞩地指明了共产党人的前进方向和奋斗目标，即实现"共产主义"，并且指出实现这一伟大目标的必要途径是无产阶级革命和无产阶级专政。

法律的目的是实现正义，法律是实现正义的工具和手段。在人们的法律思维以及立法、执法和司法行为中，必须遵守和信仰人们的最高行为准则。在英国法系中，为弥补普通法之不足而形成于 12 世纪，盛行于 15、16 世纪的衡平法，就是以"正义、良心和公正"为基本原则，以实现和体现自然正义为主要任务；而作为一切制定法基础的、作为正义基本和终极原则的自然法更是以申明正义为己任。

自然法理念发端于古希腊，鼎盛于 16、17 世纪。如果说古希腊斯多葛学派的自然法是从普遍自然中推演而出，那么以托马斯·阿奎那为代表的中世纪经院学派神学家的自然法，则是从神性中演绎而来，而人性却成了以康德为代表的现代理性学派自然法的终极渊源。无论是普遍自然，还是神性，抑或人性，都是本源意义上的终极范畴。无论哪个时代，自然法均被认为深蕴其间并可由此演绎而出，这也昭示出自然法所体现的正义，或者说普遍自然、神性、人性中所蕴含的正义，应是一切人定法的最高价值准则，不符合自然法的人定法不具效力。也许正因为如此，作为分析法学学派的代表人物，哈特才认为，法律中的第一性规则即义务规则，应当包含自然法的最低限度的内容。他指出，"以有关人类、他们的自然环境和目的的基本事实为基础的、普遍认可的行为原则，可被认为是自然法的最低限度的内容"，"正义的最简单形式（即法律适用中的正义）不过在于认真对待这样一种观念：适用于大量不同人的是不受偏见、利害关系或反复无常所歪曲的同一原则"。[1] 这些论

---

[1] 哈特：《法律的概念》，张文显等译，中国大百科全书出版社，1996，第 189、201 页。

述充分表明，在哈特看来，尊重和坚持普遍认可的行为原则，既是自然法的精髓，亦是自然法为万法之母和正义之基的根本原因，正所谓公道自在人心。

不单哈特如此看待法律与正义之间的关系，美国著名法学家博登海默也认为，"法律制度乃是社会理想与社会现实的协调者"，"法律的安排要受制于人们根据社会生活的需要和公平与正义的要求所作出的定期性评价"，"我们需要指出的是，的确存在着一些最低限度的正义要求：这些要求独立于实在法制定者的意志而存在，并且需要在任何可行的社会秩序中予以承认"。[①]

从逻辑上讲，法治的建成意味着法律得到实施，法律的实施则意味着法律目的的实现，进而意味着正义得到了伸张和实现。一个国家要实现理想社会的目标，只有实行法治才有可能。这是因为，法治一方面为之提供了程序保障（以规则和程序形式来保证公民的合理需要），另一方面又为理想社会提供了价值保障（即真正的法治社会一定是一个体现正义价值与原则的社会）。反之，如果法治不张，那就表明法律的目的没有得到实现，因而正义就自然不张。从这个角度看，法治国家能否建成，密切关系到正义能否最终得到实现。所以要使人们的基本尊严与基本权利不受到权力的任意侵害，要使一国一地人民之福祉与命运掌握于人民自己之手，要使政府官员清正廉洁、权责一致，唯法治一途可行。

虽然正义社会可能品类繁多、千姿百态，但它们必然具有一些共同的特征或元素，才可被称为或配得上正义社会这一称号。也许有些政治学家或思想家描绘的理想社会，比如洪秀全于1853年颁行的天朝田亩制度和建立的"太平天国"非常美好，但由于其采取"层层上报、天王主断，各级行政长官兼有司法审判权"的司法制度，因此从根本上来说，民众的基本权利最终是缺乏有效保障的。笔者无意罗列正义和理想社会的全部种类和特征，但坚信正义和理想社会一定是一个法治社会，法治是正义和理想社会不可或缺的必备元素，是正义社会的最低限度标准，也是正义社会的界定性特征，更是实现正义和理想社会的必由之途。

2. 法治作为手段

法治是一个国家珍贵的无形资产。2009年，时任湖南省省长周强曾经明确指出，"市场经济是法治经济，良好的法治环境是首要的经济发展环

---

① 博登海默：《法理学：法律哲学与法律方法》，邓正来译，中国政法大学出版社，1999，第239、242、273页。

境。法治水平高，就意味着政府的服务水平高、办事效率高、诚信程度高，投资成本才会低廉，投资回报才会丰厚，区域发展才有竞争力。加强行政程序建设，推进依法行政，有利于建设服务政府、责任政府、法治政府和廉洁政府，为广大投资者创造公开、透明、稳定、可预期的发展环境"。①有研究表明，法治对于一国的无形资本价值做出了突出贡献：在一个国家的无形资产中，海外汇款、教育与法治分别占比7%、36%和57%，因此一个国家的司法制度越是有效、产权越是能得到有效保护、政府的运行越是顺畅，国家的整体财富价值也就越高；法治的弹性系数②为0.83，这也即意味着，法治指数每增长1个百分点，就将带来0.83%的经济增长；法治指数的边际回报率为：法治得分每提高一个百分点，低、中低、中高、高收入四类国家的人均财富总值就可分别增加111美元、362美元、481美元、2973美元。③ 由此可见，一个国家法治水平的高低既体现了国家的对外形象，也在很大程度上体现了国家的无形资产。

　　同时，法治还是一个国家实现长治久安和确保公民基本尊严、基本权利和富足安康的根本制度保障。是否实行法治不单关系到国家是否长期稳定和长远发展，也直接关系到公民个体的基本尊严、基本权利和富足生活能否获得根本保障。从人类历史的经验来看，通过法治之外的途径，国家亦有可能实现崛起。但我们必须追问的是，国家崛起的终极目的是什么？如果不是为了进一步提高与改善国民的生活状况、生存环境以及每一位公民的尊严，或者说虽然国家崛起了，但如果公民的基本权利和基本尊严却得不到根本保障，那么对于广大公民而言，国家崛起又有何现实意义？在一个对权力缺乏有效制约和监督的国家，每一个公民个体的基本尊严、基本权利与富足生活随时都可能沦为权力的牺牲品，并将因为权力的随意性和专断性而变得不堪一击，历史上这样的事例不胜枚举。因此，如果为了实现国家崛起和小康生活必须以牺牲法治为代价的话，那么这样的国家崛起与小康生活就具有严重缺陷并且要承受很大风险，因为那个时候，公民个体的尊严与小康生活将因为失去了法治的根本保障而随时可能因各种理

---

① 周强：《加强行政程序建设、转变政府职能、推动科学发展》，《行政管理改革》2009年第1期。

② 弹性系数是一定时期内相互联系的两个经济指标增长速度的比率，它可以衡量一个经济变量的增长幅度对另一个经济变量增长幅度的依存关系。

③ The International Bank for Reconstruction and Development/World Bank, *Where Is the Wealth of Nations: Measuring Capital for the 21ˢᵗ Century*, 2006, pp. 94 – 96.

由而遭到非法剥夺。因此对于构成这个国家的公民个体而言，没有法治的小康是缺乏根基的小康；而缺乏法治的国家崛起，是背离了国家之所由生的根本目的的崛起，也是黎民百姓缺乏获得感的、意义大打折扣的国家崛起。正是基于对法治与全面建成小康社会和中华民族伟大复兴关系的深刻认识，自2012年党的十八大以来，以习近平同志为核心的党中央才会提出和践行"以人民为中心"的发展思想，始终"把人民对美好生活的向往作为奋斗目标"，协调推进"四个全面"战略布局，而在党的十九大上则更是继续明确提出要"坚持全面依法治国"，并指出"全面依法治国是中国特色社会主义的本质要求和重要保障"。

简而言之，法治既是实现国家繁荣昌盛、长治久安的必由之途，也是确保公民基本权利、基本尊严与幸福安康的根本之道。一切政治制度的酝酿、设计、改革与完善，都应立足于如何更有利于实现、提高和保障黎民百姓的基本权利、幸福安康以及国家的长盛不衰、长治久安，立足于如何更有利于为实现黎民百姓的基本权利和幸福安康以及为确保国家的长盛不衰准备必要条件。

总之，无论本身是作为目的，还是作为实现国家长盛不衰、长治久安的手段，法治的价值和重要性都不言而喻。正是基于对法治价值的深刻认识，如何才能建立起法治成为本项研究的核心主题。

二 中国法治的特殊问题

1. "国皆有法，无使法必行之法"的问题探源

早在先秦时期，中国即已经形成崇尚律治、认为法是治国之不二法门的法家思想，并且自那时开始，就一直在苦苦探索秦孝公对商鞅提出的问题："法令以当时立之者，明旦欲使天下之吏民皆明知而用之，如一而无私，奈何？"① （翻译为现代汉语就是说：法律在出台以后，如何才能使天下的所有官员和民众知法用法，并且做到法度统一、公正执法）。然而，此后历经两千余年，这一问题亦始终没能找到行之有效的答案。那么，中国历史上法治不张而欧美却法治勃兴的根本原因何在呢？要回答这一问题，我们不妨先从中国和欧美法治思想的各自源头进行考察，即分别从古希腊柏拉图、亚里士多德的法治思想和先秦的法家思想进行考察和比较。

---

① 商鞅：《商君书·定分》。

早在古希腊时期，思想家们就已认为，政体对政治共同体生活的方方面面具有决定性的作用。在古希腊时期，柏拉图（公元前427年—前347年）即已开始深入思考如何建设法治的问题。经由《理想国》《政治家篇》《法律篇》这个如何建立理想国家政体的三部曲，他实现了从主张建立哲学王统治的理想王国到主张实行法治的巨大思想转变。在《理想国》第五、六卷中①，柏拉图认为要使国家更好地实现正义，使人们保持完美的品质，就必须让哲学家当上国王或者把国王培养成哲学家；在《政治家篇》时，他已经承认法律可以在城邦中发挥积极的作用，他认为，如果一个城邦中哲学家不能成为王或者统治者不能培养成哲学家，那么法治仍要好于人治，法治国家可以称为二等理想国家。

到其晚年的《法律篇》中，他对立法的宗旨和目的、法律的地位、如何经由构建一套可以付诸实施的法律体系来建设法治国家的方案进行了探讨，进一步丰富和发展了自己的法治思想。他指出，城邦立法的目的应该是促进个人与城邦生活的至善，立法者要把全部美德的实现作为立法目标。他还指出，官员是法律的仆人或法律的执行官。如果城邦的法律没有权威，城邦一定会灭亡；反之，如果官员服从法律，那么城邦就会得到神灵的护佑。② 总之，晚期的柏拉图已经树立起法律至上的程序法治及法律之目的乃是实现正义的实质法治思想。他的这些法治思想既影响到此后包括亚里士多德在内的思想家，也通过亚里士多德等人的法治思想而深远影响到古希腊及此后欧洲的法治实践。

在《政治学》一书中，亚里士多德（公元前384年—前322年）大大发展了其老师柏拉图的法治思想，明确主张法治优于人治。他在追问并回答"由最好的一人或由最好的法律统治哪一方面较为有利"的问题时，他指出，"一切政务还得以整部法律为依归，只在法律所不能包括而失其权威的问题上才可让个人运用其理智"③，"即便有时国政仍需仰仗某些人的智虑（人治），也总得限制这些人只能在应用法律上运用其智虑，让这种高级权力成为法律监护官的权力"。④ 他还指出，"凡不能维持法律威信的城邦都不

---

① 柏拉图：《理想国》，郭斌和、张竹明译，商务印书馆，1986。
② 参见柏拉图《法律篇》，《柏拉图全集》（第三卷），王晓朝译，人民出版社，2003，第472－473页。
③ 亚里士多德：《政治学》，吴寿彭译，商务印书馆，1965，第162－163页。
④ 亚里士多德：《政治学》，吴寿彭译，商务印书馆，1965，第168页。

能说它已经建立了任何政体。法律应在任何方面受到尊重而保持无上的权威"。① 总之一句话，法治优于人治。那么到底什么是法治呢，他在后文给出了明确的定义："我们应该注意到邦国虽有良法，要是人民不能全都遵循，仍然不能实现法治。法治应包含两重意义：已成立的法律获得普遍的服从，而大家所服从的法律又应该本身是制订得良好的法律。"② 由此可见，亚里士多德是一个典型的法治主义者，并且他的法治思想深远地影响到此后希腊、罗马乃至欧洲中世纪的宗教法律的发展，并且为此后法治思想在欧洲的开花结果奠定了坚实的思想基础从而做出了不可磨灭的贡献。

让我们把目光转向中国先秦时期的法家学派。法家学派群星璀璨，包括管子（公元前 719 年—前 645 年）、申不害（公元前 420 年—前 337 年）、慎到（公元前 390 年—前 315 年）等人，然而他们却并无师承关系。不过，法家学派最主要的代表人物却是后来秦国的商鞅（公元前 395 年—前 338 年）及稍晚一些的韩非（公元前 280 年—前 233 年）。这些思想家与古希腊的柏拉图、亚里士多德大体同期，基本上是和柏拉图、亚里士多德同期形成并提出了他们的法家思想。

商鞅是一个典型的法律工具主义者。他认为，法只是君王用以定分止争、治理天下的工具。他说，"仁者，能仁于人而不能使人仁；义者，能爱于人而不能使人爱。是以知仁义之不足以治天下也。圣人有必信之性，又有使天下不得不信之法"（《商君书·画策》），"故名分未定，尧舜禹汤且皆如鹜焉而逐之；名分已定，贪盗不取"（《商君书·定分》）。与商鞅的这种法律工具主义的立场近似，韩非也主张以法治国。在他的眼中，法律只是君主御国、臣子治事之最佳工具。他说，"明主之国：令者，言最贵者也；法者，事最适者也"（《韩非子·问辩》）。他所谓的事最适者，其实就是指利于臣子治事从而也利于君主之用的条令。律法的工具性主要体现在，"故当今之时，能去私曲，就公法者，则民安而国治；能去私行，行公法者，则兵强而敌弱"（《韩非子·有度》），"立法非所以备曾、史也，所以使庸主能止盗跖也"（《韩非子·守道》），"道私者乱，道法者治"（《韩非子·诡使》）。总之，他主张经由法律途径，以达"明君无为于上，群臣竦惧乎下"之最终目的（《韩非子·主道》）。

比较商鞅、韩非的法家思想与古希腊柏拉图、亚里士多德的法治思想，

---

① 亚里士多德：《政治学》，吴寿彭译，商务印书馆，1965，第 192 页。
② 亚里士多德：《政治学》，吴寿彭译，商务印书馆，1965，第 199 页。

可以发现，二者虽然皆有重视法律条文并注重法律面前人人平等之诸多相近之处，然细观之，二者实质上有差别。

首先，在商、韩的思想里，法仅仅是一种治理国家的手段，是治理国家的最为实用可行的途径与工具，只要君主力行法治，就足可"致帝王之功"。正如萧公权先生指出的，商、韩的法家思想是一种"君本位之法治思想"，其典型特点是"尊君抑民、刻薄寡恩、专用威势"。无论是在逻辑上还是在事实上，这种君本位的法治思想都必然要求"法自君出""义务本位"。① 张晋藩先生曾经总结出了中国古代法律的"引礼入法、礼法结合"、"法自君出、权尊于法"等十四个特点。因此，正是为了要"致帝王之功"，才会法自君出，也才会通过立法手段把强由民力、财由民出规定为必须履行的法律义务，从而使法律纯粹沦为只有义务没有权利的义务本位的法律。总之，法自君出、义务本位是服务于封建社会君权至上这一最高目的的必然结果。虽然在柏拉图与亚里士多德的眼中，法律也是治理城邦的工具，但法律更是实现美德和城邦善业的工具，是服务于正义价值的工具，"是促进全邦人民都能进于正义和善德的永久制度"。② 正因为二者之间存在这种价值指向上的本质差别，所以商、韩的法家思想"才会徒为后世枭雄酷吏开一法门"。③

其次，即如商鞅所言，"国之所以治者三：一曰法，二曰信，三曰权。法者，君臣之所共操也。信者，君臣之所共立也。权者，君之所独制也"（《商君书·定分》），由此我们可以清楚地发现，在以商鞅、韩非为代表的先秦法家看来，法只应执于君臣之手，即执掌于统治阶级之手，而断不可操于民众之手。所以，商韩的法家思想，本质上不是法治，而是一人之治。与这种君臣独执法柄、专擅法权的立场相反，亚氏却秉持一种全民共主的共和立场。在谈到"法律所未及的问题或法律虽有所涉及而并不周详的问题是应该求之于最好的一人还是求之于全体人民"时，他明确指出，"凡遇有这样的情况，人民就集合于公民大会，而尽其议事和审断的职能"④，因为，"当大家都具有平等而同样的人格时，要是把全邦的权力寄托于任何一个个人，这总是不合乎正义的"，而"让一个个人来统治，这就在政治中混

① 张晋藩：《中国法律的传统与近代转型》，法律出版社，第50页。
② 亚里士多德：《政治学》，吴寿彭译，商务印书馆，1965，第138页。
③ 萧公权：《中国政治思想史》（卷一），辽宁教育出版社，1998，第236页。
④ 亚里士多德：《政治学》，吴寿彭译，商务印书馆，1965，第163页。

入了兽性的因素"。①

总之，由于在以商鞅、韩非为代表的法家思想中，法律只具有充当君主有效治具的工具意义，追求的是工具理性，却缺乏柏拉图和亚里士多德法治思想中蕴含的正义、美德等价值元素和价值理性。因而，只要是为了巩固自己的专制统治，法家思想的理论归宿和现实结局就必然是严刑峻法，并最终导致"天下苦秦久矣""斩木为兵，揭竿为旗，天下云集响应，赢粮而景从"的农民揭竿而起的局面。然而，正如哈耶克指出的，"任何暴力革命都不可能增进对法律的尊重"②，在中国数千年的历史上，始终都没能形成尊重法律的传统和法律至高无上的理念。

虽然清政府在1901—1911年的清末新政与预备立宪运动中也曾探索宪政与法治之路，但诚如梁任公先生在1902年时所言，"立法事业，为今日存国最急之事业"③，"舍法治奚以为哉？"④，宪政和法治只是当时知识分子救亡图存的一种手段，更是晚清政府用以苟延残喘的一种策略。虽然清廷最高统治者高举立宪旗号，然而缓和国内矛盾、平息革命压力才是其最主要的政治目的。1910年9月，清政府在北京成立过渡性的代议机构资政院。该院由100名钦定议员和100名从各省谘议局中推选出来的议员组成，其中钦定议员又包括"宗室王公世爵"48人，"各部院衙门官"32人，其余20名是"硕学通儒及纳税多额者"。然而，即便是这样一个由达官显贵组成的临时性代议机构，当向军机大臣提出质询，并因其拒不接受质询而以军机大臣"责任不明，难资辅弼"一折上奏弹劾时，亦遭到明旨严斥："朕维设官制禄及黜陟百司之权，为朝廷大权，载在先朝钦定宪法大纲，是军机大臣负责任与不负责任暨设立责任内阁事宜，朝廷自有权衡，非该院总裁等所得擅预，所请著毋庸议"⑤，正所谓"这个资政院明明是个空名，再有什么法子监督政府，请看前代六科给事中，还有封还诏书的权柄，像现在的资政院议员，比前代六科给事中权力大小不是相差很远么？"正因为如此，

---

① 亚里士多德：《政治学》，吴寿彭译，商务印书馆，1965，第168-169页。
② 哈耶克：《自由秩序原理》（上），邓正来译，生活·读书·新知三联书店，1997，第246页。
③ 梁启超：《论立法权》（1902年），《饮冰室合集·文集之九》，中华书局，1989，第102页。
④ 梁启超：《中国法理学发达史论》（1904年），《饮冰室合集·文集之十五》，中华书局，1989，第43页。
⑤ 《设立责任内阁朝廷自有权衡非资政院所得擅预谕》，《清末筹备立宪档案史料》（上），中华书局，1979年7月版，第547页。

"这一所资政禅院，谘议草菴，自己认做和尚，别人却不许你撞钟。这一班资政班头，谘议角色，自己认做大面小旦，别人却不许你唱"。① 由此可见，皇室对预备立宪的诚意实在令人质疑。如果说资政院在弹劾军机一案中被剥夺"补苴罅漏"的资格和权利暴露了清廷立宪的欺骗性，那么1911年5月皇族内阁的粉墨登场，就更加充分说明，清朝统治者根本就没想要实行真正的宪政与法治，宪政与法治也压根就没有被最高统治者视为一种志在必行的国家发展战略而真正大力推行。这就诚如胡绳先生一针见血地指出的，"急急忙忙地成立那个皇族内阁，就是朝廷亲贵们为了防止以袁世凯为代表的地方势力乘立宪的机会起来夺权的一个措施"。② 总之，晚清的预备立宪运动纯属清廷不得已而为之的无奈之举。在这一过程中，王室虚与委蛇，部院应付敷衍，致使立宪流于形式，并完全沦为清廷实现其他目的的手段和工具，这与今日主动求变的法治国家建设判若云泥。因此，晚清预备立宪运动的失败命运最终就是不可避免的。

所以说，虽然中国以法治国的思想早在先秦时期即已发轫，但商鞅的"国皆有法，无使法必行之法"（《商君书·画策》）的难题和汉代桓宽的"世不患无法，而患无必行之法"（《盐铁论》）的忧虑，却在此后数千年的王朝暴力更替中一直没能得到根本有效的解决。反观古希腊和欧洲，却在柏拉图及其学生亚里士多德"以法为途，申求正义、美德"之努力下，为法治的昌明播下种子，致使中西法治自此殊途。因此欲使法治昌明，法就必须是申明正义与美德的良法。

总之，"使法必行之法"的法治道路坎坷曲折，任重道远，绝非朝夕之间可竟全功。

2. 历史惯性与制度惯性

2014年10月20—23日，中国共产党第十八届四中全会在北京召开，会议研究了全面推进依法治国若干重大问题，审议并通过了《中共中央关于全面推进依法治国若干重大问题的决定》（以下简称《决定》）。《决定》立足我国社会主义法治建设实际，明确提出了全面推进依法治国的指导思想，确立了建设中国特色社会主义法治体系、建设社会主义法治国家这一总体目标和坚持中国共产党的领导等5项基本原则，提出了关于依法治国的一系列新观点、新举措，是加快建设社会主义法治国家的纲领性文件，为

---

① 转引自韦庆远、高放、刘文源《清末宪政史》，中国人民大学出版社，1993，第383–384页。

② 胡绳：《从鸦片战争到五四运动》（下），人民出版社，1981，第765页。

法治中国的建设制定出了清晰可行的路线图，对于法治中国的建设具有里程碑式的意义。

然而，建设社会主义法治国家任重道远。就像《决定》中提出的180多项改革举措所显示的一样，要根本消除违背社会主义法治原则，损害人民群众利益，妨碍党和国家事业发展的许多不适应、不符合的问题，形成完备的法律规范体系、高效的法治实施体系、严密的法治监督体系、有力的法治保障体系，形成完善的党内法规体系，必将涉及对国家政治、经济、社会、文化方方面面制度的除旧布新和利益的重新调整，因而必定会遇到许多难以想象的艰难险阻。从这个意义上看，最终建成社会主义法治国家的过程，实质上就是一场深刻、全面的制度变革的过程，需要举国上下群策群力、众志成城。

放眼数千年的中华文明史，从公元前221年秦国统一中国、1840年鸦片战争爆发、1911年发生辛亥革命，到1949年中华人民共和国成立等等，都堪称改变中华民族历史航向的划时代的事件。然而，如果我们能以《决定》的出台为新的契机和起点，经由数年乃至数十年举国上下的不懈努力，在中华大地上建成法治国家，从而向现代政治文明迈出决定性的步伐并取得决定性的成果，那么，法治中国的建成也堪称中华文明史上改变了历史航向的划时代的历史事件。法治中国的建成有利于中国公民的基本权利与基本尊严获得完全的保障，也可为国家的长盛不衰和长治久安奠定牢不可破的坚实制度基础。

既然法治中国的建成对于中华民族的发展而言将具有如此深远的历史意义，那么建设法治中国的过程也一定是一场伟大制度的变革过程。

然而，过去历史是未来选择的现实基础或进行制度选择的前提。历史上的任何一场伟大制度变革都绝不是无源之水、空穴来风，而是深受其前一阶段历史之积极或消极的影响，深深留下其前一阶段的痕印。因此，伟大的制度变革既是对过去的继承，又是对过去历史的决裂，过去的政治体制、政治方式、政治风气、政治传统都势必对新制度体系的运行产生深入持久的影响。所以说，前一阶段的历史既是其下一阶段发展的基础，亦是对下一阶段发展的限制和束缚。而这种限制和束缚又主要表现为，前一阶段历史中形成的消极历史惯性与制度惯性，会大大消减下一阶段历史中的改革动力，并严重降低改革的成效。所以，实现制度变革的过程其实也是一个有效克服和最终消除消极历史惯性与制度惯性的过程。

一定的历史阶段都因其特殊的制度体系和制度特色而自成一格，所以，某一阶段的历史其实也重叠了某种制度体系的兴衰史。当历史阶段终结了，也即意味着这一特定历史阶段的制度体系终结了。制度虽然终结了，并退出了历史舞台，但制度的消极影响和流毒仍可绵延不绝，并表现为消极的制度惯性。所以，有什么样的消极制度惯性，也就有什么样的历史惯性。制度惯性和历史惯性互为表里，互相依存。

当前正在进行的全面深化改革和法治国家建设必然深受社会主义建设阶段和改革开放 40 年历史的影响，我们不能孤立、片面、静止、单一地看待当今的全面深化改革与法治建设，而应将其与过去的政治体制和历史统一起来，冷静审视并尽量克服前两个历史阶段形成的消极历史惯性与制度惯性对当前改革和法治建设的不利影响。

在计划经济时代，各级政府在国家的政治、经济和社会生活中居于绝对主导地位，老百姓有事找政府，有困难找政府，纠纷不决时也找政府。政府或主动或被迫地承担了过多本不应由其承担的职能，肩负了多种本不应由其肩负的社会责任，扮演着老百姓的"领导者""保护者""靠山""监护人"的角色，发挥了"家长""管家""保姆"的不可替代的巨大作用。所以长期以来，老百姓并没有习惯于视政府为"必要的恶"，无论是在官员的头脑中还是在老百姓的心中，政府及其官员必须时时处处接受人民有效监督的思想观念，并没有普遍形成并深深扎根。因而不仅政府及其官员并没有形成主动接受广大百姓监督的习惯，而且老百姓也并不习惯于去主动监督政府及其官员。这样导致的结果就是，政府官员缺乏法治意识、法治思维的现象较为普遍，不习惯于以法治思维和法治方式去推动工作，行政问责和行政监督的意识和制度都很薄弱。

从特定意义上说，计划经济时代政府扮演的家长"角色"和所发挥的"保姆作用"，乃是特殊制度体系的产物。但是，这种制度体系不能适应新的发展形势而需要除弊布新或者在新的制度体系出台后，旧的制度体系仍然会因为特有的制度惯性而阻碍改革和新制度体系的运行。所以我们在调研中发现，在党的十八届四中全会通过《决定》之后，即使是党中央三令五申要加强政府问责，旧的制度惯性仍然在各个层级阻碍着新的问责制度的落地生根、有效运行。

另外，现代化后发国家尤其是中华人民共和国成立后要面临的最主要任务是恢复重建，要实现迅速赶超的目标，需要集中资源，需要集中力量办大事，而这又需要政府拥有相对集中的权力和较高的自主性，因而在作为控权和限权有效途径的法治，与为实现现代化赶超所需要的权力集中之间，存在着天然的悖论。而事实上，法治也并没有成为大多数处于现代化追赶阶段的后发国家的有效治理形式。这也是我们实行法治的一个不利方面。

总之，过去时期的特殊历史背景和行政体制造成了行政问责之风不行、行政监督之制不畅的特殊政治文化和行政文化，并因而成为阻碍行政问责和法治政府建设的消极的历史惯性和制度惯性。因此，从历史惯性和制度惯性的角度来看就可以部分地解释：为什么在我们的政治体制和政府过程中，行政问责制难以推行；为什么官员缺乏法治思维的现象较为普遍；为什么一些地方政府缺乏建设法治政府的动力，未能很好地激励政府官员去推动当地的法治建设。

所以，在全面推进依法治国和法治中国的建设过程中，我们应该深入思考，如何才能最大限度地克服、消除、防止历史惯性与制度惯性对新的社会主义法治体系有效运行所造成的阻碍。

3. 地方法治建设与法治中国建设

地方法治建设是指地方一级行政区域（如省、市、县、乡）的党委、政府，在遵守国家宪法、法律，并保障法治国家建设大局的前提下，为推动当地经济、政治、社会的全面协调发展，根据法治的原则与精神，结合当地实际，通过健全地方性立法，严格行政程序和依法行政，强化司法公平正义，建设法治文化，最终实现既定法治目标、提高当地法治水平的政治系统工程。

自 2004 年 3 月国务院颁布《全面推进依法行政实施纲要》后，全国各地即掀起了全面推进依法行政、建设法治政府的宣传和建设热潮。不过，有一些地方政府只是出于改善当地投资法治环境之政策目的，而非基于法治信仰和法治本位来推进依法行政和地方法治政府建设的。2006 年 4 月 15日，时任余杭区委书记何关新在"法治余杭"建设座谈会上就曾指出，"法治环境就是发展环境，我们要从法治建设的高度来认识构建和谐余杭，建设诚信余杭、活力余杭"。①

正是因为一些地方主政者深刻认识到了法治环境对于经济发展的重要性，因此为了更好地吸引外资、进一步改善投资环境，或者为了更好地解决地方矛盾和问题，一些地方政府才率先加快了地方法治建设的步伐，加

---

① 何关新：《走出余杭特色的法治新路》，收录于钱弘道主编《中国法治增长点——学者和官员畅谈录》，中国社会科学出版社，2012，第 269 页。

大了依法行政的力度，拿出了一些真招，制定出台了一系列关于依法行政和法治政府建设的地方性规章制度，从而在全国或全省的地方法治建设中走在了前列。

在省一级，早在2006年4月，浙江省就提出"法治浙江"口号，启动了市场型法治的建设，浙江省人大立即制定了13件地方性法规予以支持，推动法治发展与市场经济发展同步运行；2010年，湖南省也提出了建设"法治湖南"的口号，以《湖南省行政程序规定》《湖南省规范行政裁量权办法》《湖南省政府服务规定》《法治湖南建设纲要》为基础，启动程序型法治的建设；2011年，广东省制订了《法治广东建设五年规划》（2011—2015），开始自治型法治建设；在设区的市一级，2008年12月，深圳市制定出台了《深圳市法治政府建设指标体系（试行）》，并经国务院法制办公室转发全国各省、自治区、直辖市学习参考；2010年2月，成都市委、市政府下发《成都市创建全国法治城市工作方案》，提出争取用两年时间，把成都市建设成为全国法治城市，此后出台了《成都市重大行政决策事项公示和听证办法》《成都市重大行政决策事项专家咨询论证办法》等文件；在县区一级，2006年2月，余杭区明确提出"法治余杭"的口号，启动"法治余杭"建设工程，并于2007年7月出台了"法治余杭"量化评估体系。

综合这些地方法治或地方法治政府的建设我们可以发现，地方政府的法治建设主要侧重于严格行政程序、规范政府权力运行的程序法治之建设，并且取得了较大成绩。不过，我们不能只是从改善地方法治环境、吸引外来投资的工具理性角度去认识和推动地方法治建设。如果仅仅从法治工具论的角度去认识地方法治建设，那么在制定地方法治建设的具体举措时，就可能因认识上的片面狭隘而出现政策偏差，甚至本末倒置，出台错误的政策，仅仅考虑如何更好地服务于地方法治建设所欲达到的直接目的（如改善投资环境），而忽略或牺牲了法治本身的内在价值，只要是有利于实现推进地方法治所欲达到的直接目的，都有可能被错误地纳入地方法治建设的系统工程中，从而与法治原则和法治精神背道而驰。比如一些地方为了吸引外资，迫使法院成为政府"招商引资"的职能部门，直接参与到招商引资的活动中。更有甚者，一些地方法院甚至做出违反法治原则的许诺，要通过"凡涉外投资纠纷案件一律优先立案、优先审理、快速结案"等途径，来畅通外来投资涉诉的"绿色通道"，以最大限度地保护外来投资者的权益。个别地方还承诺凡外来投资者、民营企业提出的诉讼和执行案件，当天申请当天受理，尽量做到"简易案件不过月，一般案件不过季，疑难案件不过半年"。这些做法不仅明显违反各种刑事、民事和行政诉讼程序，而且严重违反和背离了法律面前人人平等的公平保护的法治原则。①

法治本身既是手段，更是目的，是社会的基本善，是人类的共同文明成果，因而我们在认识和对待地方法治建设的问题时，必须超越法治工具论，站在法治本位的高度，站在地方法治建设对于推动法治国家建设有何积极意义的高度，从如何更加有利于推动法治中国建设的高度，从如何协调地方法治建设与法治国家建设的角度，去深刻认识、通盘谋划、大力推进地方法治的建设，而不是脱离法治国家的建设，片面、狭隘、孤立、策略性地对待地方法治建设。

从另外一个角度来看，如果地方政府及其主政者是从法治本位的角度而非政策本位的角度来推动地方法治建设，那么就会有利于地方法治水平的真正提高，形成示范效应，带动其他行政区域的法治建设，从而也会有利于法治中国的建成。

三　核心问题——如何才能建成法治政府与法治国家？

2004 年 3 月，国务院出台《全面推进依法行政实施纲要》，2008 年 5 月颁行《国务院关于加强市县政府依法行政的决定》，2010 年 10 月又出台《国务院关于加强法治政府建设的意见》。这三个文件的颁行，大大提高了地方政府依法行政的水平，推动了地方法治政府的建设。但是地方各级政府工作人员的法治意识和法治思维依然有待进一步提高，地方政府的依法行政仍然没有取得决定性进展，地方法治政府依然没有建成，建设法治政府依然任重道远。目前"中国的法治建设，已经开始逐渐突进核心地带，因而开始遭遇瓶颈问题，也就是说，体制性弊端或政体障碍的问题日益突显出来"。② 通过调研我们也初步发现，尽管从全国的总体情况来看，地方法治政府建设进展缓慢，但也有一些地方政府在法治政府建设的绩效和进展上还是领先于另一些地方政府。

因此问题就是，尽管中央政府颁布了那么多关于加强依法行政和法治政府建设的文件，为什么很多地方政府却达不到中央的要求，在法治政府的建设道路上举步维艰、进展缓慢？为什么一些地方政府的法治建设绩效会显著地领先另一些地方政府，造成不同地方政府法治建设绩效出现较大

---

① 万江：《中国的地方法治建设竞争》，《中外法学》2013 年第 4 期。
② 程燎原：《中国法治政体问题初探》，重庆大学出版社，2012，"代自序"，第 4 页。

差异的根本原因是什么？地方法治政府建设的关键是什么，如何才能又好又快地把各级地方政府建成法治政府？地方法治政府建设与法治国家建设之间有何内在联系，如何才能把我们的国家建设成为法治国家？

2012年11月召开的党的十八大明确要求，"到2020年，法治政府基本建成"。2014年10月召开的党的十八届四中全会进一步提出，"全面推进依法治国，总目标是建设中国特色社会主义法治体系，建设社会主义法治国家"。法治政府与法治国家的建设时间紧、任务重。

诺贝尔经济学奖获得者布坎南指出的，"19世纪和20世纪政治—法律—社会哲学的主要缺陷在于未能描绘统治者的行为模式，说得更准确些，是未能描绘那些被授权或被批准代理国家或政府行事的人的行为范式"。① 它们多从政治制度或政体的角度来解释政治过程和政治角色的行为方式，却忽略了个体的理性偏好对于政治人行为方式的影响，没能对法治政府与法治国家的建设提供充分的学术支持。因此，政府与学界须对地方法治政府建设的典型案例深度分析，全面比较，深入总结，破解建成地方法治政府的密码，掌握法治国家的建成规律，推动法治政府和社会主义法治国家建设。

总之，我们一定要深入思考阻碍中国建成法治国家的最大障碍是什么，深入思考如何才能克服这些障碍，深入思考如何才能把我国的法治铸造成一种制度品德、一种法治政体乃至一种文明形态，从而破解法治国家的密码，获取通往法治社会的钥匙。对这些根本问题进行思考与探索，正是本研究的主要目标。

第二节　法治与法治政府

一　法治

法治（rule of law）有三个维度，或者说可以沿着三种理论进路去思考。第一种是"术"的维度或理论进路，即行为手段或行为方式的维度。在这种视角下，（如果说民主要解决的是权力的来源与分配的问题）法治要解决的是权力的运行方式问题。法治顾名思义就是指法律的统治。它描述的是在权力运行的过程中，法律能有效约束、规范权力的运行，并且作为一种治理手段，在国家治理过程中居于至高无上地位的治理状态。当此之际，

---

① 布坎南：《自由、市场和国家》，吴良健等译，北京经济学院出版社，1988，第37页。

法治只是一种治理的形式、手段、途径或方式。

著名行政法学家韦德曾经基于行政法的特定角度阐明了法治作为治理手段的四层基本含义。他指出，"政府行使权力的所有行为，即所有影响他人法律权利、义务和自由的行为都必须说明它的严格的法律依据"。这就是政府行为的合法性原则，这也是法治思想的精神实质所在；法治的第二层含义是，政府必须根据公认的、限制自由裁量权的一整套规则和原则办事；法治的第三层含义是，政府行为是否合法的争议应当由完全独立于行政之外的法官裁决，即司法独立的原则；其最后一层含义是，法律必须平等地对待政府和公民，即法律面前人人平等的原则。他指出，"行政法就是关于控制政府权力的法……行政法的最初目的就是要保证政府权力在法律的范围内行使，防止政府滥用权力，以保护公民"。[①]

另外，像哈耶克所理解，"法治的意思就是指政府在一切行动中都受到事前规定并宣布的规则的约束——这种规则使得一个人有可能十分肯定地预见到当局在某一情况中会怎样使用它的强制权力，和根据对此的了解计划它自己的个人事务"[②]，以及伯肯梅耶在分析德国的法治国理念时所指出的，"法治最初被理解为从程序上适用正确的法律并确保正确的使用过程，而现在它被视作实体性的，并受一套价值标准的约束"[③]，都可以归结为一种国家的治理方式或治理手段，"术"的色彩明显浓于"体"的色彩。

在定义民主巩固时，比较政治学家林茨和斯特藩从行为、态度和制度三个维度来进行。他们认为民主巩固是指这样一种状态：从行为上，没有政治团体寻求推翻民主政体或脱离政府；从态度上，民主程序和制度被大众普遍视为管理集体生活的最合适的方式，而且不支持（或很少支持）替代性的方式；从制度上，政治力量变得服从、习惯于在由新的民主程序所批准的特殊的法律、程序、制度的框架内来解决冲突。[④]林茨和斯特藩界定民主巩固的思路可以给我们理解和把握法治政府的内涵提供启发。因此治术之维的法治，其最终结果也就是指这样一种状态：从行为上，绝大多数行动者是通过体制内的合法方式与途径来进行治理，并借此实现、维护自己的合法权益；态度上，体制内的合法方式被绝大多数行动者普遍视为治理以及实现和维护自己

---

① 韦德：《行政法》，徐炳等译，中国大百科全书出版社，1997，第 25 - 27 页。
② 哈耶克：《通往奴役之路》，王明毅等译，中国社会科学出版社，1997，第 73 页。
③ 约瑟夫·夏辛、容敏德编著《法治》，阿登纳基金会译，法律出版社，2005。
④ 胡安·林茨、阿尔弗莱德·斯特藩：《民主转型与巩固的问题：南欧、南美和后共产主义欧洲》，孙龙译，浙江人民出版社，2008，第 6 页。

权益的最佳方式，而且不支持或很少支持替代性的体制外的不合法方式；制度上，绝大多数行动者服从和习惯于经由法律方式所产生的结果。

第二种是"体"的维度或理论进路，即制度特征或制度品格的维度。在人类的思想史中，柏拉图、亚里士多德、孟德斯鸠等思想家早就已经从政体高度来认识、对待法治，并把法治视为一种政体；当世以来，中外学者进一步丰富了这种法治政体理论，并把它更为具体化。包括富勒、拉兹和菲尼斯等人在内的一些具有重要影响的法学家都把法治理解为法律制度的一种特定品德，重庆大学教授程燎原甚至直接提出了法治政体化理论，把法治划分为政体型法治与治法型法治两种基本类型。① 他引用西南政法大学张警教授的话说，"真正的法治思维，是把法治问题作为政体问题加以思考"；② 他接着还转述了另一位学者林欣的话说，"法治与人治的问题，是统治的形式问题，也就是政体问题。如果不从政体问题去考察法治与人治的问题，那是肯定找不到正确答案的"。③ 此时，他们眼中的法治已经从治理方式升格为一种制度品德，或一种政体本色，已经升华为一种政体区别于另一种政体的本质所在。

与韦德和哈耶克不同，戴雪从政制角度指出了法律主治的三个分明而又联立的概念。第一，武断权力的不存在。法律主治与这样一个政制刚相反。这个相反的政制是：在政府中有一人或数人能运用极武断又极强夺的制限权力；第二，普通法律与普通法院居优势；第三，宪法的通则形成于普通法院的判决。总之，法律主治共含三个指意。换言之，法律主治可由三处观察点审视。第一，指意解作国法的至尊适与武断权力相违反；第二，指意解作人民在法律前之平等；第三，指意表示一个公式，用之以解证一件法律事实，即在英格兰中，凡宪章所有规则不但不是个人权利的渊源，而且只是由法院规定与执行个人权利后所产生之效果。④

菲尼斯在《自然法与自然权利》一书中阐释的法治观，也更多的是从一种制度体系的特色来描述的。因此，体的色彩要强于术之色彩。他指出，"法治通常是指法律体系合法完备的事态"，⑤ 一种法律制度在如下八种意义

---

① 程燎原：《中国法治政体问题初探》，重庆大学出版社，2012，第66页。
② 程燎原：《中国法治政体问题初探》，重庆大学出版社，2012，"代自序"，第4页。
③ 林欣：《论政体与法治》，《法治与人治问题讨论集》编辑组《法治与人治问题讨论集》，群众出版社，1980。转引自程燎原《中国法治政体问题初探》，重庆大学出版社，2012，第65页。
④ 戴雪：《英宪精义》，雷宾南译，中国法制出版社，2001，第231 - 245页。
⑤ 菲尼斯：《自然法与自然权利》，董娇娇译，中国政法大学出版社，2005，第216页。

上体现法治。① 第一，规则是可预期、不溯及既往的；第二，规则无论如何也不是不能够被遵循的；第三，规则是公布的；第四，规则是清楚的；第五，规则是相互协调的；第六，规则足够稳定以允许人们依靠规则内容而受规则的引导；第七，适用于相对有限情形的法令和命令的制定，受公布的、清楚的、稳定的和较为一般性的规则的引导；第八，有权力以官方地位制定、实施和适用规则的那些人，有责任遵守那些应该适用于他们的规则，以及确实一贯地实施法律，且与法律要旨保持一致。②

朗·富勒把法律的道德区分为内在的道德和外在的道德，并认为内在于法律之中从而使法律和法治成为可能的道德应该包含八个要素，即一般性、颁布、不溯及既往、清晰、无内在矛盾、可遵守性、连续性、一致性③，他指出，"法治的精髓在于，在对公民采取行动的时候，政府将忠实地适用规则，这些规则是作为公民应当遵循、并且对他的权利和义务有决定作用的规则而事先公布的。如果法治不意味着这个，它就没有什么意思"。④ 富勒把上述八个要素归结为法律的内在道德和法治必要条件的做法，也是偏重于从制度体系的品德或特质来理解法治，因此，体的意味要强于术的意蕴。

不过，由于政体思维形成的特殊背景与发展历程，它也必然具有自身的严重理论缺陷，其过于聚焦最高权力的产生方式，而对中、低层级政府的权力及其运行规则关注不够。另外，也有学者指出，"对法治的更宽广的解释，要求超越政府权威在形式上与法律制度的规则保持服从"，⑤ 而"术""体"之维的法治，并没有实现这种超越，并因目光局限于手段与制度之上而裹足不前。因此，恰是因为传统政体思维具有其与生俱来的理论缺陷，我们才需要第三种理论进路，对其进行合理补充。

第三种是"道"的维度或理论进路，即目的、价值、原则的维度。道是指蕴藏于一个社会或人类共同体中的最高价值准则，是一种获得社会普遍认可的精神层面的价值追求，一种为人们广泛接受且内化于心的价值理念。在《道德形而上学》一书中，康德曾经区分了两种立法，即伦理的立法和法律的立法。所谓伦理的立法……其实可理解为一种政道，或者一种

---

① 夏勇：《法治源流》，社会科学文献出版社，2004，第 20 页。
② 参见菲尼斯《自然法与自然权利》，董娇娇译，中国政法大学出版社，2005，第 216 页。
③ 朗·富勒：《法律的道德性》，郑戈译，商务印书馆，2005，第 55 - 107 页。
④ 朗·富勒：《法律的道德性》，郑戈译，商务印书馆，2005，第 242 页。
⑤ 於兴中：《法治东西》，法律出版社，2015。

原则与价值的形成与盛行。一种价值若被一个社会普遍认可或接受，经年累月之后，就会逐渐演化为该社会的正道或公道，正所谓公道自在人心。若推及政治层面，即是指该社会判断政治行为是非或赋予政治行为正当性的普遍政治价值准则。孔子尝谓，"志于道，据于德，依于仁，游于艺"①，这就是说，要立志广行仁德之道，并使之成为该社会的主流价值。

政治层面的道或政治之道，是指某类政体在精神层面的价值追求与价值准则。儒家学派主张以仁孝治天下，作为学而优的知识分子杰出代表的政府官员就必须时时、处处奉行和弘扬仁孝理念，否则将为同伦所不齿，且不见容于政权体系。因此，政体与政道具有一致性和依存性，有何种政体，必有相应的政道。政体与政道是一种一体二维、唇齿相依、共生共进、不可分割的关系。

属于同一类政体的国家，虽然政治架构基本相同，但由于各自的独特发展历史和文化传承，为各个社会普遍接受的道也可能有所不同，甚至差异悬殊。比如同属议会民主政体的英国和丹麦，就各有历经数百年甚至上千年积淀而成的政治之道。英国政治以奉行个人自由为特色，丹麦则秉承体现社会公平的福利主义。这种道的不同，深远地影响到各个国家的立法、执法、司法以及公共政策的制定。

不过，"道"虽然因为深受各民族历史文化传统的影响，而烙上民族印记并因而颇具民族特色，复会因为受时代变迁的影响而与时俱进，从而具有显明的时代特色。张晋藩先生曾经准确概括和清晰阐述了以传统法观念转变为核心的中国法律的近代转型。他指出，这种转变包括，由专制神圣到君宪共和（诸如《礼记·中庸》所说的"非天子不议礼、不制度、不考文"等以前被视为天经地义的君权至上思想，在晚清政改时期已经被君民共治的思想所取代），由义务本位到权利追求（正如郑观应所言，"民权者，君不能夺之臣，父不能夺之子"，以前以义务至上为核心的君本位的法律思想，被以保障民权为核心的民权思想所取代），等等。② 因此随着中国法律近代转型的发生与完成，政治之道也将发生转变，从而导致制度内容、生活方式、思维方式也随之发生转变，这也就意味着正道或公道观的转变。当然，"道"虽然具有民族特征和时代特色，但却并不表明，在不同时代或在不同地区，乃至在整个人类共同体中，无法形成或存在普遍适用的价值。

---

① 孔子：《论语·述而》。
② 《郑观应全集》，生活·读书·新知三联书店，1954，第65页。转引自张晋藩《中国法律的传统与近代转型》，法律出版社，2009，第343页。

不管是在东方古国的律法中，还是在中世纪英伦的衡平法里，"公平正义"因其不言而喻和天经地义，始终能以最简单的方式占据人心，跨越地域与时代，成为世间最昭彰恒久的价值，成为万世不易的公理。

由此可见，无论是道、正道抑或政治之道，均由两个要素构成，其一为国家区域内体现民族特色的某一历史时代的主流价值，比如中国封建社会时期的君权至上、忠君爱民思想①；其二为超越了地域与时代、放之四海而皆准的普遍价值准则与社会公理，比如法律诉讼中的公平正义理念。王绍光先生曾提出政道思维，认为政道是指政治体制运作的目标与途径，是治道（他把治之道界定为治世的原则或政治之最高目的）与治术（而把治之具理解为治世的手段或治国的方式）的结合体。② 从中国哲学范畴的意义上说，道与术分属不同层次或不同领域的范畴，把治道与治术统称为政道，这可能不太符合中国哲学的逻辑和中国的治国理念。另外，虽然制度中也自然蕴涵着某种理念，但王绍光先生持论的"中式的政道思维并没有忽略'制度''治术'即包括各种制度安排，制度只是政道的一部分"这种观点，以及他把制度纳入理念范畴的做法在一定程度上属于萨托利所批评的概念不当延展。③

因此，我们此处所指的，作为法治三个维度之一或作为理解法治的三种理论进路之一的"法治之道"，只能是指在剥离了体现民族特色或时代特征的价值元素之后，剩下的那些超越了地域与时代的、内化于民心的社会公理与普遍价值准则，比如保障公民的基本权利、法律的公平正义等不言而喻、天经地义的公论标准。法治政体所蕴涵或体现的政治之道（或正道），是以保障公民权利为目标，实现法律的公平正义。也正因为如此，联合国才会在法治定义中把民主与人权纳为法治的必备要素：法治是指这样一种治理原则，即包括国家在内的所有人、所有机构与所有实体，无论是公共的还是私人的，都对法律负责，而这些法律又是公开颁布、平等实施和独立裁判的，并与国际人权规范和标准一致。④

---

① 萧公权先生一针见血地指出，"二千余年之政论，大体以君道为中心"，诚哉斯言。《中国政治思想史》（卷三），辽宁教育出版社，2001，第 825 页。

② 王绍光主编《理想政治秩序：中西古今的探求》，生活·读书·新知三联书店，2012，第 75 – 124 页。

③ Giovanni Sartori, "Concept Misformation in Comparative Politics," *The American Political Science Review*, Vol. 64, No. 4. (Dec., 1970), pp. 1033 – 1053.

④ *The Rule of Law and Transitional Justice in Conflict and Post-Conflict Societies: Report of the Secretary-General*, UN SC, UN Doc. S/2004/616, p. 4.

易曰：形而上者谓之道，形而下者谓之器。[①] 如果可以把实现法治的有形政体或制度结构理解为法治之器的话，那么，无形的法治精神与价值指向即可视为法治之道。清代浙东学派代表章学诚曾谓，"道不离器，犹影不离形"，"夫道因器而显，不因人而名也"。[②] 因此，直到此刻，我们方可赋予法治一个完整的结构：法治既应该是现代国家治理的主要手段，是现代制度体系的基本品质，也应该是政权追求的政治理念和政府行为准则，术、体相辅，体、道相因，法治是（治）术、（政）体、（正或公）道（其实就是正义）的三位一体，三者共同构成了法治的完整整体，缺少了其中任何一个要素，都将令法治失去依凭而难以长久维系和生存。

当然，在现实政治世界中，要真正做到术、体、道合为一体、融会贯通诚非易事。有些国家与政府只取用法治之术，视法律为实现一时目的而可随意操控于股掌之间的工具，并于此旋即止步不前。荀子所言"有乱君，无乱国。有治人无治法"[③] 中的治法，即为此意。古代先秦时期奉行法家思想的秦国即为虽行法治之术却毫无法治之体与法治之道的代表，并终因严刑峻法、"天下苦秦久矣"而自取灭亡。

与先秦时期的秦国不同，现代阿根廷则属表面上虽已建法治之体，实际政治生活中却远未立法治之体且失法治之道的典型。虽然 1853 年的阿根廷宪法基本上全盘照搬了美国的宪法体制，但沃克的研究发现，随后的统治者并不尊重这种由外移植而来的正式制度，在政治生活中，全视自己需要而将法院玩弄于股掌之间。虽然在阿方辛执政时期（1983—1989 年）恢复了最高法院的地位，并实际赋予最高法院以远远大于最高法院在军人执政时期所享有的权力，但在梅内姆统治时期（1989—1998 年），最高法院对政府的横向制约权力实际上又遭到取消。当被问道为什么不抓住建设司法能力的历史机遇时，梅内姆反问道，"为什么我就应该是 50 年以来唯一没有将最高法院掌控于自己之手的那位总统？"所以梅内姆任期内的首要目标就是驯服最高法院。因此在阿根廷的现代历史中，其司法制度从来没有像其法律上所规定的那样去运行，也从来就没有在阿根廷的政治体制中深深扎根，司法部门的影响完全取决于谁执掌行政权力。总之，由于在阿根廷的正式制度与非正式制度之间相距千里万里，所以，阿根廷的法治之体一直没能有效建立起来，它仍然面临着重建司法独立的艰巨任务，法治之道

① 《易·系辞上》，第十二章。
② 章学诚：《文史通义校注》，叶瑛校注，中华书局，1985，第 132－133 页。
③ 《荀子·君道》。

的伸张更是遥遥无期。①

　　不过，有些国家虽有法治之体，却也因政治与司法过程中背离法治之道，而终令法治之术无所实践、法治之体无所生存。重建之前因联邦最高法院在斯科特诉桑福德一案中做出支持奴隶制之臭名昭著的判决②，从而引发内战并令法治之术和法治之体均无所由存的美国，即属此例。因此，缺乏了法治之道的滋养和引领，法治之术终将迷失方向，法治之体亦将无所由存。

　　总之，现实政治世界与法治理想、法治要求之间存在的差距，为我们的政治改革和法治建设指明了前进方向。如果我们从三位一体的角度来完整理解法治及法治建设，就会在法治国家的建设过程中，在术、体、道的每一个方面和层次上提出相应的要求，从而也更加有利于深入推进法治国家的建设。而从前述罗列的诸多定义来看，这些学者大都片面、孤立地去理解法治，把构成法治完整整体的"体"与"术"这两个方面割裂开来，并停留在"术""体"层面，却无人从"道"的更深层次，更遑论同时从道、体、术三个方面，去全面、深入、完整地认识和把握法治，进而没能充分认识到法治及法治建设的复杂性、层次性、立体性，不利于准确发现、分析和解决法治建设过程中存在的问题，因而不利于法治政府与法治国家的建成。

　　概而言之，法治就是指国家为了实现保障公民权利和法律公平正义的目标，而以法律的有效形式来实现国家治理，进而使国家的政治制度体系及其运作过程获得正义品格的一种治理状态。在本书中，我们主张从制度变革的角度来理解法治及其建设（后文对此有专门论述），这除了是因为成功制度变革的过程与立法、执法、司法、守法的过程基本重合之外，也是因为成功的制度变革，既在内容上同时涉及国家治理方式的转变、政治体制的健全完善，以及政治行为准则、理念价值的转变，也将在结果上，渐趋导致政治行为主体行为方式的转变、制度框架的更新健全，以及人们思想、生活方式的巨大转变。由是观之，制度变革的内容与结果，正与法治的术、体、道三个维度一一对应起来，从而有利于我们在法治国家的建设中，深入思考与通盘谋划，如何来影响行为者的行为方式，如何来设计合

---

① Christopher J. Walker, "Toward Democratic Consolidation? The Argentine Supreme Court, Judicial Independence, and the Rule of Law," *Florida Journal of International Law*, Vol. 18, Dec., 2006, No. 3, pp. 745 – 806.

② *Scott v. Sandford*, 60 U. S. 393 (1857).

理的制度框架，以及如何来促成人们思想、生活方式向现代政治文明的伟大转变。总之，如果是从制度变革的角度来理解法治建设，那就事实上更有利于把术、体、道这三个孤立的方面真正融为一体。

二　法治政府

前文已经论述，法治是一个由"法治之术""法治之体""法治之道"组成的多层、多维的综合体。因此在理解法治政府的内涵时，也可以沿袭这种三位一体的思路。这也即是说，法治政府的建成标志应该同时包括以下三个方面：第一，政府在进行治理时，法治之术已经成为政府的基本行为方式和行为习惯；第二，包括法律在内的国家制度体系应该在形式上体现出一种程序正当的制度品格，并且已经事实上成为国家政治生活和治理过程中的基本依据、行事指南而获得了巩固的地位，从而使法治超越"治理之术"的层次而蜕变为一种事实上的政体；第三，政府在依法依规进行治理时，时时秉承和弘扬一种超越时空的公正理念和正义价值，并且因其渐趋成为政府的一种行为习惯和内化于绝大多数公职人员的心中，从而使法治超越制度形式而升华为一种国家的最高价值理念、普遍的行为准则与正义原则。总之，只有同时实现了这三个目标、达到这三个标准的政府，方可称为真正的法治政府。

2014 年 10 月 23 日，中国共产党第十八届四中全会通过的《关于全面推进依法治国若干重大问题的决定》指出，要"加快建设职能科学、权责法定、执法严明、公开公正、廉洁高效、守法诚信的法治政府"，而在 2015 年 12 月 27 日国务院颁布的《法治政府建设实施纲要》（2015—2020）中，进一步明确了建成法治政府的时间期限为 2020 年，并把法治政府的建成标准确立为："政府职能依法全面履行，依法行政制度体系完备，行政决策科学民主合法，宪法法律严格公正实施，行政权力规范透明运行，人民权益切实有效保障，依法行政能力普遍提高"。这两个重要文件对"法治政府"提出的要求，也从一个侧面支持了法治是由"术""体""道"三个元素组成的综合体，并为我们理解法治政府的内涵及其建设提供了理论指导。

在《法治政府建设实施纲要》（2015—2020）中确定的七个衡量标准中，"政府职能依法全面履行、行政决策科学民主合法、宪法法律严格公正实施、行政权力规范透明运行"等五个标准属于法治之术的范畴，"依法行政制度体系完备、依法行政能力普遍提高"等两个标准则属于法治之体的范畴，而最终目的是要实现"人民权益切实有效保障"这一法治之道，即实现"一切为了人民、造福人民、保护人民"的最高原则和价值。

因此，在法治政府的建设过程中，各级政府要从转变治理理念与治理方式的角度，从建设国家治理体系与实现国家治理能力现代化的高度，紧紧围绕"法治之术""法治之体""法治之道"三个方向来精准发力、全面铺开，断不可浅尝辄止、顾此失彼。唯其如此，才能把各级政府真正建成法治政府。

第三节 关于法治建设的理论

一 关于法治建设的理论

关于如何进行法治建设，我们可以从微观/宏观、程序/价值、社会演化/政府推动三个角度分别划分为以下三组共六种理论。

第一组法治建设理论，可以根据研究是侧重于个体还是聚集于制度和组织，即基于分析对象的不同，而划分为法治微观基础理论与法治宏观基础理论。美国政治学家温加斯特等人是法治微观基础理论的代表人物，他们运用理性选择理论和博弈理论，侧重于对作为法治微观基础的政府官员个体的政治行为进行分析。他认为，政府官员之所以会尊重民主制度和法律对其行为的约束，是因为基于理性计算，他们认为这样做符合他们的利益，从而形成了一种民主稳定所赖以生存的自我实施的均衡。[①] 因此，法治建设的核心问题就是如何才能促使尊重法律约束这一点符合官员的利益。而他的答案是，只有当对官员的约束成为一种自我实施（self-enforcing）的机制，法治才能建立起来。不过，约束的这种自我实施机制取决于公民的态度、反应和制度约束的互补；与此相反，其他立足于（法律）制度和（法治）文化的、从宏观结构的角度来解释法治建设的理论，都可被归为法治宏观基础理论。前文提及的从法治之体的维度来理解法治建设的那些学者，诸如戴雪、菲尼斯、富勒等人，都可划入这一理论阵营。

第二组法治建设的理论，可以根据不同的法治建设目标和阶段，而划分为程序（浅层）法治理论和实质（深层）法治理论。裴文睿把形式意义

① Barry R. Weingast, "The Political Foundations of Democracy and the Rule of Law," *American Political Science Review*, Vol. , 91, No. 2（June, 1997）, pp. 245 – 263.

上的法治理论理解为浅层法治理论（the thin theory of rule of law），而把价值规范意义上的法治理解为深层法治理论（the thick theory of rule of law），并认为中国的法治建设仍然处于浅层法治建设阶段①；塔马纳哈则进一步把浅层理论与深层理论复杂化，认为法治是一个由浅入深的发展过程（见表1 - 1），并把这两种理论分别概括为形式化理解与实体化理解两种类型。②

表1 -1　塔马纳哈理解的法治

	浅 ————————————→深		
法治的形式化理解	依法而治 （rule by law）	形式的合法性 （formal legality）	民主 + 合法性 （democracy + legality）
	作为政府行 为工具的法律	一般的、前瞻性的、 清晰的、确定的	同意决定法律的内容
法治的实体化理解	个体权利	尊严权与/或公正	社会福利
	财产、契约、 隐私、自主		实际平等、福利 与共同体的持久性

资料来源：Brian Tamanaha, *On the Rule of Law*, Cambridge University Press, 2004, p. 91。

浅层法治理论强调法治的形式方面的特征，这些特征是为了使法律能有效运行和实施，法律所必须具有的普遍特征。前文述及的菲尼斯、富勒等人概括的那些法律特征，均属法治形式方面的特征。此外，拉兹也概括出了法律有效运行所必须具备的形式方面的条件。他认为，法治有两个向度：第一，人们应当受法律的统治而且遵守它；第二，法律应当可以指引人们的行为。为此法律必须符合八项原则：第一，所有法律都应当可预期、公开且明确；第二，法律应当相对稳定；第三，特别法（尤其是法律指令）应受到公开、稳定、明确和一般规则的指导；第四，司法独立应予保证；第五，自然正义的原则必须遵守；第六，法院应对其他原则的实施有审查权；第七，法庭应当是易被人接近的；第八，不应容许预防犯罪的机构利用自由裁量权歪曲法律。③

除了对法治的形式方面的强调，浅层法治理论还非常重视法治的工具性和手段性，认为法治本身并不成为政治的最高目的，而只是实现其他更

---

① Randall Peerenboom, "Varieties of Rule of Law," in Randall Peerenboom ed. , *Asian Discourses of Rule of Law：Theories and Implementation of Rule of Law in Twelve Asian Countries*, France and the U. S. , Routledge, 2004, pp. 1 - 55.

② Brian Tamanaha, *On the Rule of Law*, Cambridge University Press, 2004, p. 91.

③ 约瑟夫·拉兹：《法律的权威》，朱峰译，法律出版社，2005，第186 - 190 页。

高政治目的的途径和手段。美国学者裴文睿和萨默斯是浅层法治理论的代表。[1]

与之相反，深层的实质法治理论走得更远，除了强调法律的形式特征外，还赋予法治以实质价值和要素，比如自由市场资本主义、多党制民主和自由主义人权理念。美国学者德沃金和哈钦森是这一法治理论的代表。德沃金把与形式法治理念相对应的法治理念命名为"权利"法治理念，并指出，这一法治理念并没有如形式法治理论那样把法治与实质正义区分开来，相反，作为法治理想的一个组成部分，它要求法律规则必须包含和实施道德权利。[2] 在"民主与法治"一文中，哈钦森则旗帜鲜明地指出，"与民主治理相比，法治更为关注和有志于个体自由"。[3]

第三组法治建设的理论，可以根据法治的实现方式不同，而划分为渐进式法治发展理论和政府推进型法治发展理论。渐进式法治演化理论认为，法治的形成是长期演化的结果，而非由政府主导设计和建设的结果，朱苏力先生是法治演化理论的代表人物。他提出了法治的本土资源理论。他认识到，在西方国家中，法治传统或相当一部分法律制度是在市场经济"自然"发生过程中逐渐演化变革形成的，即使是西方国家政府分布的法律规则，其法典内容也主要是对通行于市民社会中的习惯性制度的认可。反之，由政府立法活动而引起的制度变革，效果却并不理想。总之，社会中形成的许多赖以取得成就并仍在发挥作用的规章制度都只是人类行动的结果，而并非人类设计的结果。因此他指出，我们要在市场经济建设过程中形成新的习惯和传统，在人们的互动中逐步形成一套与发展变化的社会生活相适应的规则体系，"当代人的社会实践中已经形成或正在萌芽发展的各种非正式的制度是法治发展的本土资源"。[4]

与这种渐进式的法治演化理论形成鲜明对比的是强调发挥国家、政府主导作用的政府推进型法治理论。这一理论的代表人物是意大利政治学家

[1]　Robert Summers, "A Formal Theory of Rule of Law," *Ratio Juris*, Vol. 6, No. 2 (1993), pp. 127 – 142.

[2]　Ronald Dworkin, "Political Judges and the Rule of Law, " 64 *Proceedings of the British Academy*, 1978, pp. 259 – 262. 转引自 Brian Tamanaha, *On the Rule of Law*, Cambridge University Press, 2004, p. 102。又请参阅德沃金《认真对待权利》，信春鹰、吴玉章译，中国大百科全书出版社，1998。

[3]　Allan C. Hutchinson, and Patrick Monahan, "Democracy and the Rule of Law, " in Allan C. Hutchinson and Patrick Monahan eds. , *The Rule of Law: Ideal or Ideology*, Toronto: Carswell, 1987. 转引自 Brian Tamanaha, *On the Rule of Law*, Cambridge University Press, 2004, p. 104。

[4]　朱苏力：《法治及其本土资源》（第三版），北京大学出版社，2015，第 3 – 24 页。

萨托利和我国的一些法学家，比如高全喜、蒋立山等人。萨托利指出，在理解民主巩固的过程和民主人士在这一进程中的任务时，政治、经济、社会、文化等结构因素具有特别意义。不过，既然建设法治政府的结构状况（structural conditions）不可能短期改变，我们就必须更加关注那些可以进行政治设计的方面。[①]

高全喜先生认为，中国法治领域已经出现了从具体法治向根本法治的渗透和诉求，以及从私法优先向公法崛起的转换。因此公法（主要是行政法）建构的目标是，要通过行政程序法、行政诉讼法等手段，实现官民关系的法治化。他还指出，局部领域的制度创新需要得到关联领域的制度进步的支持才能真正成长壮大，这必然是一个政府引导推进的复杂系统工程。[②] 而蒋立山先生则认为，外部压力构成了中国确定法律改革时间表的重要外部制约因素，中国法律的演进空间通过挤压被迫发生改变，使法律改革经常处于被迫提速的状态。因此，中国必须通过政府推动实现法律现代化。[③]

二 原有法治理论的不足与理论发展空间

原有法治理论曾经给予人们以很多启迪，但也存在一些欠缺，还有较大的进步发展空间。

首先，法治渐进演化理论的核心是法治的长期自动演化。英国是法治渐进演化理论的最好注脚，但对于后发现代化国家来说，靠长期的自动演化来建成法治国家，进程过于缓慢，不利于社会的整体发展进步。1037 年 5 月 28 日，在英格兰统治者哈罗德·克努特（Conrad）的敕令中，他就指出："任何人的领地都不能被剥夺，……但是根据帝国的法律和帝国贵族院的审判，则可以将之剥夺。"[④] 由此可见，早在 11 世纪初期，不列颠地区就已经初步形成了法律至上的理念（这种法律至上的理想在欧洲其他国家却因君主专制主义的兴起而遭到了摧毁）。然而更深层次的问题是，为什么早在

---

① Giovanni Sartori, *Comparative Constitutional Engineering: An Inquiry into Structures, Incentives and Outcomes*, New York: New York University Press, 1994.

② 高全喜等：《现代中国的法治之路》，社会科学文献出版社，2012。

③ 蒋立山：《法律现代化：中国法治道路问题研究》，中国法制出版社，2006。

④ 转引自弗里德里希·冯·哈耶克《自由秩序原理》（上卷），邓正来译，生活·读书·新知三联书店，1997，第376页。历史上，英国曾遭到罗马人的长期占领与统治。这段统治时期从公元47年罗马皇帝克劳狄征服不列颠低地区并建成从埃克塞特到林肯的壕坑大道开始，一直持续到公元409年罗马军人和官吏被彻底赶出不列颠岛。

1037 年，英格兰就已经能形成法律至上的观念？针对这一深层问题，也许钱乘旦先生的观点可以做出合理解释。钱先生指出："罗马不列颠是一个由法律条文主宰的社会，罗马时期是个转折点，它使不列颠从史前跨进了文明时代。"② 公元 429 年，盎格鲁 - 撒克逊人占领不列颠腹地，并带来了古日耳曼民族的具有明显法律至上倾向的习惯法，为法律至上理念的确立提供了第一份养分。公元 597 年，教皇格列高利派遣好友奥古斯丁率领 40 名罗马教士，到肯特王国传教，并于公元 663 年永久征服英格兰东南部，与基督教一同而至的教会法为法律至上观念的确立提供了另一个支点，而"直到 18 世纪上半叶，当时法治的理想正渐渐地渗透进人们的日常生活实践之中，（英国的）法治理想得以巩固"。③

从这一历程中我们可以发现，即使像英国这样拥有悠久法治传统的国家，也是依靠外力从境外移植引进而来的罗马法，成为英国大地上的第一粒法治种子。如果没有第一粒法治种子，任何土地上都不可能结出法治之果的。然而问题是，这粒种子最初也不是从英国土地长期自然孕育演化和生成的，而是经由外力因素从境外引进而来。只是在这一法治种子播撒在英国土地上之后，通过各种渠道不断获取养分，它才生根发芽，并且由于此后的种种复杂因素，成功度过风雨洗礼与各种考验（比如爱德华·科克爵士与英王詹姆士一世之间围绕王权与法权的地位，即"王在法上"还是"王在法下"而展开的斗争）④，它才苗壮成长，长成法治的参天大树。

由是观之，对于任何一个成功建成的法治国家而言，其法治传统绝非无源之水、无本之木。法治传统的形成，最初需要依靠外力因素"引进"或统治当局迅速培育出第一粒法治种子，此后再经由社会历史的洗礼和人们的细心呵护，以及不断汲取外来养分，才能进一步成长为法治的参天大树。第一粒法治种子的出现，也许正是历史关节点研究中的关键性前因。⑤

因此对于缺乏法治传统的国家而言，首要任务是解决第一粒法治种子的

---

② 钱乘旦、许洁明：《英国通史》，上海社会科学院出版社，2012，第 17 页。

③ 弗里德里希·冯·哈耶克：《自由秩序原理》（上卷），邓正来译，生活·读书·新知三联书店，1997，第 215 页。

④ 当詹姆士一世声称"要我受制于法律，说这话就是叛逆"时，科克爵士则回答说，"布莱克顿是这样写的：'国王不受制于人，但受制于法律'"。在审理约翰·科尔特和格洛弗 V. 考文垂和利奇菲尔德主教一案的过程中，国王致信法官说，在同他商议之前不得进一步审理此案。科克则回答说："如果服从陛下的命令，停止审案，那么就会拖延实施公正。这是违反法律的，也是违反法官的誓词的。"丹宁勋爵：《法律的未来》，刘庸安等译，法律出版社，2011，第 7 - 11 页。

⑤ 请参阅花勇《历史关节点前沿研究述评》，《国外理论动态》2014 年第 11 期。

问题。而恰恰由于这类国家的特殊发展背景和发展空间，无论是第一粒法治种子的获得，还是此后对这一法治种子的培育与呵护，都不能依靠社会长期的自发演化，而只能依靠外部引进或政府推动方能实现目标。所以如果寄希望于法治的渐进演化，那么在中国版图上实现建成法治国家的目标就遥遥无期。朱苏力先生说的"要在市场经济建设过程中形成新的习惯和传统"有一定的合理性，但他也忽视了一个重要事实，那就是传统也需要第一粒种子，也是可以创造与培育的，没有一种传统生来就是传统。对于中国的法治国家建设而言，恰恰因为我们缺少法治的传统与习惯，因而就必须自上而下地通过上级的法治制度供给，通过法治制度的制定与强行实施来创造第一粒法治种子，来培育一种法治传统、法治习惯、法治思维和法治方式，以各种手段比如人事制度和政绩考核制度的手段来推动、培养和生成这样一种以法治方式行事的传统、意识和习惯，从而使得按法治思维、法治方式办事成为一件自然而然的事情，一种自然而然、顺理成章的习惯。总之，我们建设法治国家的任务非常艰巨，而时间却十分紧迫，必须充分发挥国家和政府在法治建设中不可替代的引导和推动作用。

其次，正在进行的国家现代化是中国法治国家建设的最主要背景。中国的现代化是一种典型的政府主导型的现代化。中国现代化目标的选择，将对中国政治发展目标的确定、重点领域、发展方向和政策目标的选择，对整个政治发展进程、程度产生持续、长期、全面、深刻的影响；中国政府如何进行现代国家制度建设，如何影响和决定中国国家现代化总进程和总道路，将对法治国家的建设产生举足轻重的影响。诚如胡鞍钢先生指出的，"从更长远的观点看，政府主导作用的内容是随中国现代化进程而不断变化和更新的，在社会的现代化因素和自身更新力量尚未形成足够的前进惯性的阶段，政府始终是现代化过程的全面指挥者；中国现代化不可能在普遍混乱、严重滞缓、不断反复、大幅震荡的自发社会过程中实现，而必须在连续不断地主动择优、更新和再组织的社会过程中实现"。[1] 面临中国的基本国情，更要求政府始终必须基于有效的主导地位。

因此中国的法治建设绝非纯粹的完成法治建设任务那么简单，法治建设也永远不会是一个法律如何得到有效实施的纯粹法治领域的问题，一个只涉及约束政府权力、遵守规则与法律的问题。它必将牵涉民主建设、制度建设、政治体制和行政体制改革等诸多领域。所以，法治国家建设一定

---

① 胡鞍钢、王毅执笔《国情与决策》，中国科学报社编，北京出版社，1990，第174-176页。

是一个结构性的问题，一个牵涉全局的问题。我们不要想当然地把法治建设与其他方面割裂开来，不能孤立地、片面地、单纯地去理解法治建设问题，而是一定要放在中国的现代化进程和道路中，一定要放在中国现代化与政治发展的大背景中去理解审视，一定放在国家建构的背景中去深刻理解和全面审视中国的法治国家建设。

这一特征正是中国法治国家建设的与众不同所在。而前述的诸种法治建设理论，对中国现代化的宏伟背景和这一根本特征重视不够。

第四节　作为制度变革的法治建设模式

笔者将从制度变革的角度出发，立足于建构一种统摄性理论，就我国法治国家建设的理论与实践模式，进一步谈一下自己的思考。

一　概念革命与统摄性理论

如果说概念是科学的基础，那么概念革命就是科学革命的基础。在人文社会科学的发展史中，理论革命和重大创新均是以概念革命为先导的。思想家们经常通过提出重要的理论概念，借助概念的帮助，来建构各自的重要理论。我们可以把具有科学革命意义的概念称为统摄性或统领性的大概念，而把建立在统摄性概念基础上的具有理论主导性或实践主导性的理论称为统摄性理论。

在人文社会科学中，这样的概念革命与统摄性理论层出不穷，并推动所在学科从一个高峰走向另一个高峰。托马斯·库恩提出"范式"（paradigm）和"常规科学"（normal science）概念，建立了科学增长的"阶段革命理论"[1]，并取代了卡尔·波普以"证伪"理论为基石的"不断革命理论"[2]；伊曼纽尔·沃勒斯坦通过创立"历史体系"或"历史的世界体系"（world system）概念，取代了作为历史分析单位的"民族国家"（nation-state）概念，从而构建了世界体系理论[3]；罗纳德·科斯以"交易费用"（transaction cost）[4]概念为基础，开拓出了一条新制度经济学的理论路径，并根本区别于自亚当·斯密以来以"市场"为中心的经济学研究取向；戴

---

[1]　托马斯·库恩：《科学革命的结构》，金吾伦、胡新和译，北京大学出版社，2003。
[2]　卡尔·波普：《科学发现的逻辑》，查汝强等译，沈阳出版社，1999。
[3]　伊曼纽尔·沃勒斯坦：《现代世界体系》，郭方等译，社会科学文献出版社，2013。
[4]　罗纳德·科斯：《企业、市场与法律》，盛洪等译，格致出版社，2009。

维·伊斯顿以"政治体系"（political system）① 概念为基石，创立了政治体系理论，进而与以"国家"概念为理论基础的传统政治学分道扬镳；塔尔科特·帕森斯通过"单位行动"（unit act）② 这一概念和分析单位，建立了以社会体系的结构—功能分析为核心的社会行动理论和现代社会学，并摧毁了由威尔弗莱多·帕累托、埃米尔·涂尔干和马克斯·韦伯等人构建的、以古典自由主义为基础的欧洲传统社会学理论大厦；汉斯·凯尔森通过对"规范"（norm）及"规范体系"③ 这些概念的构建，创立了以实在法为研究对象的纯粹法学理论，并进而与其他掺杂了评价标准和意识形态因素的所有法学理论划清界限。这些事例无不充分说明，基于概念革命的统摄性理论是人文社会科学发展的根本动力。

尼古拉斯·卢曼提出过"我们把什么概念作为社会的基础和这对社会与法律之间关系的分析有什么结果"这个很好的问题，并认为迄今为止还没有一种社会理论对此给出过满意的回答。④ 卢曼之问不仅可以启发我们的社会科学研究，还可以激发我们解决社会问题的灵感。因为，不同的核心概念与基本理论，既造就了不同的思维视野，也决定了不同的实践方向与定位。宏观地看，不仅理论创新源自概念革命，即使是国家的发展和人类社会的文明进步，也是以科学的统摄性理论的及时创新与大力实践为实现途径的，提出正确、科学的统摄性概念或统摄性理论，这对于一个国家和民族的长远发展具有重要战略意义。在中国特色社会主义的制度体系中，中国共产党一直是总揽全局、协调各方的领导核心。宁骚教授指出，中国共产党领导核心作用的基本体现，就是通过提出"社会主义初级阶段""社会主义市场经济体制"等具有统领性、统摄性的大概念、大理论，来对改革开放各个阶段、各个领域的重大改革举措进行战略指导⑤，并带领中国人民取得了改革开放的伟大成就。

由此可见，无论是人文社会科学研究的重大理论创新还是社会的文明进步与政治发展，都取决于思想家、政治家能否在每个发展阶段或每次重大历史关头及时地提出正确的理论概念，并在此基础上建构起指导实践的

---

① 戴维·伊斯顿：《政治体系》，马清槐译，商务印书馆，1993。
② 塔尔科特·帕森斯：《社会行动的结构》，张明德等译，译林出版社，2003。
③ Hans Kelsen, *Pure Theory of Law*, trans. by Max Knight, University of California Press, 1967；汉斯·凯尔森：《法与国家的一般理论》，沈宗灵译，中国大百科全书出版社，1996。
④ 卢曼：《社会的法律》，郑伊倩译，人民出版社，2009，第291页。
⑤ 宁骚：《从"政策试验"看中国的制度优势》，《光明日报》2014年1月6日，第11版。

科学的统摄性理论。

二　两种作为统摄性理论的法治建设理论模式

自 1978 年十一届三中全会召开，尤其是自 1997 年中国共产党第十五次全国代表大会提出"依法治国，建设社会主义法治国家"这一战略构想以来，国内法学界与政治学界加强了对法治理论与实践的研究，取得了丰硕的研究成果，大大推动了我国建设社会主义法治国家的发展进程。至此法治研究既呈现出学术研究本身的逻辑发展脉络，又同共和国法治认识与法治建设实践的发展进程大体同步。借用张志铭教授的阶段划分法，即先后经历了"正名法治""定义法治""量化法治"三个阶段。① 在这些研究中，最具特色的是这样一类统合式研究，作者在学科的最高分析层次上建构具有范式意义的统领性概念或统摄性理论，用以回顾、反思和指导中国的法治建设。这类统合式研究有两种代表性理论，分别是钱弘道教授提出的中国法治实践学派和凌斌教授提出的法民关系论。

2012 年 12 月 16 日，钱弘道教授提出"中国法治实践学派"的概念，并立足于余杭法治指数、浙江省湖州市吴兴区法院司法透明指数以及杭州市电子政府发展指数的实验，得出中国法治实践学派正在形成的观点。② 他指出，"中国法治实践学派是以中国法治为研究对象，以探寻中国法治发展道路为目标，以实验、实践、实证为研究方法，注重现实、实效，具有中国特色、中国气派、中国风格的学术群体的总称"。③

在钱弘道教授看来，"法治评估是一种倒逼机制；法治评估可以形成法治建设合力；法治评估可以培育官员的法治思维和公民的权利意识"，基于这一点，他认为，"法治评估是未来中国法治的增长点"。他指出，"中国法

---

① 张志铭、于浩：《共和国法治认识的逻辑展开》，《法学研究》2013 年第 3 期。当然，这种学术阶段划分法只是一种粗线条的主题归类法，难以把国内的法治研究都纳入其中。其实国内还有很多较为重要的法治研究，既难以划到张志铭教授的分类框架内，也难以归入本文所指的统摄性理论这一层面。这些研究主要包括：季卫东：《法治秩序的建构》，商务印书馆，2014；季卫东：《通往法治的道路》，法律出版社，2014；孙笑侠：《法治转型及其中国式任务》，《苏州大学学报》（法学版）2014 年第 1 期；於兴中：《法治东西》，法律出版社，2015；顾培东：《中国法治进程中的法律资源分享问题》，《中国法学》2008 年第 3 期；等等。

② 钱弘道：《中国法治实践学派正在形成》，钱弘道主编《中国法治实践学派》，法律出版社，2014，第 25 - 29 页。

③ 钱弘道：《中国法治的一块试验田——兼及中国法治实践学派的宗旨》，钱弘道主编《中国法治实践学派》，法律出版社，2014，第 8 - 14 页。

治实践学派的一个重要任务就是，在转型期的社会背景下，通过法治实践
推动普遍的公共理性的形成"，"法治实践通过一系列指标设计来进行对场
域内规则的合理化建构，以及通过实践活动本身提供一个公共理性形成的
场所与平台"，"法治评估的实践切实地将参与、认识、思考、批判与完善
这些环节构成了一个有机的循环链，从而实现培育民众公共理性、推动政
府公共理性观念形成的目的"。① 他后来进一步指出，"中国法治实践学派倡
导法治实验"，"法治实验的特点是自觉地以科学理论为指导，以特定法治
场域为实验点，以社会调查、量化分析为方法，以探索和认识法治实践活
动的本质和规律、探寻最优化法治道路为目的，反复试验观测法治方案的
效果"。所以说，虽然他对中国法治实践学派做了较为宽泛的定义，但从他
的诸多论文还是可以看出，所谓的中国法治实践，其主要内容就是指法治
评估实践或地方法治实验，而中国法治实践学派要打出的理论旗帜，就是
以法治评估来促进法治建设。因此，他所指的中国法治实践学派，也许叫
法治评估实践学派或法治实验学派更为准确。

第二种基于统领性概念建立的统摄式法治理论是凌斌教授提出的法民
关系论。② 凌斌教授把法民关系定义为"法律人与普通人围绕法律解释权分
配形成的主体间关系"，"法民关系是从普通人和法律人的主体间关系，尤
其是主体间的实然关系，来理解不同主体的相互影响和对法律实践的共同
塑造"，"司法公信和法治信仰是法民关系的宏观体现"。

他从信任的角度把法民关系分为消极法民关系和积极法民关系两种类
型。在"消极法民关系"中，作为共同主体的普通人和法律人相互信任，
普通人愿意以原则性授权的方式将法律解释权交付给法律人掌握，而法律
人也愿意承担这一责任，法律解释权由法律人即法官、检察官和律师垄断，
并且正是由于这种总体上的相互信任，法民关系中的法律人与普通人之间
的主体关系才反而显得"消极"。与此相反，在"积极法民关系"中，作为
共同主体的普通人与法律人彼此缺乏信任，普通人对于法律人掌握法律解
释权的承认，只是一种例外性授权，不愿意将法律解释权交付给法律人全
权掌握，而法律人也常常难以承担这样的责任。所以，法律解释权分散于
法律人与普通人之间，并且正是由于这种总体上的互不信任，法民关系中

---

① 钱弘道：《以法治实践培育公共理性——兼论中国法治实践学派的现实意义》，钱弘道主编
《中国法治实践学派》，法律出版社，2014，第73、78、85页。
② 凌斌：《当代中国法治实践中的"法民关系"》，《中国社会科学》2013年第1期，第151-66页。

的法律人与普通人之间的主体关系才会显得格外"积极"。

他指出，"法民关系的核心，是法官与其他群体的关系"，消极法民关系的核心，是法官和双方律师，而积极法民关系的核心，是法官和双方当事人。他认为，法民关系在微观和宏观层面的交互作用，分别形成"微观司法环境"与"宏观法治状况"。消极法民关系中的微观司法环境相对和谐，法官、检察官和律师具有充分共识，多数时候只需要单纯考虑法律推理，而积极法民关系的微观司法环境是一种相对紧张的交互关系，法律人与普通人之间，由于缺少足够的共同知识和重叠共识，往往存在天然的陌生、隔阂与紧张、疑忌。

他还认为，法民关系在微观层面的交互作用，可能会进一步作用于"宏观法治状况"。宏观法治状况体现的是一个国家或法域内普通民众与法律职业人之间的整体关系，表现为一般公众和普通官员具有的司法信任和法治信仰的总体程度，并进而影响具体的个案裁判与整体的法治进程。他把法民关系连带性的作用机制归纳为：宏观法治状况影响微观司法环境，微观司法环境影响法官个案裁判，并最终塑造着法律的职业理论与法治理念。最后，他指出，当代中国的法治实践呈现为积极法民关系。中国的法治理论，理当从中国法治所植根的法民关系出发，重新理解中国法治实践的基本特点与终极理想，并首先回答"为什么当代中国的法治实践呈现为积极法民关系？如何实现当代中国法民关系的和谐互信？"这两个问题。

综上所述，这两位学者都立足于最高分析层次上的统领性概念，尝试建构具有统摄性的中国法治理论，来反思和把握中国法治建设过程的主要特点，并据此来探索和指明一条中国未来法治建设的道路。对于未来中国的法治建设，这两种理论都颇具启发意义和参考价值。然而，正因为统摄性概念和理论具有统领全局的特性，所以一经提出并付诸实践，就必然涉及国家政治和社会生活的各个主要方面。因此，统摄性理论的正确性和科学性对于国家的政治发展命运具有举足轻重的影响和意义。"文化大革命"时期"以阶级斗争为纲"，实质上也可以理解为一种统摄性理论。然而，恰恰由于这一理论的严重错误，才使中国陷入了十年"文革"的深渊。所以，"全面推进依法治国，必须走对路。如果路走错了，南辕北辙了，那再提什么要求和举措也都没有意义了"。① 对于中国未来法治建设而言，统摄性法

---

① 习近平：《加快建设社会主义法治国家——在党的十八届四中全会第二次全体会议上的讲话》（节选）。

治理论的科学性与正确性显得至关重要。因而，问题就是，对于当今中国而言，作为意欲指导中国法治建设的统摄性理论，中国法治实践学派与法民关系理论是否足够严谨、正确和科学？

然而，这两种理论要么把法治建设的成功希望寄托于某项单一制度的设计之上，而忽略了制度设计的系统性、联动性；要么因过于强调法律过程的某个环节对于法治建设的影响，并因夸大了影响这一环节的主要因素之作用，而忽略了法律过程各环节之间的内在关联性以及它们总体上对法治建设的整体推动效应。

钱弘道教授提出的中国法治实践学派过于重视法治绩效评估制度的推行对于提升整个国家法治水平的意义与作用。他提出，"法治评估的确能够推动法治发展"，这是因为"法治评估是一种倒逼机制"，而"法治评估指标之所以是一种倒逼机制，是因为它可以对政府形成压力，迫使政府采取具体措施，将法治口号变成法治行动"。① 他强调了法治评估制度对于法治建设的积极意义，却未能考察法治制度顶层设计的系统性与联动性，以及这种制度设计的系统性和联动性对于某项单一制度的制度绩效之重大影响。当一项新的制度创新成为关注焦点之时，这项制度确实能给制度首创者产生持久压力，并促使他们高度重视该制度的有效贯彻执行。但最根本的问题是，如果没有其他配套制度的设计与运行，比如把法治建设绩效纳入官员政绩考核机制，那么，法治评估制度对各级政府造成的动力与压力，将远远低于它对该项制度首创者的余杭区政府所形成的动力和压力。法治评估结果只有纳入官员考核机制，才会对政府官员产生持久的推动作用。所以，局部领域的制度创新要想持久有效，就必须得到关联领域制度创新的支持，否则就可能因孤军奋战而遭遇挫败。《决定》把全面推进依法治国的总目标确立为"建设中国特色社会主义法治体系，建设社会主义法治国家"，充分说明了法治制度设计的系统性、联动性对于中国法治建设的战略意义。

而凌斌教授提出的法民关系论虽然视角独特，也很具启发意义，但是他在充分强调司法过程及法民关系对于法治建设的作用时，未能考察法律过程的其他环节与其他主体的作用。凌斌教授高度重视法律职业群体与普通民众之间的法民关系，而未充分结合中国的特殊国情，即在中国的政治

① 钱弘道：《中国法治的一块试验田——兼及中国法治实践学派的宗旨》，钱弘道主编《中国法治实践学派》，法律出版社，2014，第10页。

与社会生活中，相较于法民关系，更重要的是官民关系与官法关系，因此虽然中国的法治建设需要调整法民关系，但更重要的是致力于调整和建设一种现代的官民关系和官法关系；另外，中国社会并非一个争讼社会，而是一个人情、礼俗和关系社会。在这个社会中，人情重于法理，调解高于讼决。因此，于中国法治而言，政府知法守法的意义要远远高于司法公信的意义。凌斌教授从法律的角度来理解法律和司法过程，并因而把改善法民关系现状与提升法治水平的希望寄托在法律人尤其是法官身上，把法治建设当成法律本身的问题，而没有从制度的角度来理解法律和作为制度过程的法律过程。

总之，中国法治实践学派与法民关系理论这两种法治建设模式，都忽视了"作为法治主导力量的官方力量、作为法治原动力的民间力量、作为法治建构力的职业力量"① 这三股力量在法治建设中的整体合力，而是片面地把法治希望寄托在单一制度或单一力量之上，难以充当指导中国法治建设的统摄性理论之大任。反之，如果从制度变革的角度来思考法治建设并建构法治建设的统摄性理论，必然要求基于系统的、有机的、整体的制度变革立场，来全面地思考和进行法治建设，而不会像这两种理论一样，过于夸大其中一个因素或一项制度的作用。

三 作为制度变革的法治建设理论模式

在不同情境中，同一事物的属性会发生转变。议员们在议会中激烈争辩并进行表决的法律是一项体现为议案的拟议推行的制度。例如，1935 年 7 月在美国民主党国会进行表决时的《全国劳工关系法》法案，就是一项拟议推行的"制度"，用以保障在与州际商业有直接和重要关系的产业中工人组织工会的权利。如果在议会表决时法案获得通过，那么法案就演变成为一项制度事实。尼尔·麦考官克说得好，"说法律是制度现象，是因为它是由一套相互作用的社会制度以各种方式制造、保持、加强和改善的"。② 这一拟议推行的制度作为罗斯福新政的一个重要组成部分，和国会同期通过的《社会保障法》《全国工业复兴法》等法案共同构成了制度变革的完整体系。与议会上表决的法案性质不同，法官在法庭上据以裁判争讼的法律，

---

① 孙笑侠：《拆迁风云中寻找法治动力——论转型期法治建构的主体》，《东方法学》2010 年第 4 期。
② 尼尔·麦考官克、奥塔·魏因贝格尔：《制度法论》，周叶谦译，中国政法大学出版社，2004，第 69 页。

是在具体案件中得到适用的法律条款，比如 1937 年 4 月美国联邦最高法院在全国劳工关系委员会诉琼斯和劳克林公司案中①，休斯法院据以作出裁决的《全国劳工关系法》，其根本属性就发生了根本转变，由作为罗斯福加强政府经济管制之制度变革的一种"制度"构件，转变为最高法院法官用来做出最终裁决的作为法律依据的"法律"。

　　法律属性在不同情境中的转变，往往与各该情境中行为主体的身份密切相关。法律人与政治学家和政治家在身份定位上的差异，导致了他们在理解问题和思考方式上的差别。在议会承担议决法律草案责任的议员们，扮演的是政治家的角色，因而他们眼中的文本是制度而非法律；反之，在法庭承担裁断是非曲直和辩护责任的法官与律师，扮演的是法律人角色，他们眼中的文本自然就是法律而非制度。1910 年时，送到威廉·塔夫脱总统面前由他签署生效的法案是作为制度的法案，而 1921 年在联邦最高法院做出法庭裁定的威廉·塔夫脱首席大法官所引用的法案却是法律。

　　角色的不同不仅导致对法律的理解不同，而且对法治的理解也会有所不同。严格说来，法律人多是程序主义者，并大多从内部视角来看待法律，因此他们多从技术层面上关注法条的合理性、逻辑性以及法律在具体案件中的适用与实施，并进而多从法律是否在程序上得到实施的角度来理解法治。中国法治实践学派强调通过包括各种测量指标的法治评估来检验法律是否在程序上得到实施及其实施程度②，并进而借此推动法治发展，这是基于内部视角来理解法治；法民关系理论主张通过程序正义优先、将法律解释权交付给法律人全权掌握以建立一种消极法民关系，从而改善具体案件

---

①　*National Labor Relations Board v. Jones and Laughlin Steel Corp. , 301 U. S.* 1（1937）。在此前的数个案件中，休斯（Charles Evans Hughes）法院以契约自由受正当程序条款和第五修正案保护为由（这延续了在洛克纳诉纽约州［Lochner v. New York, 198 U. S. 45, 1945］一案中引申出来的"自由包括契约自由等实体自由在内"的司法哲学），支持雇主与雇员有权签订合同并且不受政府干预，这严重阻碍了罗斯福总统以扩大国家管制经济范围为核心的新政计划。为了在最高法院赢得多数法官对新政的支持，罗斯福提出了法院改组计划（又名填塞计划，court-packing plan）。而全国劳工关系委员会诉琼斯和劳克林公司一案，就是在罗斯福的法院改组计划提出不到一周的时间内进行讨论的（1937 年 2 月 10 – 11 日法庭辩论）。4 月 12 日，在这一案件的终审裁决中，原先主张劳工关系只是间接影响州际商业因而国会无权干涉的休斯大法官和欧文·罗伯茨（Owen Roberts）法官，转而投票支持《全国劳工关系法》，最终法院以 5∶4 的多数支持了国会进一步加强经济监管的权力。

②　在法治余杭评估评估体系的"党委依法执政、政府依法行政、司法公平正义、权利依法保障、市场规范有序、监督体系健全、民主政治完善、全民素质提升、社会安全和谐"等 9 个总体目标中，就有前面共 7 个目标强调法律是否在执政、行政、司法等相关领域，在程序上得到实施及其实施的程度。

审判的微观司法环境并进而提升宏观法治状况，这也是基于一种内部视角。内部视角下的法治建设之内核是法律在程序上的实施。反之，政治学家和政治家多是制度主义者，并多从外部视角来看待法律。他们不会孤立地去理解与对待法律，而往往从制度的视角把国家机关制定法律（立法）、实施法律（执法、司法）、组织以及个体运用和遵守法律（内化为一种法律意识或法律思维）的过程看成是一个制度需求、制度供给、制度运行、制度辐射效应与实现制度内化的制度化的完整过程。外部视角下的法治建设之内核是通过法律方式实现的制度变革（见图 1 - 1）。

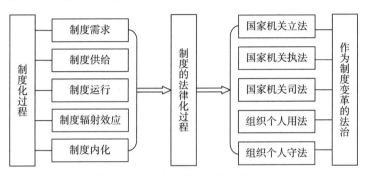

图 1 - 1　作为制度变革的法治模式

制度变革是指一套新的（法律）制度体系从制定、运行、适应到与整个社会高度契合从而成为社会习惯的一部分——此时，制度内容与社会价值、思维方式、生活方式保持高度融洽一致——的制度转换过程。所以，作为制度变革的法治建设过程，就是一个正式政治与非正式政治、正式制度与非正式制度的基本原则实现法治化的一致过程。因此，从制度变革的角度来看，制度化过程包括五个环节或阶段：社会孕育、产生制度需求，或由精英阶层激发新的制度需求；国家或（与）社会通过制度供给、满足社会与精英的制度需求；制度在正式政治的范围内得到运行；新制度产生辐射效应和连锁效应，产生新的制度需求并形成新的制度体系；[①] 新的制度

---

① 所谓制度的辐射效应或连锁效应，是指一项新制度的出台及有效运行，必然要求其他相关辅助制度的及时出台与支撑，形成一根环环相扣的完整制度链条或相互支持的严密的制度体系。例如，在十八届三中全会通过的《全面深化改革若干重大问题的决定》中，提出要"使市场在资源配置中起决定性作用"。而要实现这一制度目标，就必然要求健全宏观调控体系、全面正确履行政府职能、优化政府组织结构、深化行政执法体制改革、建设法治政府，并进而要求出台相关的具体制度，从而根本改变经济管理过程中严重存在的政府越位、错位、失位、职能不清、权责不明的老问题。

理念内化为每一个行动者的行为理念，并转换为一种政治文化。

大规模制度变革主要有两种方式：民主方式和非民主方式。在民主方式下，国家及其精英阶层能通过较为健全的利益表达与整合机制，及时捕捉、判断社会或新兴精英阶层的制度需求；再经由国家与社会、精英与精英、集团与集团之间的多重博弈，以国家机关（主要是议会）立法的形式满足制度需求；新制定的制度在正式政治的范围内开始运行，并且以具体法律条文的形式充当国家机关执法和司法的依据，使得制度以法律的形式得到适用；单一制度的运行与适用打破了原来的制度均衡，产生辐射连锁效应，引发新的制度需求，从而产生新的制度体系（法律体系）；随着时间的推移，新的制度体系不断深入人心，转化为一种理念和政治文化而开始适用于非正式政治领域，并与非正式制度保持一种水乳交融、高度一致的密切关系①，从而实现制度内化，形成新的制度均衡。在法律过程中这种制度内化表现为：组织和个体形成法律意识和法律思维的过程，一个组织和个体办事依法、遇事找法、解决问题靠法的用法守法过程。因此，在民主方式下，制度化的五个环节恰好对应于法律过程的五个环节。

正是在这一意义上，我们认为，制度化的过程，就是制度的法律化过程；一项法律的确立过程，就是一项具体制度的制度化过程；因而法治的确立过程，就是一个新制度体系实现制度化的过程（我们把这一过程称为制度变革过程）。因此，制度变革与法治的确立是高度统一的。通过立法、执法、司法、用法、守法各个环节，法律实现了由制度需求、制度供给、制度运行、制度辐射效应到制度内化的完整制度化过程。所以说，法治的确立过程，就是以法律形式实现制度变革的过程。

把法治的建设过程视为制度变革的过程，或者说从制度变革的角度来理解法治，既有现实政治的原因，也有理论的必要性。

第一，我国的法治建设兼具改革型法治和转型法治两种特点。改革型法治和转型法治的最主要特点是，法治的建设过程与改革过程或社会转型过程高度统一。这一特点必然要求把法治建设和法律过程放在改革过程或

① 比如，美国篮球明星科比·布莱恩特为了维护自己的权益而状告自己亲生母亲一事，并没有被美国人视为不可接受的不孝之举或大逆不道。因为，在一种信奉个体权利至上、法律成为政治社会生活帝王的政治文化中，法律意识和法律思维已经深入各个领域，无论是在正式政治与非正式政治之间，还是在正式制度与非正式制度之间，行为规则都是基本一致的，并不存在本质上根本不同的或相互排斥的通行规则。

者社会转型过程中去考察，必然要求从制度变革的角度来审视法治建设。①改革或社会转型的过程是不断进行制度创新与制度建设的过程，因此，改革型法治和转型法治就是要在改革或社会转型的过程中，发挥法治对制度创新与制度建设的保障作用，从而实现制度变革。正如《决定》明确指出的，"全面建成小康社会、实现中华民族伟大复兴的中国梦，全面深化改革、完善和发展中国特色社会主义制度，提高党的执政能力和执政水平，必须全面推进依法治国……必须更好发挥法治的引领和规范作用"。建设法治国家既是改革与社会转型的目标和任务，也是全面建成小康社会、全面深化改革、实现社会转型的根本手段，三者互相推动，互相促进。因此，要把全面推进依法治国与全面建设小康社会、全面深化改革、全面从严治党统一起来。也正是在这一意义上，我们说必须从制度变革的视角来理解和建设法治。

第二，法律发展形态与制度发展形态的一致性，也要求我们从制度变革的角度来理解和建设法治。为了更好地理解法律的发展形态，一些法学家们进行了法的分类。比如，奥地利法学家尤根·埃利希就把法律分为组织规则（社会法）、判决规范（法律人法）和管辖规则（国家法）三种类别，并且根据"规定了什么"与"实际上发生了什么"，而把法律分为"制定法"与"活法"两个范畴。但是，他并没有对习惯法与活法做出明确区分，他有时甚至把习惯法等同于活法。比如他说"活法是支配生活本身的法律""活法是当事人在生活中实际遵守的部分""仅就当事人习惯坚持的部分而言，那是活法"。②另外，昂格尔也把法律分为习惯法（习惯的或相互作用的法）、官僚法或规则性法律（官僚的或管理的法）、法律秩序或法律制度三种类型。③

这两位法学家的法律分类给我们的法学研究与法治建设以很大启发。但是，他们都是机械和孤立地去对待并且割裂三者之间的关系。他们只看到习惯法与制定法之间的不一致或者冲突，而没有看到几种类型法律的同步、协调过程，没有看到三种法律形态之间可能存在的相互转换关系。比

---

① 高全喜教授把法治分为革命型法治与改革期转型法治两种类型。笔者以为，改革期法治和转型法治是两种不同性质的法治，二者虽有交叉，但并非完全重叠。见高全喜等《现代中国的法治之路》，社会科学文献出版社，2012。
② 尤根·埃利希：《法律社会学基本原理》，叶名怡等译，江西教育出版社，2014，第403、405、406页。
③ 昂格尔：《现代社会中的法律》，吴玉章等译，中国政法大学出版社，1994，第42–51页。

如，在昂格尔看来，"习惯法坚持相互期待的模式和惯例"，难道官僚法和法律秩序就不是一种相互期待的模式吗？或者说，难道官僚法和法律秩序就不能转化成一种相互期待的模式吗？与这种狭隘的理解不同，在卢曼的理解中，一切法律都是"行为期望的制度化"。① 当制定法发展成为社会普遍的行为规范时，活法或习惯法与制定法之间的界线就彻底消失，二者已经演变成为一种高度重叠的一致关系。

其实，行为期望制度化的过程就是某种行为方式作为制度得以确立的制度变迁过程。正式制度与非正式制度、正式政治与非正式政治之间的融合一致关系，与活法和制定法、官僚法与习惯法之间建立的一致关系，在原理上是一致的。不同法律形态之间可以相互转化，同样，不同制度形态之间也可以发生转化。法律具有社会融合、行为控制、争议解决等功能，但如果在社会中还存在承担这些功能的更强大和更有效的事物，比如风俗、传统，那么法律至上及法治的观念就没法得到确立。所以，法治的确立过程，就是制定法与活法，或官僚法与习惯法，由二者的分殊甚至冲突的状态，向二者的和谐共存甚至融合统一的状态发生演变的过程，就是法治原则深入渗透到正式制度与非正式制度两个制度领域的过程，是这种法律形态的界线以及两个制度领域的界线得以消弭的过程。也正是在这一意义上，我们把法治建设过程理解成深刻的制度变革过程。

第三，法律的目的与性质决定了我们必须从制度变革的角度来理解法治建设。虽然有一些思想家坚决否定主张对社会进行系统设计的社会工程理论，② 但也有一些法学家主张从社会工程的视角来理解法律的目的并在此基础上展开研究。罗斯科·庞德就是一个最有代表性的社会工程论者。在他的《法律史解释》中，他用整章的篇幅论述了"一种社会工程解释"。而在他后来出版的《法理学》中，他更是明确地阐述了他的社会工程理论："我一直在主张一种社会工程解释；当然，我乃是在广义上使用'工程'这个术语的——亦即工业工程使我们所熟知的那种工程含义。我一直建议把法理学视作是一门社会工程科学，它所必须处理的事务乃是整个人类领域中可以通过政治组织社会对人际关系进行调整的做法而得以实现的那一部

① 尼古拉斯·卢曼：《法社会学》，宾凯、赵春燕译，上海世纪出版集团，2013，第101页。
② 请参阅卡尔·波普尔《开放社会及其敌人》，陆衡译，中国社会科学出版社，1999；弗里德利希·哈耶克《法律、立法与自由》，邓正来等译，中国大百科全书出版社，2000；詹姆斯·斯科特：《国家的视角：那些试图改善人类状况的项目是如何失败的》，王晓毅译，社会科学文献出版社，2011。

分事务。"①

姚建宗教授其实也是一个社会工程论者。他曾经把法学研究划分为法律理论研究和法律工程研究，并把法律工程研究界定为，"以实际的社会效用与法律效果为指标，思考、设计和建构理想的法律制度框架及其实践运行机制的思想操作活动"。② 他认为，法律工程研究所要解决的核心问题是思考、设计和建构理想的法律工程模型。

与这种旗帜鲜明的社会工程立场不同，在国际学术界也有一些学者持有间接的社会工程论立场，进而把法律视为实现社会发展目标的手段和工具。比如特鲁贝克就把现代法律视为一个源自总体发展进程中的特殊社会进程，是发展目标借以转换成特定的、可以实施的规范之工具，因此最需要的就是增加法律制度的工具能力。其实他提出这一观点的目的，就是要借法律的形式来分阶段、有步骤、系统地实施社会整体发展目标。③

因此，虽然波普尔、哈耶克等学者认为人的理性是有限的，但主张社会工程论的学者仍然坚信，在局部的时空范围内，人们是有能力获得足够的知识和信息、有足够的理性去认识和改造某个特定时空范围内的世界的。更何况，法治本身就是这样一种借助它可以有效防止因统治者理性不足而给人类带来万劫不复后果的制度阀门和制度设计。因此，作为制度变革的法治建设，就必然是在尊重和考虑理性有限性的前提下，通过法律途径合理进行的制度变革。因此，我们要从制度变革的角度来理解法治。

四　作为制度变革的法治建设实践模式

制度变革（制度经济学往往称之为制度变迁）是指一套新的制度体系成功实现制度化的过程。成功的制度变革将导致制度内容、生活方式与思维方式的巨大变化。以作为制度变革的法治言之，衡量法治建设成败的标准，就是社会成员对于法治的认同程度、理解程度和参与程度。如果我们把守法称为制度化的第一层次，那么，用法即利用法律手段来实现个人目

---

① 罗斯科·庞德：《法理学》（第一卷），邓正来译，中国政法大学出版社，2004，第555页。另请参阅庞德《法律史解释》，邓正来译，中国法制出版社，2002。

② 姚建宗：《法学研究及其思维方式的思想变革》，《中国社会科学》2012年第1期，第128-34页。

③ David M. Trubek, "Toward a Social Theory of Law: An Essay on the Study of Law and Development," *The Yale Law Journal*, Vol. 82, No. 1, Nov. 1972.

的就是制度化的第二层次。① 所以说，如果法律没能得到社会成员的普遍尊重和有效实施，就意味着体现为法律形式的制度没有得到实施，制度变革的目标没有实现。

政治学、社会学和经济学都分别从自身学科角度对制度变革进行过深入研究。比如，社会学家杰克·奈特就一直在思考并寻求解决"一个（套）社会规则是通过怎样的过程而成为一个社会全民共享的标准的"这一问题②；经济学家道格拉斯·诺思关注的是如何用经济理论来解释经济史中的制度变迁问题③；比较政治学家斯坦摩思考的是，"制度变量与观念变量在政策形成与变化过程中是如何相互影响，即历史背景是如何影响制度的发展的"问题。④ 这些制度变革研究为各学科的发展做出了重大贡献。但是，都因囿于各学科的局限性而忽略了对不同领域制度变革共同问题的综合提炼与分析。

我们知道，非暴力方式的制度变革往往是由统治精英阶层自上而下发起的。所以任何制度变革的命运都取决于两个最基本因素：变革的动力（即统治阶层进行制度变革的意志和动力如何）和变革的资本（即统治阶层掌握的制度变革资本如何）。关于制度变革的动力，韦森说得好，"要弄清从一种社会秩序向另一种社会秩序的过渡或转型，关键在于理解制度变迁的动力源在哪里"⑤；而关于制度变革的资本，帕特南从社会资本的角度，分析了社会资本对意大利进行民主制度变革试验的 20 个地区制度绩效的影响。⑥

因此，诸如"第一行动集团"等能够表征制度变革资本的所有重要因素都应该纳入对资本的考量，而诸如"意向性"等能够表征制度变革动力的所有重要因素也都应该纳入对动力的考察。由于我国的法治建设属于典型的政府推进型法治，因此作为制度变革的法治建设实践模式，就应该侧重于对政府这一法治行为主体在法治资本与法治动力机制两个方面的状况

---

① 尼尔·麦考官克、奥塔·魏因贝格尔：《制度法论》，周叶谦译，中国政法大学出版社，2004。

② 杰克·奈特：《制度与社会冲突》，周伟林译，上海人民出版社，2009，第18页。

③ 道格拉斯·诺思：《制度、制度变迁与经济绩效》，杭行译，格致出版社，2008。

④ Sven Steinmo et al., *Structuring Politics: Historical Institutionalism in Comparative Analysis*, Cambridge: Cambridge University Press, 1992.

⑤ 韦森：《再评诺思的制度变迁理论》，见道格拉斯·诺思《制度、制度变迁与经济绩效》，杭行译，格致出版社，2018，第41页。

⑥ 罗伯特·帕特南：《使民主运转起来：现代意大利的公民传统》，王列等译，江西人民出版社，2001。

进行评估和查找问题，从而准确和牢牢抓住法治建设的工作重心，为作为制度变革的法治建设之成功奠定坚实的实践基础。

第一，法治资本是指可用来推动法治建设的无形资本形态。它由政治文化资本①、制度资本、人力资本和司法资本等要素构成。各级政府需要大力挖掘和积累法治资本，既利用好存量法治资本，又扩大法治资本增量。

政治文化资本是指民众对政策的积极认知与评价，以及在系统、角色、结构层次上官方文化与民间文化、精英文化与大众文化之间，均实现有效衔接，消除二者间相互脱节甚至背离的关系状况。因为接受一种政治文化，即意味着认同与之相联系的制度和管理。弗里德曼说得好，"利用文化、汲取其力量的法律可以极为有效。当法律制度能够符合人们愿望，它的力量会大增……法律制度依靠文化给它的规则注入生命"。② 反之，"法律的规定倘若不能表现特定社会里风俗习惯或行为准则，尽管法律程序看来冠冕堂皇，仍旧可能因为公民消极或积极的违抗而形同具文"。③ 所以各级政府（广义上的政府而非狭义上的政府，下同——笔者注）要利用好区域政治文化资本，通过政治文化来整合和引导当地社会成员的法治思维与法治方式；同时，各级政府还要高度重视行政主体对政治文化的主观能动性，积极主动地引领、建设、塑造本区域的政治文化。

制度资本是指各级政府的法治制度供给，尤其是上级政府对下级政府的法治制度供给。中国的行政体制决定了上级政府的法治制度供给是地方法治建设最主要的制度资本，所以各级政府在立法时要勇于发现、重视和尽可能地满足各方的正当制度需求，及时、合理、科学地制定相关的法律、法规、规章与政策，为下级政府的法治建设提供指导，而各地也要充分发

---

① 法治文化的核心内容是法治理念和法治思维模式的确立，以及在此理念支配下相应制度和组织机构得以建立和有效运行的法律过程。所以法学家们更倾向于使用法治文化概念，来精准地描述法律体系和法律过程。不过笔者认为，一方面，法治文化概念可以纳入政治文化这个更大的概念集合；另一方面，政治文化概念集合除了覆盖法治文化概念的所指范围，还覆盖政治体系中剔除法律过程之外的所有政治过程。对政治过程产生影响的系统、结构、角色三个层次上的政治认知、政治态度、政治价值和意识形态都属于政治文化范畴。而从法治资本的角度看，这些事物都有利于法治的建立与运行。所以在本书中，笔者选择使用政治文化概念。关于政治文化的内容，可参见王乐理《政治文化导论》，中国人民大学出版社，2000；佟德志：《政治文化的比较维度》，《比较政治学研究》第3辑，中央编译出版社，2012。

② 劳伦斯·弗里德曼：《法律制度：从社会科学角度观察》，李琼英译，中国政法大学出版社，2004，第126页、128页。

③ 〔英〕丹尼斯·罗伊德：《法律的理念》，张茂柏译，新星出版社，2005，第114页。

挥上级法治制度供给在当地法治建设中的制度硬约束作用。

人力资本首先是指作为"法治领袖"的各级主要党政领导干部的法治思维；其次是指作为战略群体的广大干部的法治思维。布莱恩·塔玛纳哈的研究发现，一个社会中精英的权力动力在塑造法律运行（而它又影响到人们如何看待法律）方面具有特别的影响力。[①] 各级党政主要领导干部作为当地政策的主要决策者和设计者，应该当仁不让地充当地方的法治领袖。作为地方法治领袖，他们的法治思维水平和法治方式，会深远地影响各地法治建设成效，因此要充分发挥他们的示范、管理和约束作用。在2015 年 2 月 2 日省部级主要领导干部学习贯彻十八届四中全会精神全面推进依法治国专题研讨班上的讲话中，习近平同志指出，"各级领导干部在推进依法治国方面肩负着重要责任，全面依法治国必须抓住领导干部这个'关键少数'。领导干部要做尊法学法守法用法的模范，带动全党全国一起努力，在建设中国特色社会主义法治体系、建设社会主义法治国家上不断见到新成效"。[②] 这充分说明党中央高度认识到了各级领导干部在全面推进依法治国与法治建设中的重要作用，并为我们的法治建设指明了正确方向。

另外，法治建设的核心要义在于以法律的形式和途径来规范和约束权力的运行。在作为制度变革的政府推进型的法治建设过程中，广大干部必定是首要推动者。在执法、司法的制度运行领域，他们构成了法治建设的支撑性主体力量。作为一个战略群体，他们在政策执行中往往具有类似行为倾向。法社会学家盖格尔曾经指出，社会秩序的形成是基于人们特有的自然倾向，即面对重复出现的情况，同一团体中的成员会期待重复相同的行为，他们不仅自己会进行类似行为，而且对其他成员与习惯不符的行为会深感震惊并加以拒绝。[③] 因此，必须因势利导，大力提高广大干部的法治思维水平和法治工作方式，使他们充当推动法治建设的第一行动集团，否则，法治就不可能真正建立起来；另外，还要团结一切可以团结的力量，寻找制度变革的第二行动集团，壮大支持法治建设的队伍。

---

① Brian Z. Tamanaha, "The Primacy of Society and the Failures of Law and Development," *Cornell International Law Journal*, Vol. 44, 2011.

② 习近平：《领导干部要做尊法学法守法用法的模范，带动全党全国共同全面推进依法治国》，《人民日报》2015 年 2 月 3 日，第 1 版。

③ 〔德〕托马斯·莱塞尔：《法社会学导论》，高旭军等译，上海人民出版社，2008，第 104 页。

　　司法资本是指地方行政首长出庭应诉制度的落实情况及其司法案例。行政领导出庭应诉制度的落实情况及相关司法案例是一个地方最大的司法资本。当行政领导出庭应诉成为一种惯例时，对于规范领导干部的政府行为具有巨大约束作用，从而可以提升法治的大众认同度。所以，各级政府要大力强化行政领导出庭应诉制度。2014 年 7 月 18 日，河北省全面推进依法行政工作领导小组办公室、省高院、省法制办联合发布了《关于建立行政机关负责人行政诉讼出庭应诉制度的通知》，明确规定了行政机关负责人应该出庭的 9 种情况。全国其他省份也出台了类似制度。在法治建设过程中，地方政府必须充分发挥这些制度的约束与示范作用。

　　第二，法治动力是法治模式的主要塑造者。法治动力机制是指激励或迫使各级政府建设法治的外在制度硬约束。我国法治的改革型法治、转型法治和政府推进型法治三大特征，决定了法治动力机制应由政府目标函数、政府绩效考核机制、领导干部政绩考核机制、政府问责机制和公民参与机制等机制构成。有研究表明，"法律的确可以改变行为，无论人们的最初态度如何，证据显示他们确实为了回应法律而经常改变行为……所以，那种认为人们只遵守与他们的价值观和态度相符的法律的主张犯了经验性的错误"。[①] 这也就是说，个人会因制度的存在而形成工具性的思维和行为模式。因此，各级政府既要激发广大干部在法治建设中的主观能动性和积极性，更要建立完备的法治动力保障机制。

　　政府意向性（intentionality）[②] 是一个衡量政府决心与意志的概念。制度的维系和变革均取决于人们的信念或意向性，尤其取决于集体意向性。在政府推进型的制度变革中，政府目标函数是最能体现政府集体意向性的一个指标。因此，在法治建设过程中，各级政府要充分发挥党政领导班子的积极性，要把建成法治政府确立为各级政府的核心目标，而不是使法治政府的建设沦为获得外来资本和实现其他政策目的的工具。

　　制度创新包括基础制度革新和次级制度革新两个组成部分。[③] 如果说与立法、执法、司法直接相关的制度创新是基础制度创新的话，那么有利于提高基础制度绩效的外围制度创新就是次级制度创新。因此，政府目标函

① 安·塞德曼：《发展进程中的国家与法律》，冯玉军译，法律出版社，2006，第 137 页。
② John R. Searle, *Intentionality：An Essay in the Philosophy of Mind*, Cambridge：Cambridge University Press, 1983.
③ 景维民、张慧君、黄秋菊等：《经济转型深化中的国家治理模式重构》，经济管理出版社，2013，第 129 - 140 页。

数需要其他配套制度的支撑，并通过这些配套制度，来激励或迫使相关主体为实现政府目标而发挥最大能量。这些配套机制主要包括政府绩效考核机制以及党政领导班子和领导干部政绩考核机制。它们是衡量政府意向性的风向标，也是政府法治建设的指挥棒。在地方政府官员主要实行委任制的中国，作为政府绩效考核机制一个重要组成部分的法治绩效评估机制要实现制度设计的目的，还必须获得组织人事制度的支持。所以要健全党政领导班子和领导干部政绩考核机制，"把法治建设成效作为衡量各级领导班子和领导干部工作实绩重要内容……把能不能遵守法律、依法办事作为考察干部的重要内容"（《决定》），并且加大它在考核中的权重。与此同时，还要注重考核法治发展思路、发展规划的连续性，考核坚持和完善前任正确法治发展思路、一张好蓝图抓到底的情况，防止人去政息。总之，只有健全政府绩效考核机制以及党政领导班子和领导干部政绩考核机制，才更有可能实现法治建设目标。

行政问责机制是法治动力机制不可分割的组成部分。如果行政责任得不到相应监督机制的支持，各级政府的法治建设就会沦为半截子工程和半成品法治，所以要"完善纠错问责机制，健全责令公开道歉、停职检查、引咎辞职、责令辞职、罢免等问责方式和程序"（《决定》），对于违法行政和法治绩效考核不合格者，可以实行一票否决。

在法治建设过程中，能否主动建立公民参与机制也是衡量政府制度变革意向性的一个重要标准。在制度变革的制度需求、供给、运行与内化各个阶段，以及在法律过程的立法、执法、司法、用法、守法的各个环节中，都需要广大公民发挥积极参与和有效监督的作用。因此，要完善公民参与机制，让公民享有更多地参与和监督政府重大决策的程序权利，比如知情权、表达权等，让公民成为提供制度需求、参与制度供给、配合制度运行、促成制度内化的制度变革主体，从而成为民主立法、正确用法、坚决守法的法治建设主体。

正如第二部分所述，凌斌教授的法民关系论把法治建设的重心放在司法公信的重构之上，并把法治建设重任委托于法律人，主张通过建构消极的法民关系来引领中国的法治建设，未能考量法律和法律人以外的更为丰富的法治元素与法治主体；而钱弘道教授提出的中国法治实践学派，主张以单一的法治评估来引领中国的法治建设，未触及更为广阔的制度领域。因此，如果我们把这两种理论主张放在作为制度变革的法治建设框架内来观察，就会清楚地发现，法民关系只是法治资本中政治文化资本的其中一个组成部分，并没有与制度资本、人力资本等其他法治资本形态建立内在的逻辑联系和制度关联，所以无法充当扩大法治资本的引擎；而作为法治实践学派核心主张的法治评估制度也只是法治动力机制中政府绩效考核机制的一个组成部分，没能与政府目标函数、领导干部政绩考核机制、政府问责机制和公民参与机制等其他法治动力机制建立起内在的逻辑联系和制度关联，因而也无法充当激活法治动力的引擎；综上所述，法民关系理论与中国实践学派都难以成为指导中国法治建设的统摄性理论，也就自然不能成为中国法治建设的实践模式。总而言之，法治建设既需要一个从制度到文化的深层建设过程，也需要一个从主要党政领导到普通群众的法治思维转换的过程，否则，法治就无法为自己找到所必需的制度支撑和伦理基础。

五 作为制度变革的法治建设模式的意义

在对科学史的研究中，托马斯·库恩发现整个科学发展史就是一部以范式转换为标志的科学革命史，而拉卡托斯的"研究纲领理论"①、拉瑞·劳丹的"研究传统理论"② 也都持有类似观点。不单自然科学的发展史呈现这一特点，在社会科学的发展史中，也都呈现出这种特点。每一次理论流派的更新换代都可以看成是学科领域内的一次范式革命，每一次重大学说的推陈出新都将本学科推向一座新的发展高峰。然而，恰恰因为每一个学术流派都是理论、（研究）问题与（研究）方法的统一体，所以在不同的理论流派之间形成了一座座彼此孤立的理论孤岛。③ 不仅在同一学科之内理论孤岛林立，更为严重的是，与自然科学不同学科之间的密切联系和相互推动形成鲜明对比的是，由于每个学科都应用自己的学术武器（自己的理论）去认识世界和解释历史，所以在社会科学的不同学科之间更是界线分明，彼此缺乏相互联系、相互印证甚至相互促进的理论纽带。④ 因此，在不同学科之间或不同流派之间严重存在的理论断裂关系，导致在对本学科的重大理论与现实问题的研究上，理论研究的视野因囿于和偏于一隅而显

---

① 拉卡托斯：《科学研究纲领方法论》，兰征译，上海译文出版社，2005。

② 拉瑞·劳丹：《进步及其问题》，刘新民译，华夏出版社，1999。

③ Gabriel Almond, *A Discipline Divided: Schools and Sects in Political Science*, London: Sage Publication, 1990；另请参见欧阳景根《比较政治学的危机与出路》，《武汉大学学报》（哲社版）2009 年第 4 期；《知识增长的认识框架与政治学的新思维》，《比较政治学研究》第 6 辑，中央编译出版社，2014。

④ N. 玻尔：《各门科学间的联系》，戈革译，《尼耳斯·玻尔哲学文选》，商务印书馆，1999。

得局促狭隘，难以出现具有解释力的、为其他相关学科普遍接受的社会科学理论。

举例言之。姚建宗教授认为，法律实践构成全部法律思考的起点与归宿。[①] 单从法学的学科角度看，他的观点很有道理，这就如以汉斯·凯尔森为代表的纯粹法学学派所主张的，只从纯粹法学的角度，研究纯粹的法律，而不用涉及其他道德等问题。法治研究其实是一个研究法律为什么以及怎样才能得到遵守、实施以及运行的问题，涉及立法、行政、司法、社会四个维度，而非一个仅仅侧重于法律条文的问题。所以，如果从政治学角度来审视，这个论点就不是那么具有说服力了。在政治学的视野下，法律首先是一种制度。毫无疑问，法律过程中的政治问题会深远影响到作为制度的法律之有效性和实效性，政治学家自然要深入探究影响制度制定与实施过程中各方行为主体利益选择与博弈的制度背景、政治价值和利益集团等政治问题。在这一意义上，构成全部法律思考之起点与归宿的，就应该是作为制度变革的法治实践，而不是法律实践。

法学视野下的法律施为者主要是法律人，政治学视野下的法律施为者是政治人，经济学视野下的法律施为者是经济人。角色性质的不同，对施为对象的理解也会截然不同。因此，如果我们把作为制度变革的法治建设理论视为一种统摄性的理论，那么，将促成法学和政治学的资源共享与优势互补，把作为法治主体的单向度的法律人或政治人或经济人，整合成为更加丰满的法治人。这就如英高等法院王座分庭辛格大法官（Sir Rabinder Singh）在 2013 年 10 月 31 日于英国莱斯特大学发表"法律的价值体系"年度演讲中指出的：法学领域的学术研究不应局限于运用内部视角对法律法规进行研究，更应将法律研究放到社会制度的整体框架下，运用外部视角，在更广泛的社会范畴中对法的价值有所感知"。[②]

无论是对于法学还是政治学，在国家的特定发展时期和学科的特定发展阶段，都需要进行重大的概念创新，并在概念革命基础上建构统摄性的理论，既把它视为该学科发展阶段的新起点，也把它视为在这一学科发展阶段的新归宿，并借此打破法学与政治学之间的知识壁垒和制度性障碍。也许，这就是作为制度变革的法治建设的最大理论意义。

无独有偶，在对人类政治发展史的研究中，社会思想家们也提出了类

---

① 姚建宗：《中国语境中的法律实践概念》，《中国社会科学》2014 年第 6 期。
② 罗宾德·辛格：《法律究竟是规范还是价值》，齐玎译，《人民法院报》2014 年 8 月 15 日，第 6 版。

似于"阶段革命"的论点。例如，英国社会学家吉登斯提出片段特征化（episode characterization）概念，"来指影响一个社会总体内的主要制度的那些可以识别的变迁序列"，并且认为，"在不同的整体社会类型之间的过渡中，其特征是存在一些变化的关键性临界点（critical thresholds）。只有首先完成了某些关键性的制度变革，长期的发展才有可能"。① 可见，作为吉登斯社会变迁理论核心的"关键性临界点"，其实就是指发生在两个历史时段之间的关键性制度变革。此外，布鲁斯·阿克曼的"宪法时刻"（constitutional moment）概念②、利伯曼的思想时刻（idea's time）概念也表达了类似的理论立场。③

党的十八届三中全会和四中全会的胜利召开和分别做出的《关于全面深化改革若干重大问题的决定》与《关于全面推进依法治国若干重大问题的决定》，标志着我国在建设中国特色社会主义道路上又迈出了决定性的步伐。这也深刻表明，我们的依法治国是全面建设小康社会、全面深化改革、全面依法治国、全面从严治党战略布局中的依法治国，我们的法治建设是建设中国特色社会主义伟大事业中的法治建设。中华民族正处于一个建设和步入政治文明的关键窗口期。作为制度变革的法治建设过程，是使体现为法律形式的新制度体系在政治与社会生活中的统治地位得以确立之过程，它是实现政治文明的关键节点。

所以，我们的法治建设不是简单的法律实践问题。它既不像法民关系论主张的加强司法公信、建构消极法民关系那么简单，也不像指望通过法治评估制度的普及来引领中国法治建设的中国法治实践学派那么乐观。我们要通过把法治建设置于时代巨变的历史背景中，把法治建设视为实现制度变革的必由途径，来深化对法治建设的认识与理解；要把作为制度变革

---

① 安东尼·吉登斯：《社会的构成》，李康、李猛译，生活·读书·新知三联书店，1998，第361 – 363 页。

② 布鲁斯·阿克曼：《我们人民：转型》，田雷译，中国政法大学出版社，2014。

③ 他认为，一个思想时刻并不会因为这一思想的紧迫性就会到来，还需要出现有利于这一思想的政治环境。在这种有利的政治环境中，该政治思想已经成为主要行动者的口头语，而主要行动者在体制中的地位给他们提供了把这一思想转化成政策的动机与机会。所以说，只有当思想与时机发生契合时，思想时刻才能到来。利伯曼借助这一理论工具来分析 20 世纪中叶美国的民权思想与 1964 年民权运动之间的关系。我们也可以运用这一理论工具，尝试分析 1978 年的"真理标准"大讨论与此后改革开放政策出台的关系。Robert C. Lieberman, "Ideas, Institutions, and Political Order: Explaining Political Change," in B. Guy Peters and Jon Pierre eds., *Institutionalism*, Vol. 4, Sage Publications, 2007, p. 77.

的法治建设理论，既视为一种指引中国法治建设的理论模式和实践模式，也视为指引中国实现制度变革的统摄性理论。而这一切都是因为，无论是我们的中国，还是我们的中国特色社会主义事业，都正在步入一个崭新的时代，一个实现中华民族伟大复兴的光辉时代。也许，这就是作为制度变革的法治建设的最大现实意义。

第二章 研究设计与研究方法

第一节 中国法治建设的定位与法治
指标体系的设计

一个国家的法治发展程度是衡量该国政治发展水平的重要指标，同样，一个地方的法治建设成效也是衡量该地社会综合发展水平的重要标准。2012年党的十八大提出"到2020年，法治政府基本建成"。为了实现这一战略目标，2013年11月12日，《关于全面深化改革若干重大问题的决定》中指出，"要建立科学的法治建设指标体系和考核标准"①；2014年10月23日，《关于全面推进依法治国若干重大问题的决定》中又进一步明确，要"把法治建设成效作为衡量各级领导班子和领导干部工作实绩重要内容，纳入政绩考核指标体系"②；2015年10月，党的十八届五中全会指出，"十三五时期是全面建成小康社会决胜阶段"。因此，及时制定出一套能准确衡量各级政府法治建设绩效、发现各地法治建设过程中的问题、找到地方法治发展差距的科学指标体系，就成了政府、政治学界和法学界共同面临的首要任务。

要设计出科学合理的法治指标体系，必须首先准确认识和把握中国法治建设的现实特征，必须首先对法治建设进行科学准确的理论定位和实践定位。对法治建设的理论定位，是建立科学的法治指标体系之理论基础和逻辑基础；而从实践上对法治建设进行现实发展阶段的定位，是法治指标体系的实践基础。总之，能否准确把握中国法治建设的现实特征并进行准确定位，对于法治指标体系的科学性将产生重要影响。

---

① 《中共中央关于全面深化改革若干重大问题的决定》，《求是》2013年第22期，第11页。

② 《中共中央关于全面推进依法治国若干重大问题的决定》，《人民日报》2014年10月29日，第1版。

一 中国法治建设的理论定位：法治的二重性

中国的法治建设和法治指标体系的设计，都必须以法治的理论定位为基础，既要坚持法治的一般性属性，又要科学准确地认识并充分尊重中国法治建设的差异化属性。

作为人们的认识对象，任何事物都具有二重性。但能否深刻认识事物的二重性，则取决于人们的本体论、认识论和方法论，尤其取决于认识论。在认识世界的过程中，人们会逐渐形成自己的本体论、认识论和方法论，它们要么以人们自觉的理论化或哲学形态存在，要么以无意识的、潜在的方式体现出来。这三者由高到低处于不同的抽象层次，并共同构成人们的世界观。本体论关注的是世界或存在的性质问题，认识论解决的是认识世界何以可能的问题，方法论回答的是选择和运用何种理论工具来解释世界的问题。从特定意义上说，人类的文明史其实就是一部本体论、认识论、方法论的发展史。在这三者之间，本体论限定了认识论的范围，有什么样的本体论，就必然会有与之一致的认识论，而一个人选择了什么样的认识论，也就必定会选择相应的方法论或理论工具。因此，认识论起了承载本体论与引领方法论的关键桥梁作用。

认识论是认知科学（它研究的是我们如何才能更为全面、准确、科学地认识一个事物）的重要领域之一，而范畴论又是认识论的核心领域。如何才能对事情进行科学归类或范畴化（categorization），一直是哲学家们苦苦思索的重要问题。亚里士多德是范畴理论的开创者。根据他的经典范畴理论，范畴有着清晰的边界，事物的共有属性决定范畴的边界，判定一个事物是否属于某一范畴，主要看它是否具备该范畴的必要和充分条件，一件事物要么属于一个范畴，要么不属于某一范畴。[①] 他的这一理论深刻地影响了政治学家乔万尼·萨托利的思想。萨托利认为，任何一个概念或范畴都有其本质属性，他把这些属性称为概念的界定性特征或决定性特征（defining properties or necessary characteristics）。[②] 因此，从本质主义的经典范畴理论视角或萨托利的界定性特征立场来审察，法治（rule of law）概念必然有其核心构件或必备的界定性特征。很多政治学家（如亚里士多德、哈耶克）、法学家（如戴雪、拉兹）以及一些国际组织（如世界银行、世界正义

---

① 亚里士多德：《范畴篇、解释篇》，方书春译，商务印书馆，1959。
② Giovanni Sartori ed. , *Social Science Concepts : A Systematic Analysis*, London : Sage Publications, 1984, p. 55.

工程）均对法治做出过明确的界定。归纳言之，法治是指法律居于至高无上统治地位的治理状态，在这种状态下，政府权力受法律约束，是法律之下的政府（under the law）；同时一切政府行为都要有法律依据，是通过法律实行统治或治理的政府（through the law）。只有同时具备这两个特征的良法善治状态才能称为法治状态。因此，中国的法治建设必须以良法善治为努力方向，科学立法、严格执法、公正司法、全民守法。唯其如此，我们的法治才能最终具备法治的一般性属性，也才称得上是名副其实的真正法治。

数千年以来，亚里士多德的经典范畴理论一直统治着认识论领域。直到20世纪50年代，奥地利哲学家维特根斯坦提出了家族相似性理论（family resemblance），才颠覆了亚里士多德的经典范畴理论。家族相似性理论认为，没有哪种属性是范畴所有成员都具有的，范畴成员的相似性是一种互相交叉、重叠的相似性，所以它们形成了一个"家族"[1]；此后，认知科学家拉波夫和罗斯奇在家族相似性理论基础上，提出了原型范畴理论（prototype-based category）。[2] 这一理论认为，范畴不是建立在共享特征之上，而是以原型为中心，以家族相似性为纽带逐步向外扩展，但范畴显著性等级却逐渐递减的连续体，范畴的边界是模糊的、开放的，范畴的成员之间存在隶属程度的差异；后来，莱考夫（Lakoff）进一步提出了范畴层次理论。这一理论的核心概念结构是：上位范畴（如动物）、基本层次范畴（如狗）与下位范畴（如牧羊犬、猎犬等）。[3] 如果把属性A、B、C都称为狗这一基本范畴的一般性属性或界定性特征的话，那么在牧羊犬所具备的A、B、C、D四个属性中，以及在猎犬所具备的A、B、C、E四个属性中，属性D和属性E就分别是牧羊犬、猎犬的差异化属性。总之，这三种理论被统称为现代范畴理论。比较政治学家大卫·科利尔的概念延展理论烙下了现代范畴理论的清晰印记。[4]

---

① 维特根斯坦：《哲学研究》，李步楼译，商务印书馆，1996，第47－48页。

② W. Labov, "The Boundaries of Word and Their Meanings," in Bailey and Shuy eds., *New Ways of Analyzing Variation in English*, Washington: Georgetown University Press, 1973; Eleanor Rosch, "Natural Categories," *Cognitive Psychology*, 1973b (4), pp. 328－350.

③ Lakoff, G., and M. Johnson, *Metaphors We Live By*, Chicago: The University of Chicago Press, 1980.

④ David Collier, and James E. Mahon, Jr., "Conceptual 'Stretching' Revised: Adapting Categories in Comparative Analysis," *The American Political Science Review*, Vol. 87, No. 4 (1993), pp. 845－855.

因此，从现代范畴理论的角度来思考以中国为代表的广大发展中国家的法治建设就会发现，中国的法治建设除了必须具备法治的两个界定性特征（法治的一般性属性）之外，还可以具有也必然会具有不同于英、美等法治原型国家的自身特点（即作为法治辐射范畴所具有的差异化属性）：中国的法治建设是一种作为制度变革的法治建设。中国法治建设的这一差异化属性是其特殊背景的产物。

简而言之，中国的法治建设具有独特的二重性，是法治一般性属性与中国法治差异化属性的结合体。一方面，中国的法治建设必须以法治的界定性特征或一般性属性为目标，使之具备所有法治国家的共有属性（即法律至上和良法善治），坚持法治的普遍性；另一方面，作为法治国家的辐射型范畴之一，它还具有区别于英美等国家的与生俱来的时代特点，即制度变革与法治建设高度统一。在法治建设与法治指标体系的设计中，我们必须充分认识、尊重和坚持中国法治的差异化属性。

二　中国法治建设的实践定位：作为法治初级发展阶段的程序法治建设

法治作为一种秩序形态，其要素由两部分构成：即形式层面的要素与价值层面的要素。所谓形式层面的要素，是指法治剥离了价值、道德成分后所固有的制度要求与程序特性：诸如政府行为的法律授权与法律约束；法律面前人人平等；法律的确定性与一般性等等。而法治的价值规范层次则是在具备法治的形式要素基础上进一步溶入了一些政治道德的因素：特定的经济制度安排（如自由市场资本主义，中央计划经济以及其他各种经济制度）、政府形式（比如民主制度，社会主义制度，或权威主义等），以及不同的人权观念等。

我国的转型法治和改革型法治的特点，必然意味着我们的法治建设会有也应该有阶段之分，也一定首先要经历强基固本的法治建设阶段。因此，以这种理论为依据，我们可以把以中国为代表的发展中国家的法治建设过程粗略划分为法治的初级发展阶段和高级发展阶段，中国的法治建设正处于法治的初级发展阶段。与之异曲同工的是，张志铭教授也曾经运用阶段划分法，把中国法治划分为"正名法治""定义法治""量化法治"三个发展阶段。① 包括中国在内的发展中国家要建立一种成熟的法治秩序，必须立

① 张志铭、于浩：《共和国法治认识的逻辑展开》，《法学研究》2013年第3期。

足于法治的初级发展阶段，首先侧重程序法治建设，确保政府依法而治（在这个时候，由于民主制度的缺乏或不完善，法律的内容与程序可能尚有欠缺）①；其次才能经由经验的积累，使得法律获得固定的形式性（此时，法律从内容与程序上都较为完备）；在此基础上，最终才能发展为深层的法治（此时，法治既具形式上的完备性，又具有实体意义上的价值规范性）。

三　法治指标体系设计的理论欠缺与文本缺陷

对中国法治建设进行科学定位，准确理解和把握中国法治建设的二重性，既是成功建设法治国家、法治政府和法治社会的认识前提，也是科学设计法治指标体系的逻辑起点与理论基础。然而，迄今无论是学术界对法治指标体系的理论研究和建议，还是一些国际组织和地方政府设计出台的法治指标体系文本，都因忽视了对中国法治建设二重性的认识及其定位，而显得不够周密、科学、严谨。

1. 法治指标体系研究的理论欠缺

关于指标体系设计的理论、原则和方法研究，可以粗略地划分为测量的目标研究与测量的技术研究（本书对此不做介评）两大类。许多学者从不同角度对（法治）指标体系的测量目标进行了深入研究，代表人物主要有克利福德·科布、丹尼尔·考夫曼、胡安·伯特罗、钱弘道、蒋立山等人。

第一，科布等人从指标体系的测量基础角度认为，"有效的指标需要一个清晰的概念基础"（意即要创建一个好的指标，必须首先明确你想要测量什么）、"不存在不受价值影响的指标"（意指指标体系的目标设定与指标的选择都充分体现了设计者的价值判断与价值选择）②；丹尼尔·考夫曼等在一篇关于治理指标体系的文章中，聚焦于"我们测量什么""我们依靠谁的看法"两个核心主题。关于我们测量什么，他明确指出，我们应该在衡量法律文本的指标和衡量法律实际成效的指标之间做出区分，并因为这两类

---

① 依法而治（rule by law）与法的统治（简称法治）（rule of law）是两个截然不同的概念，其间的差距太大。前者主要是指政府行为依据法律而进行，这个时候，法律可能仅仅是政府实现某种目的的工具，它未必会向法治方向发展。而后者除了指政府依法行事外，还更指政府权力受到法律的根本约束。这个时候，法律不是政府的工具，而是实际政治生活与法律生活中的帝王，政府只不过是实现这一帝王意志的行者与代理人，法律具有至高无上的地位，是某一共同体的真正统治者，所有公民、所有制度机构都受法律的统治与约束。

② 克利福德·科布等：《社会指标的历史教训》，宾建成译，《经济社会体制比较》2011 年第 5 期。

指标各有优劣短长而应在设计指标体系时互为补充；他同时还认为，在评估治理时，应该综合考虑专家和调查对象的看法。①

第二，在一篇针对丹尼尔·考夫曼的评论文章中，德瓦拉延等基于实现测量目的的角度认为，指标体系应该立足于实现设计目的，或有利于指标体系作用的发挥，来进行科学设计。他以世界治理指数（World Governance Indicators，WGI）为例指出，该指数的最主要目的就是帮助一个国家发现自己的治理问题②；钱弘道等人也认为，法治评估的重点在于通过评估发现问题，提出建议，推进法治建设。③

第三，胡安·伯特罗等人从指标设计导向的角度认为，法治指标体系的设计应该完全聚焦于实践中对法治原则的恪守程度，因此他们关于法治指标体系设计的基本原则是结果导向而非制度导向的；④ 蒋立山也认为，作为一种技术工具，法治指数可用来测评国内法治实践相对于法治理念的符合程度或法治的实现程度。⑤

在确立（法治）指标体系的测量目标上，上述研究从测量基础、测量目的、指标设计导向三个不同角度拓宽了我们的视野与思路。然而在对法治指标体系的设计提出理论建议时，缺乏对法治建设进行准确的理论定位和实践定位，并基于这一理论定位，来对法治指标体系进行全面深入的思考。

前已述及，法治是一个辐射性的范畴。包括中国在内的广大发展中国家的法治建设，除了必须具备法治的两个界定性特征或一般性属性之外，也必然具有不同于英、美等法治原型国家的自身特点，即差异化属性。无论是在法治建设中，还是在法治指标体系的设计中，各国都必须立足于并充分认识和尊重各国法治的特殊性。如果无视自身法治的差异化属性，比如无视中国作为制度变革的法治建设这一基本事实和显著特点，那么得出的有关中国法治建设和法治指标体系的理论见解，都可能是片面的甚至是

---

① Daniel Kaufmann, and Aart Kraay, "Governance Indicators: Where Are We, Where Should We Be Going?", eds. by Daniel Kaufmann and Aart Kraay, *World Bank Research Observer*, Vol. 23 (1), Oxford University Press, 2008, pp. 1 – 30.

② Shantayanan Devarajan, and Simon Johnson, "Two Comments on 'Governance Indicators: Where Are We, Where Should We Be Going?'" eds. by Daniel Kaufmann and Aart Kraay, *World Bank Research Observer*, Vol. 23 (1), Oxford University Press, 2008, pp. 31 – 36.

③ 钱弘道等：《法治评估及其中国应用》，《中国社会科学》2012 年第 4 期。

④ Juan C. Botero, and Alejandro Ponce, "Measuring the Rule of Law," *The World Justice Project*, Nov. , 2011.

⑤ 蒋立山：《中国法治指数设计的理论问题》，《法学家》2014 年第 1 期。

错误的。

　　同时，法治也是治理的一种理想形态，法治的建设与发展是一个永恒过程。从理想类型（ideal type）的意义上说，世界上既没有任何一个国家是完全的人治，也没有哪个国家达到了纯粹的法治状态。任何从事法治建设的国家都居于人治与法治光谱之间的某一节点。不过，各国又可以基于不同的国情对自身的法治建设进行阶段定位，并相应地确定每一个阶段的主要任务。

　　2. 法治指标体系设计的文本缺陷

　　思想是行动的先导，理论是实践的指南。法治指标体系设计者对法治的思想认识与理论高度将严重影响法治指标体系的文本内容、特点和导向。一个强调法治一般性属性甚于法治差异化属性的学者设计的法治指标体系文本，必定会更为突出体现法治一般性的指标；同样，一个认同实体法治原则甚于形式法治原则的政府组织设计的指标体系文本，也必然会包含更多的实体法治元素，并侧重于体现实体法治精神。迄今为止，国内外学术界和一些非政府组织推出了许多法治指标体系，这些体系文本无不体现出设计者的法治理念与认识深度，当然也充分暴露了各自文本忽视法治二重性与法治发展阶段特点的不足。

　　国际组织推出的法治指标体系的主要代表是世界正义工程（World Justice Project，WJP）的法治指数。WJP是一个独立的多学科非营利组织，它一直致力于设计一套能衡量世界各国法治状态并推动世界法治建设的指标体系。它立足于世界普遍认可的标准，给法治下了一个工作定义，即，"法治就是坚持下列四项普遍原则的体系：负责任的政府；明确、公开、稳定、平等适用、保护基本权利的法律；简便可行、公正高效的程序；独立审判机构及时伸张的司法正义"。[①] 早在2010年，它就进行了第一次大面积的测评。2014年，它对指标体系做出轻微调整，把四项法治原则分解为9项一级指标和47项二级指标。9项一级指标为：对政府权力的约束；消除腐败；开放的政府；基本权利；秩序与安全；依法、公正、有效实施政府监管；民事诉讼；刑事诉讼；非正式审判（习俗的、非正式的司法制度，比如传统的、部族的、社区的、宗教的审判制度在解决争议中发挥的作用），并对99个国家和地区的法治状况进行了测评。[②]

---

① *The World Justice Project Rule of Law Index*，2014.
② *The World Justice Project Rule of Law Index 2014*，pp. 80，173.

诚如法治指数开发者 WJP 自己所言，该指数的开发宗旨是，为广泛的政策制定者、公民社会、从业人士以及学术界提供依据，并且希望这一法治诊断工具将有助于各国发现自身法治建设中的长处和弱点，从而鼓励各国制定出加强法治的政策。然而，分析其 9 项一级指标，我们可以清楚地发现，除了非正式审判这项指标的设定考虑到了各国的特殊情况，其他八项一级指标的设定都是立足于法治的一般性属性，而完全忽视了各国法治的差异化属性和所处的法治发展阶段。从 WJP 设定的 47 项二级指标的以及 8 项一级指标的排名中，我们可以看到，在用这些指标去测量包括中国在内的转型国家的法治发展水平时，WJP 完全没有从制度变革的角度（即从转型法治和改革型法治的角度），从法治建设与制度变革的高度统一角度，从中国的法治处于形式法治的初级发展阶段角度，去考虑转型国家法治建设的差异性，而是不分法治发展阶段地，把中国以及其他转型国家，同英、美法治原型国家放在一起比较。

通过对各国法治建设进行横向比较，促使各国发现自己法治建设的问题与不足，并及时制定出相应政策，是设计这一指数的最大初衷。试问，如果只是对各国法治的一般性属性进行衡量和比较，却无视各国法治建设的差异化属性和所处的发展阶段，又如何能够进行准确的比较，并发现相应的问题与不足，从而实现指数设计的目的呢？所以说，WJP 推出的这种比较，自然无法对转型国家在制度变革与法治建设同一过程中的成功与失败之处，进行准确有效的甄别分析，从而也就失去了法治指标体系设计的基本意义。包括世界银行治理指数（Worldwide Governance Indicators，WGI）在内的其他指标体系（这一治理指数共由六个一级指标构成，法治指数是其中之一），也都存在类似的致命缺陷。

不仅国际组织和国际学术界推出的法治指数没有体现对发展中国家法治差异化属性和法治发展阶段的重视，即使是国内出台的许多法治指标体系，也都忽略了对我国法治建设的二重性与法治初级发展阶段的考量。

在设计指标时，有的地方政府没有从检验制度变革的实现程度之角度，去系统考虑和设计体现制度需求、制度供给、制度运行、制度遵守与运用的法治指标，仍然狭隘地停留在政府自身建设的层面和角度，去理解法治政府建设和法治政府指标体系，忽视了人民群众和社会组织在推动制度变革过程中所发挥的作用，并因而在指标体系中严重缺乏充分体现公众参与的指标。各地的法治基础千差万别，但有的地方政府在设计指标体系时不是去检验某地在某一特定时期或阶段法治政府建设的成绩（即不是检验某一时间段的进步程度、阶段性成绩或者法治增量），而是只去检测某地法治的现有发展水平（即法治总量或存量），因而无从检验和衡量同一时间节点以来各地法治建设的实际进度和成效，并对此进行比较，因而也就不利于发现究竟是哪些因素根本推动了或阻碍了法治建设的进步。

此外，有的指标体系的设计只是简单体现、落实上级政府或中央政府的相关政策规定，缺乏对一级指标的审慎思考与科学检验。一方面，违背指标体系设计的基本原则，把不是真实法治绩效的内容纳入法治绩效评估体系中。比如有的地方政府就把本质上不属于法治范畴、不是"接近法治状态"检验标准的指标如"推进依法行政工作的组织领导"或"加强组织领导和工作保障"作为一级指标纳入了指标体系。有的地方政府又把本应纳入法治绩效评估体系的真实绩效排除在外，比如只规定对行政审批和行政处罚这两类行政执法行为的评价，却缺少对行政执法其他方面的评价，从而出现绩效缺失。

四　中国法治指标体系的设计原则

中国的法治建设因其理论定位和实践定位，而根本区别于英美的法治建设。因此，科学设计中国法治指标体系必须始终坚持一条基本原则：以对中国法治建设二重性的理论定位为理论基础，以中国处于法治初级阶段的现实定位和程序法治建设为实践基础。

第一，要紧紧围绕法治的一般性属性来设计指标，即严密设计法治的共性指标。法治指标体系的最主要功能是，借助这一指标工具，对特定国家和地区的法治状态、法治发展水平以及其与法治理想形态的差距进行衡量。因此，一个国家或地区法治建设的首要任务是，使其政治体系和政治过程具备法治的一般性特征，即使之与法治共相保持一致。一个国家若要被公认为法治国家，就必须具备法治的一般性属性或界定性特征。所以，在设计法治指标体系的指标时，首先要充分考虑与周全设计能体现法治一般性特征的指标和能用来准确衡量其法治真实发展水平的指标，把所有能体现法治一般性特征的指标纳入进来，并把所有不能体现法治一般性特征的指标剔除出去，防止出现绩效缺失与绩效污染。

第二，要紧紧围绕我国法治建设的差异化属性来设计指标，即设计法治的个性化指标。制度变革与法治建设高度重合、转型过程与改革过程高度同一是中国的最大国情。法治建设的过程就是制度变革的过程，法治建设的成功就是制度变革的成功，对法治发展水平的衡量就是对制度变革实现程度的衡量。制度变革是一个制度需求、制度供给、制度实施、制度内化的完整过程，这一过程与国家机关制定法律（立法）、实施法律（执法、司法）、组织以及个体运用和遵守法律（内化为一种法律意识或法律思维）的过程是高度重合的。因此，在设计法治指标体系时，要紧扣作为制度变革的法治建设这一核心主题，充分体现制度变革的完整过程，通过对立法（或制度政策的制定）、执法（或制度政策的执行）、守法（或支持运用新的制度与政策）过程中组织与个体符合法治一般性属性的程度之检测，来检测组织与个体对法律途径下的制度变革之态度，从而进一步对制度变革的实现程度进行检测。

衡量制度变革成败的最主要标准是结果指标与满意度调查，即制度设计是否以及多大程度上达到了目的，制度在多大程度上得到了实施。因此，从制度变革的角度来理解和设计法治指标体系，就需要观察、审视、丰富、再现整个制度变革与新制度运行的过程，包括新制度的制定——制度指标；新制度的实施与运行——过程指标；新制度的实施结果——结果指标；公民对制度变革的评价——满意度指标。

在破旧立新的社会转型和改革时期，制度、政策的出台更有可能脱离法治轨道（新政时期的罗斯福总统和民主党国会就常常突破原有的法律框架，比如1937年罗斯福的最高法院填塞计划，就充分印证了这一点）。制度指标的设定，就是要检测新的立法、新政策、新制度的出台在程序上是否符合法治原则和法治程序，就是要检测新章新制在内容和原则上是否与法治精神保持高度一致。

各级组织与行为者在执法、司法、守法、用法时对新章、新法的态度，组织与个体在实际政治社会生活过程中遵守与运用这些新章新制的情况，反映了他们对法治与改革的态度。因此，要测量这些新的立法和制度的实施情况，就需要设计体现新制度运行的过程指标和体现新制度实施程度的结果指标。

制度指标、过程指标和结果指标的设计，目的是衡量制度变革的完整过程及目标实现程度，是要测量当事人或相关主体在心理与行为上，是否真正以及多大程度上接受、支持制度变革，并执行和运用新的制度体系。而作为社会主体和改革成果的主要体验者，公民在政治社会生活过程中对改革的获得感是评价制度变革成败的最客观标准，公民对法律公平正义的切身感受程度，是衡量法治建设成败的唯一准绳，只有公民才有资格对制度变革和法治建设做出客观公正的最终评判。因此，必须设计满意度指标。

总之，如果从中国法治建设的"作为制度变革的法治"这一差异化属性来设计指标体系，就应该包括制度指标、过程指标、结果指标和满意度指标四类指标。只有如此，才能准确衡量制度变革的实现程度，也才能及时发现，造成法治发展水平差异的究竟是哪个领域、哪个环节、哪个过程的原因。

第三，要紧紧围绕法治的初级发展阶段这一现实定位来设计指标。不同的法治发展阶段，有不同的法治发展要求。我们的法治建设处于法治初级发展阶段的现实，决定了我们的阶段性任务是，要侧重从程序法治和形式法治的角度，来树立法治思维，运用法治方式，培育法治文化。因此，当前一阶段的法治指标体系要突出程序法治的地位，要突出对实际法律过程中立法程序、执法程序、司法程序遵守程度的衡量。只有这样，才更有利于及时发现和解决法治初级发展阶段出现的问题，从而为顺利步入法治的高级发展阶段打下坚实基础。

第四，要符合指标体系设计的一般原理和技术要求。衡量指标体系科学性的技术标准，主要包括指标的效度、信度、隶属度、鉴别力、相关性、权重等。综观国内一些地方政府出台的法治指标体系可以发现，它们在指标设计时过于草率随意，普遍地、程度不等地缺乏对这些技术要求的充分考量和检验，从而使得指标体系缺乏其应有的科学性与严谨性，进而降低了法治绩效测量结果的准确性。因此，在设计新的法治指标体系时，务必严格遵守绩效指标体系的设计流程，以达到其基本的技术要求。

五　法治政府指标体系及其权重

笔者借鉴德尔菲法，从 19 个指标体系（见附录）中，把隶属度为 0.5 以上且符合指标设计一般原则的 7 个一级指标确定为法治政府指标体系的一级指标；并且通过问卷调查，征求政府领导、政府普通工作人员、专家学者三类群体的打分意见，取三者的平均分得出最终权重。

1. 在共计 19 个法治政府评估体系或指导意见中，共有 12 个把转变和规范政府职能作为一级指标纳入指标体系，或作为一项重要内容纳入指导意见，因此其隶属度为 0.632。

2. 共有 17 个把制度建设质量（或制度质量，或政府立法、规范性文件质量）作为一级指标纳入指标体系，或作为一项重要内容纳入指导意见，因此其隶属度为 0.895。

3. 共有 18 个把健全依法决策机制作为一级指标纳入指标体系，或作为一项重要内容纳入指导意见，因此其隶属度为 0.947。

4. 共有 19 个把行政执法作为一级指标纳入指标体系，或作为一项重要内容纳入指导意见，因此其隶属度为 1.000。

5. 共有 12 个把政府信息公开或政务公开作为一级指标纳入指标体系，或作为一项重要内容纳入指导意见，因此其隶属度为 0.632。

6. 共有 19 个把行政权力的监督和制约作为一级指标纳入指标体系，或作为一项重要内容纳入指导意见，因此其隶属度为 1.000。

7. 共有 14 个把依法化解社会矛盾与纠纷作为一级指标纳入指标体系，或作为一项重要内容纳入指导意见①，因此其隶属度为 0.737。

另外，在 19 个法治政府评估体系或指导意见中，虽然共有 13 个把加强依法行政的组织领导作为一级指标纳入指标体系，或作为一项重要内容纳入指导意见（因此其隶属度为 0.684），但实际上"加强依法行政工作的组织领导"并不是一种法治政府建设绩效，而是保障和提高法治政府建设绩效的一种手段，并没有真实反映法治政府建设绩效这一概念的真实含义，因此这一指标缺乏充足的表面效度和内容效度，不符合指标体系设计的效度原理，不能作为一级指标纳入法治政府建设绩效指标体系。

而且，在 19 个法治政府评估体系或指导意见中，共有 11 个把行政机关工作人员依法行政的观念和能力作为一级指标纳入指标体系，或作为一项重要内容纳入指导意见（因此其隶属度为 0.579），但是，我们必须始终明确，指标是被用来说明概念属性的。因此，法治建设绩效指标必须与法治政府的概念属性保持一致，说明和描述的必须是法治政府的界定性特征，即在法治政府的界定性特征与法治指标之间保持高度的一一对应关系，这样才具有逻辑上的严谨性。我们建立指标体系，目的是要通过法治政府建设绩效指标体系来检测各地法治政府建设的程度与进展，建设得怎么样了，

---

① 在《吉林省法治政府建设指标体系》中，虽然第七项一级指标命名为"行政救济体系建设"，但该一级指标下的二级指标主要包括：健全行政调解工作机制，依法办理行政复议案件，做好行政应该工作，严格执行行政赔偿、补偿制度，依法受理、办结信访事项，建立健全仲裁机构。这些二级指标与其他指标体系的"依法化解社会矛盾与纠纷"指标之具体构成内容基本相同。因此，在计算各一级指标的隶属度时，把"行政救济体系建设"这一指标也理解为"依法化解社会矛盾与纠纷"。

建设的成绩如何，与标准的法治政府有多接近，离之还有多长距离，而不是去检测属于法治文化范畴的依法行政意识和能力。此外，在法治政府建设与依法行政观念和能力之间还存在一种互为因果关系或反向因果关系。行政机关工作人员依法行政的观念意识和能力，既可以视为法治政府建设的绩效或直接结果，又可视为法治政府建设绩效提高的直接原因。综合上述三个原因，虽然该指标的隶属度达到 0.579，但仍然不应纳入法治政府建设绩效指标体系，不宜作为测度法治政府建设绩效的一级指标。

那么法治政府的界定性特征或其概念属性有哪些呢？必须是有限政府、责任政府、透明政府……评价必须体现依法行政的现代法治理念：合法行政、合理行政、程序正当、权责统一等。所以，如果把属于法治文化层面的行政机关工作人员依法行政的观念和能力作为一级指标纳入体系，就既不符合法治政府的精确定义，也有悖于指标体系设计的基本原则。

因此，在这 19 个法治政府评估体系或指导意见中，按隶属度高低排列，隶属度高于 0.500 且符合指标设计一般原则的一级指标依次为：行政执法（1.000）、行政权力的监督和制约（1.000）、健全依法决策机制（0.947）、制度建设质量（0.895）、依法化解社会矛盾与纠纷（0.737）、政府信息公开或政务公开（0.632）、转变和规范政府职能（0.632）。我们要把这 7 个指标作为衡量地方法治政府建设指标体系的一级指标。

为了科学确定七项一级指标的权重，本研究采用德尔菲法，并且根据调查对象的不同身份，分为三组分别进行调研和统计得分。课题组一共向 8 位学术专家、18 名乡镇党委书记、30 名县级政府实务部门工作人员发放问卷，请他们根据自身的理解和工作体会对七项一级指标的重要性进行打分（见附录2）。

在对各组的每项一级指标打分进行计算时，先去除一个最高分和最低分，再算出剩余部分的平均分，即为该项的平均得分；接着，再分别计算出该组各项一级指标平均分的相对权重；最后，再把各组在每项一级指标上的相对权重相加，并计算出其平均分，即为该项一级指标的最终权重得分。

表 2-1　法治政府建设一级指标：最终权重和隶属度

	依法全面履行政府职能	提高制度建设质量	健全科学依法决策机制	严格规范公正文明执法	政府信息透明公开	强化行政监督和问责	依法化解社会矛盾纠纷	Σ
最终权重	14.431	14.361	14.594	14.918	14.525	15.003	12.168	100
隶属度	0.632	0.895	0.947	1.000	0.632	1.000	0.737	

需要做出特别说明的是，我们原本设计了一套详细的法治政府指标体系（见附录2）。① 在这套法治指标体系中，每项一级指标都分别考察制度、过程、结果和满意度四个方面，因而每项一级指标都由制度指标、过程指标、结果指标、满意度评价等四个二级指标构成，而且最初的设想是主要依据相关政府部门提供的客观数据来对法治建设成效进行准确评价。为此，我们先后进行了两次模拟测评，尝试运用这套指标体系去检测地方政府的法治建设绩效。然而在模拟评估中，我们发现，或是因为一些信息较为敏感，或是因为涉及国家机密，作为模拟测评对象的地方政府要么谢绝接受调研，要么拒绝提供相关资料和准确数据，因而我们无法获得反映真实情况的客观数据和所需资料。因此，我们最终对法治指标体系做出相应调整，只能选择依靠居民对法治建设的七个方面的满意度评价来对地方法治政府建设绩效进行评估。

第二节　法治资本指数与法治动力指数

要解释一些地方政府的法治政府建设绩效为什么会高于另一些地方政府，需要对地方政府进行较为全面的观察、分析、比较。为此，我们选择从法治资本与法治动力两个角度来考察。而作为两个综合性的抽象概念，若要能恰当地运用于经验比较研究中，就需要对其进行概念化与操作化。为此，我们建立了一个解释地方政府不同法治绩效的理论分析框架（参见第一章第四节），并通过图2－1把其中蕴含的逻辑关系直观地展示出来。

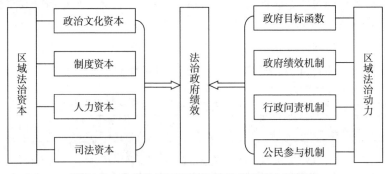

图2－1　地方政府不同法治绩效的理论分析框架

---

① 附上这套指标体系，只是为了供政治学界、法学界以及政府相关部门参考。

基于这一理论框架，我们提出了法治资本指数和法治动力指数的概念，并把它们统称为地方法治政府建设的有利因素（总分为 100 分）。法治资本指数是指地方政府在建设法治政府的过程中，当地独具的、可资依凭和利用的、有利于法治政府建设的无形资本存量，包括政治文化、法治制度、人力资源和行政诉讼的司法判例等；法治动力指数是指地方政府在建设法治政府的过程中，通过制度、机制、政策等的建立与完善，所体现出来的积极主动的程度；二者各占法治政府建设有利因素的 50%。

表 2 - 2 地方法治政府建设的有利因素

单位：%

	政治文化资本	12.5	12.5	政府目标函数
	制度资本	12.5	12.5	政府绩效机制
法治资本指数	人力资本	12.5	12.5	行政问责机制	法治动力指数
	司法资本	12.5	12.5	公民参与机制
	Σ	50	50	Σ

法治资本指数与法治动力指数概念的提出与测量，将有利于对地方政府法治建设的有利因素进行综合评估与比较，从而为解释地方政府法治建设绩效的不同提供解释依据。

第三节 研究设计与方法

著名社会学家袁方教授曾经指出，根据研究目的的不同，社会研究大体可以分为描述性研究和解释性研究。描述性研究旨在描述和说明某种社会现象的状况，一般运用描述性的统计方法来说明这种状况。解释性研究的目的是，寻找社会现象之间，或者说是变量之间是否存在某种关系，关系的程度如何，以及关系存在的条件与机制等等，因此除了运用描述性的统计方法，还需使用控制变量、建立因果模型和分类及综合变量等多种统计分析技术。[①] 不过，除此之外，我们还需强调一点，即在实际操作中，二者并非截然对立，通常的情况是你中有我，我中有你。尤其是解释性研究的科学性往往以准确描述事物或事件为基础，没有脱离描述性研究的纯粹

---

① 袁方：《社会研究方法教程》，北京大学出版社，1997，第452页。

的解释性研究。本研究就属于法治政府绩效描述基础上的解释性研究。

一　总体研究思路

本项研究选择 6 个案例进行比较分析，除了选择余杭区、金牛区、浏阳市、宝安区四个典型案例之外，还随机抽取了 X 省管辖下的 X 县和 Y 县作为对照案例。通过居民问卷和专家问卷来测量其法治政府建设绩效，并深入全面了解该县的法治资本和法治动力的实际情况，从法治资本指数与法治动力指数的角度来解释造成地方法治政府建设绩效显著差异的深层原因，并与其他四个典型案例进行全面比较，从而发现法治政府建设的内在秘密与规律。

二　案例选择

本项研究之所以选择余杭、金牛、浏阳、宝安作为比较分析案例，是基于以下考虑。第一，总体看来，上述四个案例所在的省级政府，相比一些兄弟省市而言，都较早、较为广泛、较为系统地推出了地方法治制度体系，选择它们作为比较案例，有利于就上级政府法治制度供给对县区政府法治建设绩效的影响进行观察、分析与比较；第二，上述四个案例，有两个地处沿海省份，两个在内陆省份，选择它们作为比较案例，可以就地缘或经济开放程度等因素对法治建设绩效的影响进行观测、分析与比较；第三，上述四个案例在行政级别上都属于县区政府。在我国的行政区划和治理体系中，县（区）级政府是承上启下的一级政府，它上承省、市，下辖乡镇，承担着广泛的行政职能，是中央、省、市大政方针政策的最基本、最重要也是最直接的执行者和实践者；它既不像乡镇政府不具有执法权，又不像省、市级政府那样，决策职能明显强于执行职能，县（区）级政府既拥有广泛的决策权力，需要扮演好决策者的角色，履行好引领和促进地方社会全面发展的决策职能，又承担着全面贯彻落实中央、省、市各项方针政策的重要执行职能，中央和省的各项大政方针的执行好坏，取决于县（区）级政府履行职能的好坏，需要充分发挥其执行者的作用。因此，县（区）级政府的职能和角色更为全面，更为均衡，也更为直观，因而也更便于对它坚持依法行政的实际状况进行全面直接的观察研究。

之所以还要抽取同一省辖下的 X 县和 Y 县作为对照案例，就是为了更好地观察、探索在同一省级政府领导下和拥有相同省级法治制度资本的情况下，不同地方法治政府绩效存在显著差异的深层原因。

总之，选择县（区）级政府作为法治政府建设绩效的研究对象，更有利于全面、准确地衡量我国各级政府在法治政府建设过程中取得的成绩与不足，有利于发现阻碍法治政府建设的因素及其深层原因，并提出相应的政策建议和解决办法，最终更有利于推动建设社会主义法治国家的宏伟事业取得成功。

三 研究方法

本研究将综合运用以下三种研究方法。

第一，案例比较研究方法。对 6 个案例进行比较分析，对隶属于 X 省的 X 县、Y 县进行案例比较。本项研究采用多个案例比较研究方法，首先选择具有显著性特征的个案进行个案内分析，接着对所选案例进行跨案例比较研究。在案内分析时，我们必须确保我们的研究设计能够支持根据这一设计提出的因果结论，即我们的个案研究具有较高的内部效度（即研究设计能使我们根据结果得出清晰结论的程度，或者证明某一特定条件将引起另一特定结果的能力）；与此同时，我们通过多案例的比较以及理论复制的方法，确保我们的研究结果能被推论至特定研究以外，从而提高案例比较研究的外部效度。[①] 总之，我们对每一个案例的比较分析都将指向那些导致了相同结果的个案间的相似之处，并鉴别出那些导致了不同结果的个案间的真实差异。因此，通过对这些案例的比较研究，我们就能发展出一项关于在何种条件及何种情境下，提高（地方）法治政府建设绩效的理论。

第二，制度分析方法，对 6 个案例所涉制度进行分析。

第三，定量分析方法，建立数学分析模型，运用数据统计技术进行数理分析，以测量变量间的关系。

四 问卷设计与访谈

1. 问卷设计的原则：每一份问卷的设计都力求紧密结合中国法治建设的基本性质和阶段定位，充分尊重、围绕、体现中国法治是作为制度变革的法治这一特点，并力求充分体现该项一级指标在制度、过程、结果和满意度等四个方面的真实情况。

2. 问题应该相关：问卷中的问题要与受访者有关。如果问到的议题是

[①] 关于研究的内部效度和外部效度，请参阅戴维·德沃斯《社会研究中的研究设计》，郝大海等译，中国人民大学出版社，2008，第 25－26 页。关于如何进行个案研究设计，请参阅该书第 13、14、15 章；亦可参阅罗伯特·K. 殷《案例研究：设计与方法》，周海涛等译，重庆大学出版社，2010，第 2 章 "案例研究方案的设计" 第 2 节 "研究设计质量的判定标准"。

受访者从未想过或在意过的，问卷的结果通常不太有用。因此，每一份不同的问卷，要结合问卷的内容，针对不同的调查对象进行设计，并在恰当的场合进行调查，比如，要针对行政执法进行问卷调查，就要侧重于在执法场合对执法者与被执法者进行调查，而信息公开则在信息公开的场所对相关人员进行问卷调查。

3. 作为政府公共产品和公共服务的直接消费者，普通公民是评价法治政府建设成效的最合适与最权威的人选。为此，结合七项一级指标，我们分别设计了七份居民满意度调查问卷，从制度、过程、结果和总体评价四个方面，对各项一级指标分别进行测量与评价。针对居民满意度的调查，主要是通过到合适地点（比如行政服务中心）就特定人员（比如企业或个体经营者等公共服务和公共产品的消费者，当事人、办事者或利益相关者）发放问卷或进行访谈的调查形式来获得。

4. 另外，我们还结合指标体系的七项一级指标，分别设计了一份针对政府公职人员的专家问卷，请他们就当地政府在七个方面的实际情况进行回答。或者在座谈中，与政府公职人员进行深度访谈，请他们谈谈他们对当地法治政府建设及其成绩的总体感觉，让他们判断当地政府离真正的法治政府还有多大距离，或者说在多大程度上算得上是法治政府，或达到了法治政府的几成火候。

5. 关于法治资本指数和法治动力指数的评估，我们主要是通过登录官方网站、百度搜索、电话询问或访谈询问的方式进行了解和评估，比如查阅当地政府的五年发展规划和历年的政府工作报告，从中搜寻、研判地方政府对建设法治政府的重视程度和目标指数，等等。

五 调研内容及基本要求

1. 调研内容。在所选案例县区，通过问卷、访谈和暗访等途径，逐项完成以下调研任务。

①政治文化资本一项：主要是调查当地居民对地方政策的参与程度、认识了解情况与最终评价。居民对地方政策的参与、认识和评价，基本反映了当地的政治文化状况，因而第九份问卷中设计的问题具有较高的内容效度。

②制度资本一项：主要是调查和查阅近十年来，各案例县（区）所在的省政府、市政府和该县（区）政府制定、公布的有关建设法治政府的文件情况。

③人力资本一项：首先，查阅该县近十年来党政一把手的重要公开讲话；另外，专家问题中的"第十份问卷干部的法治思维水平"，也是检验此项，通过专家问卷调查，可以获得部分信息。

④司法资本一项：主要是向该县法制办或法院查阅了解该县的行政诉讼案例和行政领导出庭应诉的情况；并对案件有较为完整的了解。

⑤政府目标函数：主要是查阅该县五年发展规划、政府年度工作报告或党委全会决定，以了解该县党委、政府是否把法治政府的建设作为县委县政府的战略目标、核心工作或重要任务来对待。

⑥政府绩效考核机制或政绩考核机制：主要是了解该县在对所属政府部门进行绩效考核时，是否把法治政府建设绩效作为重要指标；或是了解该县的组织人事部门是否把政府各级领导干部的法治建设成绩作为提拔任免的重要依据。

⑦公民参与机制：主要是了解该县是否出台相关制度、文件、政策或做法，以鼓励公民积极参与到规范性文件制定、行政决策、行政监督等过程中来。

2. 调研的基本要求

在调研时，首先运用专家问卷和居民问卷，对该县法治政府建设绩效进行准确衡量。专家问卷适用于该县区政府公务员填写；居民问卷适用于作为公共产品消费者的当地公民填写，到县行政服务中心去发放；在调研中，尽最大可能保证了问卷发放数量，更重要的是必须做通调研对象的思想工作，最大可能保证调研的质量和真实性，否则研究结论的科学性将失去其赖以生存的最重要的事实依据。

六　研究说明

虽然我们竭尽全力，想方设法地提高问卷调查的质量，但在研究过程中，我们仍然遇到了一些难以避免的操作性问题。

首先，受访者向研究者传递失真信息。有些时候，受访者由于各种顾虑和担心，无论是在访谈中还是在填写问卷时，反映的是不完全、不准确的信息，甚至是虚假信息。而如果通过问卷或访谈获得的是与现实有较大偏离的失真信息、不准确信息甚至虚假信息，那么从统计结果中得出的推论或结论也就值得怀疑。

其次，受访者的知识背景与理解能力影响对事情的客观判断。发放问卷时，受访者对有关问题（比如对法治）可能存在理解偏差甚至理解错误，对问卷中涉及的一些术语比如对"政府职能"的理解也可能不准确甚至有误，这些理解偏差或错误会进一步影响到受访者对地方法治政府建设真实情况的准确评估，从而可能影响到最终的统计结果和研究结论的正确性。

第三种情况是，受访者的评估出现前后矛盾。比如在对"政府信息公开"的评价中，对居民问卷五第 21、22、23、24 题目的评价均选择 A 的最佳评价，但在对政府信息公开这项一级指标（居民问卷五第 25 题）进行总体评价时却给出了 C 的评价，或者各分项均给予 D 的评价，但在总评时却给予 A 的评价，明显前后自相矛盾或有悖事实，缺乏充分的自洽性与严谨性。

第四，有一些问卷受访者填写的问卷，根据常理一看明显就是胡乱划选的问卷，但因无法确定其真实意图又不能将其所填问卷草率地视作无效问卷。

第五，地方政府官员与普通居民对当地法治政府绩效的评价形成强烈反差。

第六，在正式开始调查研究之前，课题组进行了模拟调研。但在模拟调研中发现，由于我们所掌握的资源有限，一些准确的官方统计数据难以获取，因而最初设计好的法治政府指标体系只能调整。在这种情况下，课题组通过问卷调查来测量居民满意度，并将居民的满意度视同为法治政府绩效。虽然在本项研究中无法使用最初设计的法治指标体系，但一是为了给相关政府部门以及其他致力于法治政府研究的学术机构和学者提供参考，二是为了使自己耗费大量心力精心设计的法治政府指标体系能为学界和政府相关部门提供一些参考，因此笔者仍不揣浅陋，将它收录于附录之中。

而在具体的研究和调研过程中，我们发现，有些问题难以获得官方的权威数据。要了解掌握事情的真相，发现和揭示事情的内在发展规律，从而实现调研目的，就采用了通过问卷或访谈等方式来进行调查研究，但是问题是，问卷又在何种程度上反映或说明了问题的真实情况，访谈又在多大程度上反映了事情的本来面目——比如在行政执法方面，通过问卷或访谈得出的居民对行政执法的评价与满意度与真实情况，在多大程度上是一致的？由此可见，社会科学的定量研究具有很多与生俱来的局限性。而且为了研究需要，定量研究需要对问题做简单化处理，但这种简单化处理又必然削弱研究的准确性与真实性，比如帕特南在《使民主运转起来》一书中对制度绩效的衡量方法就"既不严谨，也不科学"。

经验篇

第三章　余杭区法治政府建设的资本与动力

第一节　余杭区区情及其法治政府建设绩效

一　余杭区基本区情

余杭区位于杭嘉湖平原南端，西倚天目山，南濒钱塘江，中贯东苕溪和大运河，从东、北、西三面拱卫杭州主城区，区域总面积 1220 多平方公里，下辖 6 个镇、14 个街道，户籍人口 95.09 万，同时有 130 万外来务工人员。

余杭经济充满活力，一直位居全国县域经济发展百强县（市、区）前列，2009 年成为浙江省第三个财政总收入超 100 亿元县区；2015 年，全区实现生产总值 1235.66 亿元，比 2010 年增长 96.5%，比 2014 年增长 11%，增幅高于全国 6.9%、全省 8%、全市 10.2% 的平均水平。按户籍人口计算，全区人均GDP 为 131712 元，增长 8.1%，按当年平均汇率计算，达到 20947 美元。从GDP 构成看，第一产业实现增加值 47.07 亿元，增长 1.4%；第二产业实现增加值 455.11 亿元，增长 4.7%；第三产业实现增加值 733.47 亿元，增长17.1%。三次产业结构比例由 2014 年的 4.1：40.1：55.8 调整为 3.8：36.8：59.4，第三产业比重较上年提高了 3.6 个百分点。实现财政总收入 305.3 亿元，增长 20.5%，其中地方财政收入 187.6 亿元，增长 16.2%；完成固定资产投资 920 亿元，增长 17%；实际利用外资 10.86 亿美元。2015 年，城镇和农村居民人均可支配收入分别为 49273 元和 29159 元，分别增长 8.7%、9.7%。①

余杭历史悠久，名人辈出。清末四大奇案"杨乃武与小白菜"就发生在余杭镇。杨乃武一生洁身自好、蔑视权贵、勇于抗争，他的人格和传奇

---

① 余杭门户网站，http://www.yuhang.gov.cn/zjyh/tjgb/201602/t20160224_1036925.html，最后下载日期：2016 年 11 月 30 日。

故事滋育了余杭人民坚持正义、崇尚法治的精神，使余杭人民形成了一种不畏强权、捍卫法治的优良传统。此外，一代国学大师、革命家章太炎先生亦为余杭县仓前人，太炎先生坚持真理、不畏权势的精神风骨亦一直激励着余杭人民，被浙江人民和余杭人民引为骄傲。

余杭区民主法治基础深厚牢固。2003 年以来，余杭区就开始"民主法治村"的创建活动，并为此做了一系列深入扎实的基础工作。早在 2005 年，全区就有 221 个、28 个村（社区）分别被评为三、四星级"民主法治村（社区）"。此外，径山镇小古城村的基层民主法治建设更是取得了巨大成功，2006 年被评为全国"民主法治示范村"，成为余杭区的一张区域名片，而塘栖镇唐家埭村自 2005 年起就实行村干部和村委员的海选，这些都为推动余杭区的整体基层民主法治建设向前发展做出了重要贡献。

二 余杭区的法治政府建设绩效

2005 年 11 月，余杭区委、区政府提出建设法治城区的目标；2006 年 2 月 23 日，余杭区委出台《中共杭州市余杭区委关于建设法治余杭的意见》，5 月 8 日，浙江省委做出《关于建设"法治浙江"的决定》。在此背景下，余杭区委区政府委托浙江大学为牵头单位，成立法治余杭课题组，开发"法治量化考核评估体系"，率先在全国开展县区法治评估实验，并自 2007 年始发布一年一度的"余杭法治指数"。法治余杭评估体系可以概括为"149 模式"，即通过一个法治指数（余杭法治指数）、四个层次（总指标、区级机关指标、乡镇指标、农村社区指标）、九项群众满意度调查，以测度余杭在党委依法执政、政府依法行政、司法公平正义、权利依法保障、市场规范有序、监督体系健全、民主政治完善、全民素质提升、社会平安和谐九项法治总体目标上的成绩，并相应地设定九项一级指标，其中第二项一级指标为"全面推进依法行政，努力建设法治政府"。

在 2007 年、2008 年的余杭法治指数中，余杭在法治政府建设方面的得分分别为 64.22 分、68.28 分，2009 年 9 月 9 日，余杭区委出台《关于运用法治指数推进"法治余杭"建设的实施意见》，要求各级各部门"对照量化考核评估体系，深入分析年度余杭法治指数缺失分值的原因，找到法治建设工作的盲点和薄弱环节，找准症结所在，有针对性地重点加以整改提高"。经过各方努力，2009 年、2010 年、2011 年余杭区在法治政府建设方面取得较大进展，三年得分分别为 75.11 分、77.44 分、72.50 分。

2010 年 11 月 24 日，余杭区荣获全国普法办评选的首批"全国法治县

（市、区）创建活动先进单位"称号。宝安区也同时获此殊荣。

表 3 - 1　"余杭法治指数"一级指标"全面推进依法行政，
努力建设法治政府"的历年得分
（20 位外部组评委打分） [*]

时间（年）	1	2	3	4	5	6	7	8	9	10	11	12	13	14	15	16	17	18	19	20	得分
2007	65	65	72	70	65	60	60	50	70	65	70	40	69	60	70	65	70	62	55	65	64.22
	人民群众对依法行政的满意度																				76.4
2008	90	60	47	65	49	78	74	80	79	80	80	73	65	80	74	75	30	40	55		68.28
	人民群众对依法行政的满意度																				73
2009	80	73	85	75	92	85	60	75	75	73	65	71	85	70	67	70	75	78	75		75.11
	人民群众对依法行政的满意度																				68.6
2010	95	80	85	75	80	70	85	82	98	70	72	78	93	85	50	69	76	60	65	74	77.44
	人民群众对依法行政的满意度																				64.6
2011							不							详							72.50
	人民群众对依法行政的满意度																				65.00
186 题																					6.214
2016																					68.77

　　注：* "余杭法治指数"课题组把评估主体分为三类：内部组、外部组、专家组。内部评估者随机由党委、人大、政府及司法机构中直接参与法律工作的成员组成，比如检察院、区发改局政策法规科等工作人员；外部组是由非政府机关，同时不直接参与党委、人大、政府及司法机关法律工作的人员随机组成，如大学教授、企业家、新闻记者等人员；专家组由余杭法治评审办公室邀请的有较高知名度和专业权威的专家组成。见钱弘道主笔《中国法治指数报告（2007 - 2011 年）：余杭的实验》，中国社会科学出版社，2012，第 246 - 250 页。

　　2016 年 5 月 9—13 日，本课题组在余杭"市民之家"发放问卷，利用我们开发的法治政府指标体系对余杭区的法治政府建设绩效进行评估，余杭区的七项一级指标得分分别为：政府职能为 73.555 分，政府制定规范性文件为 63.889 分，政府行政决策为 69.111 分，政府行政执法为 69.666 分，政府信息公开为 73.222 分，行政监督为 65.555 分，而社会矛盾化解为 66 分，余杭最终法治政府建设绩效得分为 68.770 分。通过问卷调查，我们发现，在这七个领域，余杭区在政府职能、政府信息公开方面得分较高，这与我们定期登录余杭区政府门户网站的发现是一致的，该网站在政府信息公开上内容全面，重点突出，且更新及时。在行政决策与行政执法方面，余杭区的得分也比较高。

通过与余杭法治指数中的第二项一级指标"全面推进依法行政，努力建设法治政府"近年的得分情况进行比较，可以看出，本课题组的测量结果与"余杭法治指数"课题组的测量结果是基本一致的。

表 3 - 2　余杭居民调查问卷资料整理 1（个人情况）

A	B	C	D	E	F	
居住时间	9 （不到 2 年）	6 （2 - 5 年）	36 （5 年以上）			
学历	6 （高中及以下）	17 （大学专科）	25 （大学本科）	3 （研究生）		
年龄	6 （25 以下）	29 （25 - 35 岁）	10 （36 - 45 岁）	7 （45 岁以上）		
职业	1 （公务员）	3 （事业单位）	15 （个体经营）	27 （企业职工）	0 （大学生）	6 （其他）

注：$n = 57$，有效问卷 54 份。表中各项人数之和与问卷发放总人数不一致，是因为有些受访者没有填写此项内容。

从问卷发放对象来看，在当地居住 5 年以上的受访者占总数的 66.7%；而从受访者的职业构成状况来看，个体经营与企业职工占据 77.8%。这说明，受访者对当地的法治政府建设情况和法治的实际状况是较为了解的。

表 3 - 3　余杭居民调查问卷资料整理 2（第 1 - 8 份问卷）

题号	A （按 20 分算）	B （按 16 分算）	C （按 12 分算）	D （按 8 分算）	E （按 10 分算）	每题得分
1	0.167	0.556	0.277			15.556
2	0.111	0.611	0.111	0.056	0.111	14.889
3	0.111	0.667	0.167		0.056	15.444
4	0.111	0.333	0.167	0.111	0.278	13.222
5	0.111	0.556			0.333	14.444
Σ						73.555
题号	A （按 20 分算）	B （按 16 分算）	C （按 12 分算）	D （按 8 分算）	E （按 10 分算）	每题得分
6	0.056	0.389	0.111		0.444	13.111
7	0.167	0.111	0.222	0.111	0.389	12.556
8		0.167	0.444	0.111	0.278	11.667

题号	A （按 20 分算）	B （按 16 分算）	C （按 12 分算）	D （按 8 分算）	E （按 10 分算）	每题得分
9	0.167	0.167	0.278	0.111	0.278	13
10	0.056	0.444	0.167		0.333	13.556
Σ						63.889
题号	A （按 20 分算）	B （按 16 分算）	C （按 12 分算）	D （按 8 分算）	E （按 10 分算）	每题得分
11	0.111	0.389	0.167		0.333	13.778
12	0.278	0.278	0.167		0.278	14.778
13	0.111	0.222	0.278	0.111	0.278	12.778
14	0.167	0.222	0.222		0.389	13.444
15	0.056	0.611	0.111	0.056	0.167	14.333
Σ						69.111
题号	A （按 20 分算）	B （按 16 分算）	C （按 12 分算）	D （按 8 分算）	E （按 10 分算）	每题得分
16		0.611	0.333		0.056	14.333
17		0.722	0.222		0.056	14.778
18		0.611	0.222	0.056	0.111	14
19		0.167	0.667	0.056	0.111	12.222
20	0.111	0.444	0.278		0.167	14.333
Σ						69.666
题号	A （按 20 分算）	B （按 16 分算）	C （按 12 分算）	D （按 8 分算）	E （按 10 分算）	每题得分
21	0.111	0.389	0.389		0.111	14.222
22	0.111	0.389	0.167	0.056	0.278	13.667
23	0.278	0.389	0.167	0.056	0.111	15.333
24	0.222	0.444	0.278		0.056	15.444
25	0.167	0.333	0.444		0.056	14.556
Σ						73.222
题号	A （按 20 分算）	B （按 16 分算）	C （按 12 分算）	D （按 8 分算）	E （按 10 分算）	每题得分
26	0.056	0.333	0.333		0.278	13.222
27	0.167	0.222	0.222	0.167	0.222	13.111
28	0.111	0.333	0.167	0.111	0.278	13.222

题号	A （按 20 分算）	B （按 16 分算）	C （按 12 分算）	D （按 8 分算）	E （按 10 分算）	每题得分
29	0.056	0.278	0.055	0.056	0.555	12.222
30	0.167	0.333	0.167	0.111	0.222	13.778
Σ						65.555
题号	A （按 20 分算）	B （按 16 分算）	C （按 12 分算）	D （按 8 分算）	E （按 10 分算）	每题得分
31	0.111	0.389	0.111		0.389	13.667
32	0.056	0.278	0.333	0.056	0.278	12.778
33		0.167	0.056	0.777		9.556
34	0.5	0.222	0.222		0.056	16.777
35		0.444	0.333	0.056	0.167	13.222
Σ						66

注：n = 57，有效问卷 54 份。表中 A、B、C、D、E 各列对应的数字意为以小数形式表达的选择该项人数的实际百分比。问卷中个别未填的选项，按"不知道"进行统计。余杭第 186 题的得分（即去掉两个最高分和最低分）后的平均分：6.214。余杭法治政府绩效指数最后得分为：$73.555 \times 0.14431 + 63.889 \times 0.14361 + 69.111 \times 0.14594 + 69.666 \times 0.14918 + 73.222 \times 0.14525 + 65.555 \times 0.15003 + 66 \times 0.12168 = 68.770$。

地点：余杭区行政服务中心（市民之家）。

时间：2016 年 5 月 9 日至 2016 年 5 月 13 日。

第 1-8 份问卷计分方法：因为每份问卷共 5 道题，因此每题满分为 20 分；又因每道题共 5 个选项，所以 A、B、C、D 四个选项依次赋予 20、16、12、8 分；又因选项 E 为"不知道"，因此赋分为 0-20 的中间值 10 分。

法治政府绩效指数的计算方法：第一步，把问卷调查中各题各选项的分布频数，分别乘以该选项的赋值；第二步，把各选项的乘积相加；第三步，用各选项的乘积之和，除以有效问卷总数，即为该题的得分；第四步，求得该份问卷中 5 个题的得分和，即为该一级指标的问卷调查得分；第五步，把各一级指标的问卷调查得分，分别乘以它们在指标体系中的各自权重，即为该一级指标的最后得分；第六步，求得七个一级指标的最后得分和，即为该案例的法治政府绩效指数的总得分。因此，余杭法治政府绩效指数最后得分为：$73.555 \times 0.14431 + 63.889 \times 0.14361 + 69.111 \times 0.14594 + 69.666 \times 0.14918 + 73.222 \times$

$0.14525 + 65.555 \times 0.15003 + 66 \times 0.12168 = 68.770$。

第9份问卷即"居民对地方政策的参与、认知与评价"的计分方法：因为该份问卷共10道题，因此每题满分为10分；又因每道题共5个选项，所以A、B、C、D四个选项依次赋予10、8、6、4分，又因选项E为"不知道"，因此赋分为0-10的中间值5分。其他步骤与"法治政府绩效指数计算方法"的"第一步至第四步"相同。

第二节　余杭区的法治资本

一　政治文化资本

前已述及，政治文化资本是指民众对政策的积极认知与评价，以及在系统、角色、结构层次上官方文化与民间文化、精英文化与大众文化之间，均实现有效衔接，消除二者间相互脱节甚至背离的关系状况。

阿尔蒙德曾经指出，公民是否关心或者注意政治与政府事务，既是公民政治意识的重要体现，也是公民文化的一种表达方式，它既包括参与的能力，也包括参与政治输入活动的责任感，代表了公民取向的可以认识的那个部分。[1] 通过调查，他发现，美国人、英国人和德国人对政治和政府事务的关注度要强于意大利人和墨西哥人。由此可见，公民对地方政策的认知、参与程度是一个国家或地区公民文化发展水平的反映，一个地方公民对公共政策的认知、参与程度越高，其公民文化发展水平就越高；同样，一个地方公民对当地公共政策的评价越高，就越是有利于地方公共政策的贯彻执行。此外，阿尔蒙德还认为，公民能力感即公民能够影响政府决策的程度也是公民文化发展水平的一种体现。通过调查他发现，对于一项不公正的地方性或全国性法规，认为自己能够施加影响或有所作为的人数比例，美国、英国、德国要远远高于意大利和墨西哥，尤其是美国和英国，认为自己有能力对地方性或全国性政策产生影响的人数比例要高出意大利和墨西哥近20%。这也即意味着，美国、英国、德国的公民能力感要远远

---

[1]　加布里埃尔·阿尔蒙德、西德尼·维巴：《公民文化：五国的政治态度与民主》，马殿君等译，浙江人民出版社，1989，第108-109页。

高于意大利和墨西哥的公民能力感。①

因此，为了使之变得可操作化与可量化，笔者赋予政治文化资本概念一个操作化定义②，把它界定为当地居民对地方政策的认知、参与和评价，并据此设计了一份内含 10 道题目的问卷，以检验当地居民对地方公共政策的认知和参与程度，以及检验当地居民的公民能力感和对地方政策的评价，等等（见附录"居民问卷九 居民对地方政策的参与、认知与评价"）。③

通过问卷调查我们发现，余杭居民对本地政治和政府事务还是较为关注的（第 36 题），在这方面得到了 8 分；在对政府工作人员秉公执法、依法办事的信任度上，余杭居民的评价也较高（第 43 题），得分为 8.158 分；在对行政审批的信任度上（第 44 题），得分最高，达到 9.158 分。而居民在对当地公共政策制定施加影响的意愿（第 38 题）与影响能力上（第 39 题），评价都较低。余杭居民对当地政策的参与、认知与评价的总体得分为 72.631 分，这也说明，当地居民对地方政策的总体评价是较为满意的。如果将此项折算成法治资本指数，则其得分为 72.631 × 0.125 ≈ 9.079。

表 3-4 余杭居民调查问卷资料整理 3（第九份问卷）居民对
地方政策的参与、认知与评价

题号	A（10 分计算）	B（8 分计算）	C（6 分计算）	D（4 分计算）	E（5 分计算）	每题得分
36	0.421	0.210	0.316	0.053		8
37	0.210	0.263	0.158	0.158	0.210	6.842

① 加布里埃尔·阿尔蒙德、西德尼·维巴：《公民文化：五国的政治态度与民主》，马殿君等译，浙江人民出版社，1989，第 222-231 页。

② 就是指全面、具体、准确地划分概念的不同维度，并据以确定概念的每一项指标。请参见袁方、王汉生主编《社会研究方法教程》，北京大学出版社，1997；艾尔·巴比：《社会研究方法基础》，邱泽奇译，华夏出版社，2002。

③ 另外，艾历克斯·英格尔斯所研究的国民性格也可归为政治文化范畴。他认为，国民性格包括自我价值、对他人的态度、对权威的态度、对共同体的态度等几个方面。不同国家国民在以上各个方面的态度之和合成为该国家的国民性格。虽然国民性格的概念饱受诟病，但在一定程度上，在一个国家领土范围内，不同地域的国民具有鲜明的地方特色却是得到人们承认的。比如 18-19 世纪美国西部开发时涌现的西部牛仔就以干练、勇敢等鲜明的地方特色著称。同样，中国东北人以豪爽热情著称，南方人却以细腻见长。所以，不同地方的人们，其自我价值、对他人的态度和对权威的态度等等，往往具有一定的地方特点，并被打上鲜明的地方烙印，因而可以称之为国民的地方性格。这种整体性的国民地方性格，无疑将对地方公共政策产生一定程度的影响。参见艾历克斯·英格尔斯《国民性：心理-社会的视角》，王今一译，社会科学文献出版社，2012，第 217-219 页。关于公民价值观的变迁，请参阅罗纳德·英格尔哈特《现代化与后现代化：43 个国家的文化、经济与政治变迁》，严挺译，社会科学文献出版社，2013。

题号	A（10分计算）	B（8分计算）	C（6分计算）	D（4分计算）	E（5分计算）	每题得分
38	0.158	0.105	0.263	0.316	0.158	6.053
39	0.053	0.105	0.421	0.210	0.210	5.789
40	0.158	0.368	0.210		0.263	7.105
41	0.263	0.263	0.210	0.053	0.210	7.263
42	0.105	0.368	0.105	0.158	0.263	6.579
43	0.316	0.473	0.158		0.053	8.158
44	0.685	0.210	0.105			9.158
45	0.158	0.579	0.158		0.105	7.684
Σ						72.631

注：n＝57，有效问卷57份。表中A、B、C、D、E各列对应的数字意为以小数形式表达的选择该项人数的实际百分比。

二　制度资本

前已述及，制度资本是指某级政府在其法治政府建设过程中，可依凭的、有利于推动其法治政府建设的、上级或本级政府的法治制度供给，尤其是上级政府即省、市两级政府的法治制度供给。在本项研究中，就是指各案例县（区）所在的省政府、市政府和该县（区）政府制定和公布的、关于法治政府建设的、具有政策创新或制度创新特点的各类文件总和。对省、市、县（区）三级政府法治制度供给情况的考察，主要是对作为地方政府制度创新的、当地特有的、法治制度建设情况的考察，即对具有地方特色的法治制度创新进行考察。而对于省、市、县（区）三级政府为贯彻落实中央政府或上级政府相关法律法规制度文件要求，专门制定的有关法治实施制度，则不纳入统计范围，因为其他各省、市、县（区）政府也会制定相应的具体制度与政策，因而并不具备制度创新属性，从而也就不属于严格意义上的法治制度资本。

不过，为了便于读者从制度变革的角度来审视近20年来我国制度变革的发展历程，为了完整记载国家最近二十年的制度变革史、法治建设史与政治发展史，也为了便于读者观察和比较中央政府的各项改革举措地方政府实际响应与贯彻落实的程度，我们还是把所能搜集到的省、市、县三级政府最近20年制定的法治制度清单一并列出。因信息渠道或资料来源所限，对于各地制定的法治制度或政策有所遗漏者，笔者对此深表歉意。

1997 年 9 月 12 日召开的中国共产党第十五次全国代表大会明确提出了"依法治国,建设社会主义法治国家"的宏伟目标。在 1999 年 3 月 15 日第九届全国人民代表大会二次会议上,通过了《中华人民共和国宪法修正案》,在宪法第五条中明确规定,"中华人民共和国实行依法治国,建设社会主义法治国家",从而首次确立了依法治国作为国家基本方略的宪法地位。同时,中国特殊的行政体制,又决定了其直接隶属的上级政府的法治制度供给,即县、区政府直接隶属的市级政府的法治制度供给,是地方法治政府建设的最主要制度资本。因而要考察地方法治政府建设的法治制度资本,就需要分别考察自 1997 年党的十五大召开以来,省、市、县(区)三级政府制定的法治制度或法治制度创新的情况(项数),且在纳入法治资本指数一体考量时,分别按 30%、35% 和 35% 的比例赋值,首先得出其法治制度资本基数。再根据这一基数在 6 个案例制度资本基数中占最高基数得分的比例,乘以 12.5 的权重,即为其最后的法治制度资本指数得分。假定 X 为案例甲的制度基数得分,H 为 6 个案例中最高制度资本基数得分,那么案例甲的法治制度资本指数为: $X/H \times 12.5$。

所以,要考察余杭区的法治制度资本,就必须分别考察浙江省人民政府、杭州市人民政府、余杭区人民政府从 1997 年中共十五大到 2016 年 6 月 30 日这段时间的法治制度供给或法治制度创新情况(项数)。以下是浙江省、杭州市和余杭区三级人民政府的法治制度供给或法治制度创新情况。①

1. 1997 年中共十五大以来浙江省省级法治制度供给

① 2013 年 10 月 16 日,《浙江省法治政府建设实施标准》颁行;A

② 2012 年 12 月 17 日,浙江省人民政府出台《浙江省行政执法过错责任追究办法》;

③ 2012 年 5 月 29 日,浙江省委办公厅、浙江省人民政府办公厅印发《关于深入推进"民主法治村(社区)"创建进一步加强和创新基层民主法治建设的意见》;B

---

① 因受研究进展和时间的限制,我们只把 2016 年 6 月 30 日前制定的法治制度纳入考察范围。另外,在所列制度后面以英文大写字母明确标记并且排序者为具有政策创新或制度创新特点的法治制度;其余的制度只是地方政府为了贯彻落实上级政府政策而制定的具体政策或实施办法,因不具有政策创新或制度创新性质,故在所列制度后面并没有明确标示英文大写字母。本书后面五大案例情况与此类同。

④ 2011 年 11 月 2 日，浙江省全面推进依法行政工作领导小组办公室颁行《关于全面推进行政机关负责人出庭应诉工作的通知》；C

⑤ 2010 年 9 月 1 日，《浙江省行政规范性文件管理办法》开始施行；

⑥ 2006 年 4 月 25 日，浙江省委第十一届十次全体会议通过《中共浙江省委关于建设"法治浙江"的决定》，2005 年 11 月 6 日，《中共浙江省委关于制定浙江省国民经济和社会发展第十一个五年规划的建议》指出：要以推进"法治浙江"建设为载体，努力建设民主健全、法治完备、公共权力运行规范、公民权利切实保障的法治社会；D

⑦ 2004 年 9 月 1 日，《浙江省行政许可监督检查办法》开始施行；E

⑧ 2001 年制定《浙江省地方立法条例》；F

⑨ 2000 年 12 月 28 日，浙江省第九届人民代表大会常委会通过《浙江省县级以上人民政府行政执法监督条例》；G

⑩ 2000 年 1 月，浙江省委作出了《关于进一步推进依法治省工作的决定》（其实早在 1996 年 11 月，浙江省八届人大常委会第三十二次会议就作出了关于依法治省的决议）；H

⑪ 1997 年 10 月 1 日，《浙江省行政执法证件管理办法》开始施行；I

2. 1997 年中共十五大以来杭州市市级法治制度供给

① 2013 年 1 月 11 日，《杭州市行政复议办案程序规范》开始实施；A

② 2012 年 3 月 8 日，杭州市人民政府出台《关于全面推行行政指导工作的指导意见》；B

③ 2011 年 3 月 1 日，《杭州市行政机关行使行政许可裁量权指导规则》开始实施；

④ 2010 年 1 月 1 日，杭州市人民政府颁行《杭州市规范行政处罚自由裁量权的规定》；

⑤ 2009 年 9 月 30 日，《杭州市行政复议听证程序规定》开始实施，2008 年 7 月 30 日，《杭州市行政复议调解工作暂行规定》（杭政办函〔2008〕275 号）开始实施；C

⑥ 2009 年 7 月 2 日，杭州市人民政府出台《关于加强杭州市人民政府行政应诉工作的若干意见》，2006 年 9 月 1 日，杭州市人民政府颁行《杭州市行政首长出庭应诉工作暂行办法》；D

⑦ 2006 年 7 月 26 日，杭州市人民政府出台《关于推进法治政府建

设的意见》；这个文件的出台早于全国其他地方；E

⑧ 2006 年 7 月 20 日，《杭州市依法行政工作考核办法（试行）》出台；F

⑨ 2006 年 5 月 29 日，《中共杭州市委关于建设"法治杭州"的决定》；

⑩ 2006 年 1 月 1 日，杭州市施行《杭州市行政处罚案卷质量规范》和《杭州市行政许可案卷质量规范》；G

3. 1997 年中共十五大以来余杭区区级法治制度供给

① 2011 年 9 月 8 日，《"法治余杭"（依法治区、普法教育）2011—2015 年规划》印发余杭区各镇街、组团和区级机关各部门；A

② 2011 年余杭区创设"法务前置"工程，出台《关于开展"法务前置"工作的实施意见（试行）》。主要内容是通过事前的普法活动，普及法治理念与法律规则；通过对决策及重大决定的合法性审查做到法务事前把关，做到依法决策和依法办事；B

③ 2010 年 8 月 17 日，《余杭区依法行政示范单位创建实施办法》开始实施；C

④ 2010 年 2 月 1 日，《余杭区行政决策程序规定（试行）》开始实施；D

⑤ 2009 年 9 月 9 日，余杭区委出台《关于运用法治指数推进"法治余杭"建设的实施意见》；E

⑥ 2007 年 12 月 1 日，《余杭区行政复议简易程序办理制度（试行）》《余杭区行政复议听证规则（试行）》《余杭区行政复议工作交流制度（试行）》开始实施；F

⑦ 2007 年 10 月 1 日，《余杭区行政执法责任制办法》开始实施；G

⑧ 2007 年 1 月 1 日，《余杭区行政执法事项协调办法》开始实施；H

⑨ 2006 年 11 月 16 日，余杭区人民政府印发《关于推进法治政府建设的意见》；

⑩ 2006 年 11 月 13 日，《余杭区依法行政工作考核办法（试行）》颁行；I

⑪ 2006 年 8 月 31 日，《余杭区人民政府行政问责制办法（试行）》颁行；J

⑫ 2006 年，余杭区法建办制定《依法治区（法治余杭）2006—2010 年规划》和《关于在全区公民中开展法制宣传教育的第五个五年

规划》两个规划。根据这两个规划确立的总体目标，明确 2006 年为
"规划编制年"和"氛围营造年"，2007 年为"夯实基础年"和"有序
推进年"，2008 年为"民主法治年"和"完善实施年"，2009 年为"服
务民生年"和"品牌建设年"，2010 年为"总结验收年"和"争先创
优年"；K

⑬ 2006 年 2 月 23 日，余杭区委出台《中共杭州市余杭区委关于建
设法治余杭的意见》；L

⑭ 2005 年 9 月 1 日，《余杭区行政许可公示办法》开始实施；M

⑮ 2005 年 8 月 29 日，《余杭区行政诉讼案件应诉办法》出台；N

⑯ 2005 年 6 月 16 日，余杭区人民政府印发《杭州市余杭区进一步
深化行政执法责任制工作方案》；O

⑰ 1998 年 12 月 10 日，《余杭区行政执法错案责任追究办法》出
台。P

因此，余杭区的法治制度资本基数为 9×30% +7×35% +16×35% ≈
10.75；法治制度资本指数为：（10.75/14.7）×12.5≈9.141 分。

这里尤其值得强调的一点是，2014 年 11 月 18 日，余杭区申报的"法
治指数的评估及应用"项目，荣获第三届"中国法治政府奖"提名奖。余
杭法治指数由来已久，早在 2006 年，余杭区作为县（市、区）层面在全省
率先提出了"法治余杭"的战略决策，明确要最终实现"党委依法执政、
政府依法行政、司法公平正义、权利依法保障、市场规范有序、监督体系
健全、民主政治完善、全民素质提升、社会平安和谐"的总体目标。为了
真正实现九大方面的目标，余杭大胆创新，提出了用一个量化的指数来衡
量余杭法治建设整体水平的设想，开展了以法治指标对政府工作以及社会
环境进行量化评估为中心的实践活动——"法治余杭量化评估"。并于 2008
年 6 月 15 日发布了国内第一个法治指数——余杭法治指数。

通过法治指数的评估，对未来法治发展重点、努力方向进行预测，并
通过宏观与微观的结合，把法治的原则要求转化为易判别、可操作的具体
标准，不仅统一各地对推进依法治理的认识，而且形成了推进依法治理的
内在驱动力。通过法治指数所设定的法治考核指标，将实际数据资料与之
参照，进而进一步规范各个部门的法定职责，明确了政府组织应当作为或
者不作为的职责事项，发挥预防政府行为产生违法偏差的作用。

近年来，余杭区通过法治指数评估，认真分析梳理法治建设中存在的

突出问题和薄弱环节，并将这些问题以交办的形式反馈到各有关职能部门限期整改。同时，以量化评估体系为标准，对各镇、街道和部门实行法治年度考核，考核结果纳入各单位年度综合目标考核，直接与干部奖惩挂钩。

用法治力量护航民生，是余杭法治建设的出发点和落脚点。以"关注民生、服务民生"为主旨，践行法治为民理念。通过指数评审和后期运用，原汁原味地反馈到了区有关部门，促进了各部门有效落实提高，不断满足人民群众日益增长的法治需求。同时，通过人民群众参与评审，使指数评审成为一场大型的普法教育活动，提高了人们的法治意识。

三　人力资本

前已述及，在本项研究中，法治人力资本首先是指作为"法治领袖"的各级主要党政领导干部的法治思维；其次是指作为战略群体的广大干部的法治思维。因此考察一个地方的法治人力资本需要从主要领导干部的言行和政府普通公务人员的法治意识两个方面来考察。

在中国现行的行政管理体制中，法治政府的建设成效，在一定程度上取决于主要领导的重视程度。如果一个地方的主要领导长期高度重视并力抓法治建设工作，则其管辖区域下的各级主要领导也就获得了充足的内在动力去有效贯彻上级意图，进而把法治建设扎实地推行下去；反之，如果主要领导不重视，或者更换了主要领导，则域内各地各部门的主要领导将难免缺乏持续贯彻和抓好上任领导发展战略的内在动力。所以说，一个地区具有较强法治意识和超前法治思维的主要领导干部是该地区法治政府建设的核心人力资本。因此，我们可以从主要领导干部的各种公开讲话或大力推行的各种政策举措来间接推论主要领导干部的法治思维水平。由于法治人力资本占 12.5% 的权重，所以我们赋予领导干部法治思维水平以 4% 的权重。如果在当地主要领导干部的各种讲话中能直接找到体现其法治意识的内容，则赋予 2 分，如果能发现其大力推行法治建设的政策举措，也赋予 2 分。

另外，由于在作为制度变革的政府推进型的法治建设过程中，广大干部必定是首要推动者，在执法、司法的制度运行领域，他们构成了法治建设的支撑性主体力量和战略群体。因此，为了尽可能客观地反映当地法治人力资本状况，我们还通过问卷调查的形式，对当地政府公职人员进行评估，并赋予其 8.5% 的权重，所以其得分为：问卷调查得分 ×8.5%。

总之，法治人力资本指数 = 主要领导干部法治思维水平得分（2＋2）＋

政府普通公务人员法治思维得分（问卷调查得分×8.5%）。

　　而通过到余杭区法制办的访谈（2016年5月9日），我们得知，余杭区20%—30%的区领导拥有或考过律师资格证；另外，多年来余杭区政府制定了多项制度，采取多种措施，以提升领导干部的法治思维：首先，副职履新之前必须参加司法考试；其次，区政府常务会议有一个会前学法制度，学习内容为热点问题或新近出台的法律，并聘请实施主体的负责人来讲课，由区法制办负责安排计划表；最后，余杭区70%的部门推广法律顾问制度，领导不充当法律顾问，而是吸纳实务律师来充实法律顾问队伍。总之，通过这些制度和举措的实施，余杭区各级领导的法治素养和法治思维均有明显提升。

　　在2006年4月15日召开的"法治余杭"建设座谈会上，时任余杭区委书记何关新就曾经深刻指出，"市场经济条件下，如何去规范人们的行为，我觉得更多的是要运用法律、运用制度去规范。这些法律与制度，我觉得就是法治的基础，因为一个好的制度，能够取得长效的作用。人治，体现在人的能力上，执政仅仅体现在个别领导人的能力上是不长久的，权威也是有时效的，所以必须在法律制度下进行……我觉得法治指数与一个地区发展和财富的积累是层层相关的。法治环境就是发展环境，我们要从法治建设的高度来认识构建和谐余杭、建设诚信余杭、活力余杭……区委、区政府作为大政府，作为强势政府来考虑，首先要增强法治意识，我们制定的政策、制度要符合法律要求，体现法律原则"。[①] 而在2008年6月15日召开的余杭法治指数新闻发布会上，时任余杭区区长姜军也谈道："法治建设搞好了以后，对于余杭另外事业的发展，会有很大的推进作用……我们感到，确实需要一个体系来衡量余杭目前所处的阶段，特别是为我们区委、区政府下一步怎么来推进、改进党委、政府的工作指明方向。"[②]

表3-5　余杭区政府普通公务人员法治思维水平调查（专家问卷9）

题号	A（20分计算）	B（10分计算）	C（0分计算）	每题得分
36	17	3	0	18.5
37	10	6	4	13

① 何关新：《走出余杭特色的法治新路的发言纪要》，钱弘道主编《中国法治增长点——学者和官员畅谈录》，中国社会科学出版社，2012，第268-271页。
② 姜军：《法治指数不是"贴金"，而是找"问题"——答记者问的讲话》，钱弘道主编《中国法治增长点——学者和官员畅谈录》，中国社会科学出版社，2012，第144页。

题号	A（20 分计算）	B（10 分计算）	C（0 分计算）	每题得分
38	12	5	3	14.5
39	15	4	1	17
40	12	7	1	15.5
Σ				78.5

注：n=20，有效问卷 20 份。

区委书记何关新与区长姜军对法治的这种深刻认识，体现了余杭区主要领导干部具有较强的法治意识和超前的法治思维。正如原区委书记朱金坤曾经撰文指出的，"通过种种措施，使全体市民尤其是各级党政领导和公职人员头脑中牢固树立了'法治建设是一把手工程，法治建设融于社会管理、社会建设方方面面，法治建设不是软任务，是硬要求'的理念"。[①] 而在 2009 年 3 月 15 日，余杭区仓前镇人大主席团发出了"组织开展对区政府贯彻执行《关于推进法治余杭建设的决议》实施情况进行检查的通知"，则从另一个侧面印证了余杭区领导干部的法治意识和法治思维，也说明了域内各部门扎实开展和持续抓好法治建设的热情与决心。总之，如果一个地区的主要领导干部都如余杭区的主要领导干部那样具有较强的法治意识和超前的法治思维，也就说明该地区已经具备了对于推进地方法治建设而言最为关键和重要的核心人力资本。

基于这些事实，我们赋予余杭区主要领导干部法治思维以 4 分。另外，在余杭区政府普通公务人员法治思维水平调查中其得分为 78.5，折合后得分应为 $78.5 \times 8.5\% \approx 6.673$。综上所述，余杭的法治人力资本最终得分约为 10.673 分。

四　司法资本

考察一个地方的司法资本，是要考察在行政诉讼案件中，该地是否坚持和严格执行行政领导出庭应诉制度，由此推知行政诉讼案件是否对当地政府公务人员的心理产生强烈冲击，促进他们的法治意识，提高依法行政

[①] 朱金坤：《运用量化考评提升社会管理科学化水平——杭州余杭区法治指数的应用与实践》，2011 年 8 月 8 日《中国经济时报》，转引自钱弘道主编《中国法治增长点——学者和官员畅谈录》，中国社会科学出版社，2012，第 139 页。

理念。① 为此，我们赋予其 6.5% 的权重，如果调查结果显示当地行政领导出庭应诉率达到 80%，则获得 6.5×80% 的得分，如果是正职出庭，则在此基础上再酌情加分；此外，还要考察当地的法制部门是否对当地已经发生的行政诉讼案件尤其是政府败诉案件进行分类整理总结剖析，从而为政府公务人员的行政行为提供经验教训、依据借鉴。为此，我们赋予其 6% 的权重，并依据行政诉讼案件分类整理工作好、中、差三种实际情况分别赋予 6 分、4 分、2 分。

"十一五"期间（2006—2010 年），余杭区发生了不少因低级错误而败诉的行政案件，对政府公信力影响较大。但总体上余杭区发生的行政诉讼案件呈递减趋势。2006 年，余杭区全区发生的行政诉讼案例为 105 件，2009 年为 37 件②，2015 年为 39 件，2016 年截止到 5 月 10 日，全区行政诉讼案件应诉 13 件。③

在采访余杭区司法局法治宣传教育科陈建六科长时（2016 年 5 月 10 日

① 1988 年 8 月 25 日，被称为我国行政诉讼第一案的浙江省苍南县农民包郑照起诉浙江省苍南县人民政府在温州市中院开庭审理，从当时因无法律依据立案受阻、因没有行政审判庭而由民事庭审理并催生 1989 年《行政诉讼法》诞生，一直到今天，30 年来，以下时间节点上反映的行政机关负责人出庭应诉制度的出台与不断完善的艰辛历程，让我们感受到我国在行政诉讼领域所取得成绩的来之不易与不断进步；以及从制度变革的意义上来说，更能让我们深切感受任何改革成果之取得与巩固的不易。(1) 2004 年 3 月 22 日颁行的《全面推进依法行政实施纲要》第 28 条规定，对人民法院受理的行政案件，行政机关应当积极出庭应诉、答辩。(2) 2008 年 5 月 12 日颁行的《国务院关于加强市县政府依法行政的决定》(国发【2008】17 号)第 22 条中规定：要认真做好行政应诉工作，鼓励、倡导行政机关负责人出庭应诉。(3) 2010 年 10 月 10 日《国务院关于加强法治政府建设的意见》(国发【2010】33 号)第 25 条进一步要求：对重大行政诉讼案件，行政机关负责人要主动出庭应诉。(4) 2015 年 12 月 27 日在国务院颁布的《法治政府建设实施纲要（2015–2020 年）》第 27 条中规定，健全行政机关依法出庭应诉制度。(5) 2016 年 6 月 27 日，在《国务院办公厅关于加强和改进行政应诉工作的意见》(国办发【2016】54 号)第 4 条规定：被诉行政机关负责人要带头履行行政应诉职责，积极出庭应诉。不能出庭的，应当委托相应的工作人员出庭，不得仅委托律师出庭。对涉及重大公共利益、社会高度关注或者可能引发群体性事件等案件以及人民法院书面建议行政机关负责人出庭的案件，被诉行政机关负责人应当出庭。经人民法院依法传唤的，行政机关负责人或者其委托的工作人员不得无正当理由拒不到庭，或者未经法庭许可中途退庭。(6) 2016 年 7 月 28 日，最高人民法院印发《最高人民法院关于行政诉讼应诉若干问题的通知》第 3 条规定：一是出庭应诉的行政机关负责人，既包括正职负责人，也包括副职负责人以及其他参与分管的负责人。二是行政机关负责人不能出庭的，应当委托行政机关相应的工作人员出庭，不得仅委托律师出庭。三是涉及重大公共利益、社会高度关注或者可能引发群体性事件等案件以及人民法院书面建议行政机关负责人出庭的案件，被诉行政机关负责人应当出庭。
② 见余杭区司法局"十一五"期间"法治余杭"[依法治区、普法教育] 规划实施情况。
③ 数据由余杭区法制办提供。

采访），他说："（在余杭区）领导出庭应诉是必须的，每一部门都设法制科，实际支持力度大，既有充足的经费保障，也是对部门的要求。"

谈及行政出庭应诉，余杭法制办夏成涛科长也说：余杭区自 2005 年即已开始实施行政领导出庭应诉制度；现在的做法是正职必须出庭，自 2016 年 5 月 1 日开始实施新版《行政诉讼法》后要求更严格，目前负责人出庭占行政诉讼案件 30% —40%。而谈起行政诉讼案件的判决执行情况时，夏科长说，一旦法院做出判决，肯定能得到执行。他认为，带来这种良好局面的原因主要是：第一，部门一把手都很重视行政诉讼案件；第二，法治理念；第三，负责人出庭应诉效果会更好，对于化解矛盾有很大帮助；第四，行政领导出庭已形成习惯。因此，在行政领导出庭方面我们赋予余杭区 6.5 分。

另外，在行政诉讼案件资源的利用方面，据夏成涛科长说，余杭区会定期组织专家对执法人员进行培训，依据主体权限、程序、行政不作为、适用法律等不同方面对上一年的行政诉讼案件进行分类。而针对本区每一个典型行政诉讼判例的剖析，内容都包括基本案情、适用的相应法条以及具体解释说明，等等。2015 年 5 月 22 日，在全区推进法治政府建设大会上，朱华区长号召在法治轨道上推动政府各项工作迈上新台阶，要求完善败诉案件双重考核、败诉案例解读、综合研判、专案专报、工作交流五项制度。总之，余杭区发生的行政诉讼案件、区法制办对典型行政诉讼案件的剖析汇编以及关于败诉案件的五项具体制度，都使得这些典型案例能够发挥对政府部门应有的引导、警示作用，从而成为有力推动该区依法行政和法治政府建设的宝贵司法资本。因此，在行政诉讼案件归类整理方面赋予余杭区 6 分。

综上所述，余杭区的法治司法资本最后得分为：6.5 + 6 = 12.5 分。

第三节　余杭区的法治动力

一　余杭区的政府目标函数及目标函数耦合

1. 目标函数、政府目标规划与目标治理

公共选择理论告诉我们两个道理，第一，政府是有自身偏好的。在民主国家，政府会尽可能谋求预算最大化，甚至有可能根据选举周期而有意调整公共产品的供给力度与时间，从而形成政治商业循环。比如"1957 年至 1966 年整个十年间，（民主国家的）公共工程项目、就业岗位，以及转

移支付都是根据选举的周期进行分配的，从而形成选举前扩大而选举后收缩的情形"。[1] 第二，政府的偏好会转化为政府追求的目标，比如维护自己的统治地位。[2] 不过，政府在追求与实现自己目标的过程中，会受到诸多约束条件的限制，比如时间约束、经济成本约束，以及社会成本约束等等。在满足这些约束条件的情况下，如何才能最大限度地实现政府的目标，这是线性规划中目标函数的求解问题。

目标函数是线性规划中的一个核心概念，指的是所关心的目标（某一变量）与相关因素（或线性约束条件）的函数关系。简单地说，就是你求解后所得出的那个函数。在求解前函数是未知的，按照你的思路将已知条件利用起来，去求解未知量的函数关系式，即为目标函数。满足线性约束条件的解（x，y）称为可行解；由所有可行解组成的集合称为可行域；使目标函数取得最大值（比如收益最大）或最小值（比如成本最小）的可行解叫作线性规划问题的最优解。

政府的目标偏好往往并非单一的，而是综合的、系统的、全面的，甚至在各个目标之间可能存在相互冲突。政府目标体系可以划分为第一层次目标、第二层次目标、第三层次目标等。因此，政府实现目标的过程其实就是一个进行目标规划与目标治理的过程。

目标规划可以分为单目标规划与多目标规划。多目标规划是数学线性规划的一种特殊应用类型，旨在科学处理单个主目标与多个目标并存，以及多个主目标与多个次目标并存的问题，侧重于研究两个以上目标函数在给定区域上的最优化，因此又被称为多目标最优化。它由美国学者查纳斯（A. Charnes）和库泊（W. W. Cooper）于 1961 年首次提出。在政府管理尤其是企业管理中，人们经常会遇到多目标决策的问题，比如政府管理中的协调经济增长与环境保护的关系问题，或者如企业管理中对生产总量、设备利用与利润率进行合理平衡的问题。因此如何统筹兼顾多个目标，选择科学合理的决策方案，对于实现全面协调发展而言就显得非常重要。

多目标规划涉及数学、运筹学、管理学等多个学科领域。多目标规划需要借助模型进行，其经常运用到的模型主要包括两类，即：多目标并列模型和优先顺序模型。任何多目标规划的问题，都包括两个以上的目标函数和若干个约束条件，并且涉及 n 个决策变量、k 个目标函数以及 m 个约束

---

① 请参阅丹尼斯·C. 缪勒《公共选择理论》，杨春学等译，中国社会科学出版社，1999，第343－347 页。

② 曹红钢：《政府行为目标与体制转型》，社会科学文献出版社，2007。

方程。

多目标规划问题的求解不能只追求一个目标的最优化（最大或最小），而不顾其他目标。尤其是当目标函数处于冲突状态时，往往并不存在使所有目标函数同时达到最大或最小值的最优解，而只能寻求非劣解（又称非支配解或帕累托解）。因此，求解即意味着做出科学合理的复合选择：每一个目标函数取什么值，原问题可以得到最满意的解决？每一个决策变量取什么值，原问题可以得到最满意的解决？

总之，政府的目标规划就是指通过对政府目标体系及各项约束条件进行全面考量，做出综合平衡和整体部署的决策与实施过程，从而最大可能地实现政府的目标体系。

政府目标治理是指政府有意识地运用整体知识，制定国家规划，引导资源配置，以推动目标实现的公共事务治理方式。[①] 如果说政府目标规划中的最大难题是政府目标函数相互冲突时的最优解的求取，那么各级政府之间目标函数的耦合就是政府目标治理过程中的核心。作为一个物理学术语，耦合是指在两个振动模态的作用下，一个振动模态下的振动输入导致另一振动模态下的响应。因此，借用之，目标函数的耦合就是指国家的目标函数得到地方政府目标函数响应的过程，或指上级政府目标函数得到下级政府目标函数响应的过程，既是一个"国家和地方目标函数匹配性提高的过程,"[②] 也是一个地方目标主动响应国家目标、下级政府目标主动响应上级政府目标，从而使得国家目标和地方目标，或者上级政府目标和下级政府目标趋于一致的过程。因此，如果说政府目标规划侧重于目标之间横向关系的整合与协调，那么目标治理则更侧重于各级政府目标之间的纵向耦合与整合。

由于政府目标体系由第一层次目标、第二层次目标、第三层次目标构成，所以目标函数的耦合更需要着重关注耦合的质量，即重点关注纵向耦合主要发生在哪个目标层次。以建成法治政府这一政府目标为例言之，如果中央政府、省、市、县、乡五个行政层级的政府，都把建成法治政府列为本级政府目标体系的第一层次目标，那么这种耦合就是优质耦合；反之，如果都只把建成法治政府列为本级政府目标体系的第三层次目标，那么虽然目标的耦合度和一致性很强，但对于推动一个政府目标的实现而言，这

---

① 鄢一龙：《目标治理：看得见的五年规划之手》，中国人民大学出版社，2013，第60页。
② 鄢一龙：《目标治理：看得见的五年规划之手》，中国人民大学出版社，2013，第174页。

种耦合就属低质耦合；同样，如果中央政府把建成法治政府列为本级政府目标体系的第一层次目标，而在各级地方政府的目标体系中，建成法治政府的目标只被视为第二层次甚至第三层次目标，那么这种耦合至多只能算中质耦合。所以，在五个层级的政府体系和三个层次的目标体系中，会出现多种排列组合的情况。

表3－6　目标函数的耦合度及其质量

	优质耦合	中质耦合	低质耦合	无耦合
	一级目标	二级目标	三级目标	未列为政府目标
中央政府				
省（直辖市、自治区）				
地级市（地区、自治州、盟）				
县（县级市、市辖区、自治县、旗、自治旗、林区）				
乡（镇、街道）				

　　为了方便分析，我们做出简化处理，着重分析省、市、县三个行政层级的目标耦合模式，并且根据不同目标的纵向组合，对不同耦合模式进行打分。

　　令省、市、县三级政府分别为 A、B、C，目标层次为 n（n = 1，2，3），则得出目标耦合的函数式为 y = n（A，B，C）。如在某一案例中，法治在省、市、县政府目标体系中分别属于一、二、三层级目标，则该案例的目标函数耦合模式可以表述为"A1B2C3"，为简便起见，其耦合模式记为"123"。例如，在"十一五"发展规划期间，浙江省、杭州市、余杭区的目标函数耦合模式为：f = A1B1C1，并记为"111"。所以省市县的政策目标耦合将包括以下三类共计27种组合情况：

A1 的情况：111；112；113；121；122；123；131；132；133；
A2 的情况：211；212；213；221；222；223；231；232；233；
A3 的情况：311；312；313；321；322；323；331；332；333。

　　在地方政府的政策目标体系中，如果对第一、第二、第三层次的目标分别赋分1分、0.8分、0.6分，并把未列为政府目标的情况赋予0.4分的话，那么最终就可以计算出每一种耦合模式的得分。

表 3 - 7   目标函数的耦合模式及其分值

	1（一级目标）	2（二级目标）	3（三级目标）	4（未列为政府目标）
A（省）	1	0.8	0.6	0.4
B（市）	1	0.8	0.6	0.4
C（县）	1	0.8	0.6	0.4

这 27 种耦合模式的得分就分别为：

A1 的情况：111 = 1；112 = 0.8；113 = 0.6；121 = 0.8；122 = 0.64；123 = 0.48；131 = 0.6；132 = 0.48；133 = 0.36；

A2 的情况：211 = 0.8；212 = 0.64；213 = 0.48；221 = 0.64；222 = 0.512；223 = 0.384；231 = 0.48；232 = 0.384；233 = 0.288；

A3 的情况：311 = 0.6；312 = 0.48；313 = 0.36；321 = 0.48；322 = 0.384；323 = 0.288；331 = 0.36；332 = 0.288；333 = 0.216。

所以，从目标规划（目标函数）与目标治理的角度来审察地方政府的法治动力，就是要通过审察地方政府的各项中长期规划和中心工作，来综合考察地方政府的目标体系，以及在对政府多项目标进行整体规划与实施目标治理的过程中，各级政府究竟把法治政府建设放置于何种地位，并考察上下级政府目标函数之间尤其是省、市、县（区）三级政府目标函数的一致性和耦合质量。

在本项研究中，我们集中考察所选案例在"十一五""十二五"两个五年规划时期的目标函数耦合模式，每个五年规划时期的目标函数耦合质量各赋50 分，共计 100 分。其在两个五年规划时期的目标函数耦合得分和再乘以目标函数在法治动力指数中的权重（12.5%），即是该案例目标函数的最后得分。

2. 余杭区的政府目标函数及目标函数耦合

（1）余杭区、杭州市、浙江省第十一个五年规划的目标函数及耦合

通过查阅余杭区的中长期发展规划，我们发现，在 2005 年 11 月中共杭州市余杭区委《关于制定余杭区国民经济和社会发展第十一个五年规划（2006—2010 年）的建议》中，即已明确提出了努力在创强争优中建设经济强区、生态城区、文化名区、法治城区的目标，要以建设"法治城区"为

载体，发展社会主义民主政治，加快依法治区进程，促进社会生活的民主化、法制化。在 2006 年 3 月发布的《杭州市余杭区国民经济和社会发展第十一个五年（2006—2010 年）规划纲要》中，提出了"努力在创强争优中建设经济强区、生态城区、文化名区、法治余杭，加快全面建设小康社会、率先基本实现现代化步伐"的总体要求，从经济（增强竞争能力，建设经济强区）、生态（发展循环经济，建设生态城区）、文化（发展社会事业，建设文化名区）、法治（构建和谐社会，建设法治余杭）四大方面明确了 2006—2010 年"十一五"期间余杭区委、区政府的奋斗目标与实现途径。更为重要的是，在"规划纲要"第六部分，就如何"构建和谐社会，建设法治余杭"进行了专门规划，提出"到 2010 年，基本实现政治生活、经济生活和社会生活的法治化，建成有法必依、执法必严、违法必究的全面协调、可持续发展的法治余杭"的法治建设目标，并明确了"法治余杭"的具体要求，"以建设法治化政府和维护司法公正为重点，以规范公共权力和保障公民权利为核心，以加强党的领导为保证，切实做到有法必依、执法必严、违法必究，努力提高我区经济、政治、文化和社会各个领域的法治化水平"。另外，2006 年 2 月 23 日，余杭区委还出台了《中共杭州市余杭区委关于建设法治余杭的意见》更是彰显时任区委领导的眼光。

因此，"十一五"规划期间，余杭的政府法治目标函数可以表示为 C1。

在《杭州市国民经济和社会发展第十一个五年规划纲要》中，"社会管理"作为"规划纲要"的第一目标层次，其具体的建设目标是："社会管理明显加强。社会主义民主政治建设进一步推进，法制不断健全完善，精神文明和政治文明跨上新台阶，社会治安和公共安全进一步改善，公共危机应急处理机制较为健全，社会秩序良好，人民安居乐业。力争成为法治程度高、社会秩序好的'和谐杭州'。"在"规划纲要"第十部分"坚持以人为本构建和谐社会"中，进一步提出要"坚持依法治国方略，加快法治杭州建设，努力创造安定有序的社会环境"。此外，在 2006 年 5 月 29 日，杭州市委出台了《中共杭州市委关于建设"法治杭州"的决定》。因此，"十一五"规划期间，杭州市政府的法治目标函数可以表示为 B1。

在《浙江省国民经济和社会发展第十一个五年规划纲要》中，"依法治省"独立作为浙江经济社会发展第一层次的目标，其具体目标是："依法治省得到明显加强。'法治浙江'建设成效显著，政府职能全面履行，政府决策的科学化、民主化水平进一步提高，公共服务型政府建设积极推进；经济社会生活的法制环境不断改善，基层民主更加健全，人民群众的政治、经济和文化权益得到切实尊重和保障，社会秩序良好，人民安居乐业。"
"法治浙江"被明确列为浙江省"十一五"规划的第一层次目标，以及
2006年4月25日，浙江省委第十一届十次全体会议通过并正式公布的《中
共浙江省委关于建设"法治浙江"的决定》，这完全体现了时任浙江省委对
法治建设意义的深刻认识和对法治建设的高度责任感与使命感。因此，"十
一五"规划期间，浙江省政府的法治目标函数可以表示为 A1。

　　由此可见，在"十一五"期间，余杭区、杭州市、浙江省的同期发展
规划都把"法治建设"列为第一层次的发展目标。因此在法治建设方面，
省、市、区三级政府的目标函数属于"A1B1C1"（或111）的耦合模式，这
种耦合是高度优质耦合，是非常令人满意的最佳偶合模式。所以，"十一
五"期间，余杭的目标函数得分为（1×1×1）×50＝50分。

　　（2）余杭区、杭州市、浙江省第十二个五年规划的目标函数及耦合

　　在2011年3月发布的《余杭区国民经济和社会发展第十二个五年规划
纲要》中，提出了"城市化引领、产业强区、人才兴区、文化名区、环境
立区、民主民生"六大发展战略，其中在"民主民生"这一发展战略规划
中，明确强调要"深入推进法治余杭建设"，并且在"规划纲要"第十部分
"创新体制机制，增强发展活力"中，明确提出要"创新政府管理方式，建
设法治政府"。但是不同于余杭区"十一五"规划的是，在余杭区"十二
五"规划中，并没有把法治余杭独立作为第一层级的发展目标。不过，在
余杭区委、区政府于2011年9月8日发布的《"法治余杭"（依法治区、普
法教育）2011—2015年规划》中，却又明确指出，要充分发挥法治的规范、
引导和保障作用，并提出了"基本实现区域法治化"的总体目标。所以，
"十二五"期间，余杭区的政府法治目标函数可以表示为 C2。

　　而在《杭州市十二五规划纲要》中，也只是在第九章"加强社会建设"
的第五节"完善社会管理体系"的第5小节"加强民主法制建设"中提出，
要"实施'民主民生'战略，加强'法治杭州'建设"，却并没有把法治
杭州或法治政府的建设独立作为第一层次的发展目标。所以，"十二五"期
间，杭州市的政府法治目标函数可以表示为 B2。

　　同样，在《浙江省国民经济和社会发展第十二个五年规划纲要》中，
也没有像浙江省"十一五"规划纲要那样，把"依法治省"或"法治浙
江"独立作为浙江经济社会发展第一层次的目标，而只是在规划纲要第十
部分"加强社会建设"中，提出要打造"平安浙江"和"法治浙江"，并
在第十一部分"加快改革攻坚步伐"的第三小节"加快政府职能转变"中，

提出要"加快法治政府建设"。所以,"十二五"期间,浙江省政府的法治目标函数可以表示为 A2。

所以,总体看来,在整个"十二五"期间,无论是余杭区、杭州市还是浙江省,都没有把法治政府列为第一层次的目标函数,在省、市、区(县)三个层级,法治政府或区域法治的建设都有所松懈,其目标函数耦合模式为 A2B2C2 或"222"模式,其得分为 $(0.8 \times 0.8 \times 0.8) \times 50 = 0.512 \times 50 = 25.6$ 分。这与"十一五"期间浙江省、杭州市和余杭区上下同心,全力建设区域法治或法治政府形成了较大的反差。这也是余杭区区域法治或法治政府建设虽然起步早,但法治建设绩效不如深圳宝安区的一个非常重要的原因。

当然,在 2016 年 3 月发布的《杭州市余杭区国民经济和社会发展第十三个五年规划纲要》中,把"区域治理体系更加完善"独立作为第一层次的发展目标,提出"法治余杭建设全面深化",并提出到 2020 年,基本实现全区经济、政治、文化、社会和生态文明建设的法治化的目标,同时在第十部分"强化社会法治建设,再上平安余杭新台阶"和第十一部分"深化体制机制改革,激发区域发展新活力"中,进一步详细具体地对法治余杭和法治政府建设进行了谋划。而更加令人振奋的是,余杭区委、区政府还把《余杭区"十三五"法治余杭(依法治区、普法教育)规划》纳入了余杭区"十三五"国民经济和社会发展的第二批共 12 项专项规划,同时还纳入余杭区中长期发展战略规划(2015—2030)之中。在 2016 年 9 月 30 日发布的《余杭区"十三五"法治余杭(依法治区、普法教育)规划》中,明确到 2020 年基本建成公权力运行规范、执纪严肃有力、执法严格规范、司法公正权威、法治氛围良好、社会和谐稳定的法治余杭,确保在深化法治建设进程中继续发挥龙头领跑作用,在全面落实法治建设工作任务中做到"全市、全省示范和全国前列"的总体目标。规划还确立了八个主攻方向:从"提高依法执政能力、提高依法行政水平、规范司法权力运行、依法加强社会建设、构建公平诚信环境、深化平安建设成果、规范权力有序运行和创新普法宣传教育"等八个方面细化了 36 项目标任务,主要内容包括"健全完善党委、政府决策机制,落实问责制度,严格规范行政执法和全面落实政务公开,强化基层民主法治建设,加强生态文明法治建设,深化多领域依法治理,全面推广法务前置经验和完善法律服务体系和培育地域特色法治文化品牌"等。综上所述,我们相信,在"十三五"期间,余杭区又将回到"十一五"期间那种高度重视区域法治建设的状态。

总之,从余杭区"十一五""十二五""十三五"前后三个五年发展规划来看，十余年来，余杭区委、区政府总体上一直较为重视区域法治和法治政府建设，一直把建设法治政府、建成法治余杭作为区政府的重要工作内容和中长期发展目标，这也正是余杭法治建设绩效一直高居全国前列的根本原因。另外，中国的行政管理体制决定着地方发展的最优目标函数，是那种既能体现本级政府的实际情况，又能实现上级政府尤其是其直接隶属的上一级政府要求的目标函数。余杭区、杭州市和浙江省三级政府在法治建设方面目标函数的基本耦合，也为余杭区的法治建设提供了强大的体制动力。

因此，"十一五""十二五"期间，余杭区的法治目标函数最终得分为 $(1 \times 1 \times 1 \times 50 + 0.8 \times 0.8 \times 0.8 \times 50) \times 0.125 = 9.45$ 分。

二 余杭区的政府绩效机制

我们立足于依法行政或法治政府建设在政府绩效考核体系中的权重，力求相对客观地衡量政府绩效机制对各地区法治政府建设的推动作用。在地方政府的绩效考核中，一般会根据考核对象（比如镇街、县直单位或园区）的不同性质而赋予依法行政以不同的权重，因此在计算时相对科学合理的做法就是取权重的平均值，从而得出其法治政府绩效动力基数；如果在一个地方的政府绩效考核体系中，没有单设法治政府建设或依法行政这项一级指标，而是将其内容作为二级指标分散在其他一级指标当中进行考核，则赋予其 1 分的权重来计算其法治政府绩效动力基数；如果在绩效指标体系中没有把依法行政或法治政府建设的相关内容纳入，则按权重为 0 计算。再根据这一基数在 6 个案例法治政府绩效动力基数中占最高基数得分的比例，乘以 12.5 的权重，即为其最后的法治政府绩效指数得分。假定 X 为案例甲的绩效基数得分，H 为 6 个案例中最高绩效动力基数得分（在本研究 6 个案例中，宝安的绩效动力基数 9 分为最高分），那么案例甲的法治政府绩效动力指数为：$X/H \times 12.5$。

《余杭区"十三五"法治余杭（依法治区、普法教育）规划》提出，在"十三五"期间，余杭区将继续通过第三方评估出台年度法治指数，强化法治指数在法治余杭建设中的关键作用，科学运用考核结果，有效发挥整改作用。继续严格按照量化考核评估体系实施年度法治考核，把法治余杭建设和普法依法治理工作成效纳入镇、街和部门的年终绩效考核。同时落实奖惩机制，对绩效考核结果进行定级排序，并将考核情况作为领导干部提拔使用和绩效奖金的重要依据。

　　在余杭区 2016 年对区直单位常规工作目标内容的考核方面，其中第 4 项一级指标"社会治理及法治建设"下设的 4 项二级指标，都与法治政府建设紧密相关，权重为 10 分。根据余杭区司法局陈科长的说法，为了进一步推动法治余杭的建设，余杭区采取倒扣分制的做法，并且不设二级指标的扣分上限，而是打通"社会治理及法治建设"的各个二级指标，其中任何一项二级指标都可以扣满 10 分（见表 3 - 8）。

表 3 - 8　余杭区直机关常规工作绩效考核指标

考核名称		参考分值	考核部门
机关制度建设	机关制度建设	10	区委办、区府办、区信息中心、区机关事务服务中心、区财政局、区统计局
	机关公共机构节能减排		
	财政资金、工作管理		
组织与队伍建设		9	区委组织部牵头、区直机关党工委、人社局参与
反腐倡廉与效能建设		9	区纪委（区监察局）牵头、区行政服务中心参与
社会治理及法治建设	社会治理工作	10	区委政法委
	信访工作		区信访局
	法治余杭建设、普法依法治理		区司法局
	落实行政执法责任制		区人大常委会法制内司工委、区法制办
人大议案（建议）政协提案办理	人大代表议案（建议）办理	1	区人大办及各工委
	政协提案办理	1	区政协办及各专委会
……	……	……	……

　　此外，余杭区还有专门针对镇、街的政府绩效考核指标体系。在这个满分为 1000 分的指标体系中，经济社会指标 400 分，党建 300 分（其中党建 + 治理占 167 分），重点工作 230 分，评价工作（区级领导考评和镇街代表评价）70 分，这套指标体系还包括一些加扣分项目，行政败诉也纳入了加扣分项目之中。虽然在针对区直机关的绩效考核指标体系中，法治建设占据极高权重，不过，在对镇、街的绩效考核指标体系中，法治建设的权重却并不高。它只是作为一个三级指标在满分 1000 分中占据 8 分。表 3 - 9 是余杭区委、区政府对镇、街进行绩效考核时"党建 + 治理"（共计 167 分）这项二级指标的构成明细情况。

表3-9 余杭区镇、街常规工作绩效考核指标

党建＋治理（服务保障 G20 社会治理）（167分）			
平安建设（含社会治安、平安创建、流动人口服务管理、110社会应急救助联动）	50	区委政法办、区流口办、区应急办	社会治安和平安创建45分，流动人口服务管理3分，110社会应急救助2分
信访工作（含越级上访量、信访重复率）	20	区信访局	
法治余杭及依法行政	8	区司法局、区法制办	法治余杭4分 依法行政4分
社会治理（含安全管理16分，城市管理10分，市场管理8分，生态治理15分）	49	区安监局、城管局、市场监管局、环保局	
综合环境整治大会战	40	区大会战办公室	

因此，在对镇街的考核体系中，法治余杭及依法行政所占权重为8‰，也就是0.8%。基于上述情况，余杭的法治政府绩效动力基数为（10＋0.8）÷2＝5.4；法治政府绩效动力指数为：（5.4/9）×12.5＝7.5分。

另外，余杭区还自2007年开始出台法治余杭量化评估体系，2007年余杭法治指数为71.6分。法治余杭指数委托第三方进行评估，司法局只负责提供基础数据，并且成立内部评审组的专家库，打分较为客观；在对各级各部门进行评估时，还需要列出扣分理由，由法治余杭建设办公室对扣分理由进行归类整改，并提出交办单。出台余杭法治指数与纯粹考核不同，法治余杭的评估是一种自发的自查行为。其目的是要通过法治指数进行体检，查找和发现问题，使余杭区各级各部门关注、反省失去的28.4%。2009年9月9日，余杭区司法局还出台了《余杭区委关于运用法治指数推进"法治余杭"建设的实施意见》，进一步明确要求各级各部门要根据区委法建办的交办建设，制定切实可行的整改方案，限期完成整改任务。

法治余杭指标体系既具有评估功能，还具有考核两大功能，法治余杭考核结果也要纳入单位年底目标考核；为了确保考核的权威性和真实性，由不同部门分担考核责任，对镇街的考核实行现场考核汇报打分，并依据原始资料进行印证检查。这样看来，法治余杭的考核指标体系，就实现了一个考核结果，收到评估与考核两种应用之目的。

总之，余杭的政府绩效考核指标体系和法治余杭指标体系为余杭的法治建设提供了源源不断的强大动力和压力，为法治余杭做出了重要贡献。

三　余杭区的行政问责机制

一个部门或一级政府是否出台并执行专门的、总体性的、一般性的行政问责制度，在一定意义上说明了该部门或该级政府是否真的愿意出实招、出狠招来严格规范政府行为，并对违反法治原则的政府行为责任人及时有效地予以惩罚，也反映了他们是否具有大力推动依法行政和法治政府建设的强大内在动力。因此，如果某一案例的县区政府制定了专门的、总体性的、一般性的行政问责制度或办法，我们就赋予其12.5分的得分；如果在某一案例中，所在县区政府没有制定专门的、一般性和总体性的行政问责制度或办法，而是问责条款散见于其政府部门为规范某一领域或某一方面政府行为的专属领域的专项规章制度中，则视这种散见于专项规章制度的问责条款的数量情况赋予6—8分的得分；最后，若是在某一案例中，既没有专门的、一般性和总体性的行政问责制度，在专项规章制度中也不见相关问责条款，则赋予其2—4分的得分。

早在1998年12月10日，余杭区就出台了《余杭区行政执法错案责任追究办法》；2005年6月16日，根据《关于在余杭区、拱墅区、临安市开展行政执法责任制试点工作的通知》，余杭区人民政府即制定并印发《杭州市余杭区进一步深化行政执法责任制工作方案》，而这份文件的出台甚至早于2005年7月9日出台的《国务院办公厅关于推行行政执法责任制的若干意见》近1个月。

在2006年8月31日，余杭区就开始试行《余杭区人民政府行政问责制办法（试行）》（余政发〔2006〕121号），对行政问责的主体，行政问责的范围和内容，行政问责的程序、方法和责任追究做出了较为明确的规定。其中，行政问责的范围和内容，既涉及行政问责对象本身，比如重大决策事项不按规定的程序和议事规则进行决策，社会涉及面广与人民群众利益密切相关的决策事项不按照规定进行公示、组织咨询论证、听证会或者可行性论证的，都应追究其行政责任；又涉及和行政问责对象所管部门或所管工作范围内出现的情形：比如在实施行政强制措施过程中，无法定依据采取行政强制措施。具体言之，该办法规定以下内容均要问责：全局观念和组织观念差、未完成任务、超越权限或未按照规定程序进行决策、不认真履行法定职责、瞒报谎报迟报信息、不按制度和程序办事、采取行政措施不当或违法引发群体性事件或造成严重后果、领导干部廉洁自律各项规定落实不力、违反机关效能建设规定等各方面情况。从行政问责的范围来看，该办法覆盖到了整个行政过程和全部方面，完全反映了时任区委、区政府领导实行行政问责制以及建设法治政府的强大决心与动力。

2006 年 11 月 13 日，余杭区还颁行《余杭区依法行政工作考核办法（试行）》，要求各级各部门按照权责一致的要求，明确和落实执法部门或执法机构的执法责任，并且建立行政执法评议考核机制、执法过错责任追究制和行政执法奖励机制。

2007 年 10 月 1 日，《余杭区行政执法责任制办法》正式开始实施，要求各行政执法部门根据梳理的执法依据、职能和职权分解情况，以及执法责任、评议考核、责任追究等内容，制订行政执法责任制实施方案，并报区政府审核后组织实施。该办法还要求各执法部门制定行政执法资格制度，行政执法检查制度，法定执法程序制度，行政执法公示、审核、听证制度，行政执法案卷评查制度，行政执法投诉、举报和回访制度，行政执法备案制度，行政执法统计报告制度，行政执法评议考核制度。更为重要的是，该办法还就行政执法责任的追究范围，执法责任的划分与承担，行政执法责任的追究方式，行政执法责任追究的程序，以及行政执法责任追究案件的调查和作出责任追究决定的期限等进行了明确、详细、具体的规定。

而在《"法治余杭"（依法治区、普法教育）2011—2015 年规划》中，更是明确要严格执行行政执法责任制，实行行政首长问责制，完善行政执法过错责任追究联席会议制度，依法追究行政败诉案件和行政复议纠错案件责任人的责任；建立行政执法绩效评估、奖惩机制，等等。

总之，这些制度和办法为促进余杭区各执法部门规范自身执法行为，加强依法行政发挥了重要作用，也充分体现了余杭区政府建设法治政府的强大内在动力。

由此可以看出，余杭既出台过专门的一般性和总体性的行政问责制度（比如《余杭区人民政府行政问责制办法（试行）》），又有其他专属领域的专项规章制度（比如《余杭区行政执法错案责任追究办法》）。基于这些情况，在行政问责机制方面，我们赋予余杭 12.5 分。

四　余杭区的公民参与机制

建立起健全和行之有效的公民参与机制，是广大公民充分参与到政府过程、监督约束地方政府从而推动地方法治政府建设的关键所在。如果一个地方政府没有建立起健全有效的公民参与机制，那么在政策决策、政策执行和事后监督的过程中，广大公民是很难发挥实质性的参与和监督作用的。因此，公民参与机制的是否建立与健全，在一定程度上能折射出地方政府的法治动力程度。

因此，如果某一案例的县区政府制定了专门的、总体性的、一般性的公民有效参与政府过程的制度或办法，我们就赋予其12.5分的得分；如果在某一案例中，所在县区政府没有制定专门的、一般性和总体性的公民参与政府过程的制度或办法，而是公民参与条款散见于其政府部门为规范某一领域或某一环节政府行为（比如政府决策）的专属领域的专项规章制度中，则视这种散见于专项规章制度的公民参与条款的数量情况赋予6—8分的得分；最后，若是在某一案例中，既没有专门的、一般性和总体性的公民参与制度，在涉及整个政府过程的专项规章制度中也不见相关公民参与条款，则赋予其2—4分的得分。

余杭区有很多带有政策创新性质的机制或平台，使广大公民参与到法治余杭的建设中来。第一，正如余杭法建办陈建六科长指出的，在法治余杭指数的评估过程中，通过9份群众满意度问卷调查，自然而然就把居民整合到法治余杭的建设中来。时任余杭区委书记朱金坤也曾在媒体采访中介绍道，通过种种措施"让更多的老百姓参与到法治指数的评审中来，进一步提高普通群众的评估系数，加大群众评价的权重，让法治指数科学反映法治真实水平"。[1] 另外，余杭区还聘请来自企业、社区、村、学校等层面的20名法治建设监督员，定期对镇乡、街道的法治建设工作进行监督、评议，推动法治建设深入发展；在构建城乡统筹法律服务平台方面，推进"一村（社区）一法律顾问"工作，村民有了家门口的"专属律师"，以政府购买服务的方式使基层群众享受到优质的法律服务；组织开展法治建设"一镇一品""一村一品"工作。[2]

第二，"星级创建"加快法律进村（社）步伐，进一步健全村民评议村干部工资制度、重大项目建设村民旁听制度、民情恳谈会制度、村级财务预决算制度，村财务报销双签制度，村干部海推直选制度，确保村民有知情权、参与权和评议权。在2007年上半年时，即有155个村、42个社区被

---

① 朱金坤：《运用量化考评提升社会管理科学化水平——杭州余杭区法治指数的应用与实践》，2011年8月8日《中国经济时报》，转引自钱弘道主编《中国法治增长点——学者和官员畅谈录》，中国社会科学出版社，2012，第141页。

② 姜军：《余杭区完善五大体系，生动推进法治建设》，钱弘道主编《中国法治增长点——学者和官员畅谈录》，中国社会科学出版社，2012，第272、276页。

评为三星级"民主法治村（社区）"；评为四星级的有 26 个村和 11 个社区；有 1 个村被评为五星级村。径山镇小古城村被评为"全国民主法治示范村"。① 2012 年 5 月 29 日，浙江省委办公厅、浙江省人民政府办公厅印发《关于深入推进"民主法治村（社区）"创建进一步加强和创新基层民主法治建设的意见》；2013 年，临东街道推出《临平、东湖街道 2013 年度"民主法治社区"创建工作计划》，这些都充分说明无论是上自浙江省委省政府，下到临东街道，都把"民主法治社区"的创建活动当成一个推进公民积极参与地方法治建设的重要平台。比如，为了加强依法执政，2013 年临纪工委就出台了关于开展临东街道"公述民评"活动的实施意见。据临平、东湖街道司法所方英武老师介绍说：经济发展后老百姓对法律有更高的需求，法治也自然就更有市场。为此，临东街道一是通过召开民主协商议事会来听取各方意见，完善依法决策、民主决策，提升依法行政的能力。二是建立微信群，将街道干部、社区干部和热心群众都吸收到微信群中，并用微信公众号的形式完成社会治理信息收集、工作分流处置、情况反馈等，实现让群众参与，使群众满意的效果；尤其是在《临平、东湖街道法治建设（依法治街、普法教育）2011—2015 年规划》实施期间，大力健全了以民意听证、民情恳谈、民主评议等为内容的决策议事制度，推广社区事务"五议两公开"工作方法。

总之，余杭区的公众参与机制，使广大人民群众充分高效地参与到了地方法治的建设事业中来，为余杭法治政府建设提供了源源不竭的内在动力。但是，余杭的公民参与机制并非专门的、总体性的、一般性的公民有效参与政府过程的制度或办法，而且公民参与机制也是侧重于促进公民的自治性参与，公民对政府过程的实际参与度并不算高。因此，在公民参与机制方面，我们赋予余杭 6 分。

---

① 戚建国：《提高全民法律素质，着力建设"品质余杭"》，2007 年 7 月 31 日法制日报署名文章，转引自钱弘道主编《中国法治增长点——学者和官员畅谈录》，中国社会科学出版社，2012，第 285 页。

第四章　金牛区法治政府建设的资本与动力

第一节　金牛区区情及其法治政府建设绩效

一　金牛基本区情

与余杭区和宝安区地处城市郊区不同，金牛地处成都市的中心城区。全区总面积 108 平方公里，总人口 120 余万，是国家可持续发展先进示范区，也是成都市主城区中人口最多、商贸最繁荣、经济最活跃的中心城区，经济总量连续 20 年位居成都市各区（市）县第一。

2015 年，金牛区地区生产总值 875.4 亿元，按可比价计算，比上年增长 6.5%，其中第一产业增加值 0.09 亿元，比上年下降 26.8%；第二产业增加值 194.37 亿元，比上年增长 3.1%；第三产业增加值 680.91 亿元，比上年增长 7.7%。三次产业比重为 0.01∶22.20∶77.79。全年全口径财政总收入 156.32 亿元，比上年增长 15.2%，地方财政收入 81.59 亿元，比上年增长 26.0%，地方公共财政收入 50.89 亿元，比上年增长 5.8%，地方公共财政支出 66.13 亿元，比上年增长 17.0%。社会消费品零售总额 679.24 亿元，比上年增长 10.7%。城镇居民人均可支配收入 3.4 万元，比上年增长 7.8%。[①]

金牛区还有驰名全国的荷花池综合市场、中国西部灯具第一城、西部最大的五金机电交易基地。金牛正努力打造以现代商贸、科技服务、商务服务和新型房地产为支撑，以轨道交通、电子信息、医药健康、文化创意、都市旅游为特色的现代产业体系。

金牛历史悠久、交通便捷，历来是"商家必争之地"。北宋初年，这里就商贾云集，诞生了世界上最早的纸制货币"交子"。如今，"交子故里"在传承着"首创、诚信、人本、包容"的金牛交子精神。

[①] http://www.cdjndfz.com/new/78/240，最后访问日期：2017 年 2 月 10 日。

2012 年 2 月 10 日，金牛区被评为 2011 年度四川省依法行政示范区，是成都市唯一当选的区（市）县；① 2013 年，金牛区政府被授予成都市行政复议规范化建设示范单位。

二　金牛区的法治政府建设绩效

2016 年 6 月 27 日至 7 月 2 日，本课题组在金牛区政务服务中心和当地一些企业发放问卷（见表 4 - 1、表 4 - 2），对金牛区的法治政府建设绩效进行评估。经统计，金牛区的七项一级指标得分分别为：政府职能为 69.8分，政府制定规范性文件为 58.1 分，政府行政决策为 61.8 分，政府行政执法为 65.2 分，政府信息公开为 71.8 分，行政监督为 63.8 分，而社会矛盾化解为 62.7 分。经过加权处理后，金牛区法治政府建设绩效的最后得分为64.792 分。

表 4 - 1　金牛居民调查问卷资料整理 1（个人情况）

	A	B	C	D	E	F
居住时间	18 （不到 2 年）	10 （2 - 5 年）	13 （5 年以上）			
学历	8 （高中以下）	22 （大学专科）	11 （大学本科）	0 （研究生）		
年龄	11 （25 岁以下）	22 （25 - 35）	4 （36 - 45）	2 （45 岁以上）		
职业	0 （公务员）	0 （事业单位）	13 （个体经营）	22 （企业职工）	0 （大学生）	6 （其他）

注：n = 66，有效问卷 60 份。表中各项人数之和与问卷发放总人数不一致，是因为有些受访者没有填写此项内容。

我们发现，在法治政府建设的七个领域，金牛区在政府信息公开上的得分最高，这与我们定期登录金牛区政府门户网站的发现是较为一致的。该门户网站公开的信息内容齐全，更新及时，包括法规公文、政府常务会议、通知公告、人事招考、采购招标、规划计划、统计信息、重点领域公开、"五公开专栏"（决策、执行、管理、服务、结果公开）、数据开放、应

---

① 四川省依法行政示范县（市、区）乡（镇）评选活动是省政府深入推进依法行政的重要举措，由省依法行政领导小组组织实施，在全省范围内，评选出 2011 年度 10 个依法行政示范县（市、区）和 10 个依法行政示范乡（镇），通过评选充分发挥先进单位在全省推进依法行政、建设法治政府中的示范和引领作用。

急管理、监督保障机制等版块，其中政府常务会议内容公开的做法在政府门户网站中是不多见的。此外，金牛区在政府职能和政府公共服务方面，获得的评价也较好，在法治政府建设的七个领域中得分排名第二。通过研究其产业结构（三次产业比重 0.01∶22.20∶77.79），我们会发现，金牛区作为国家中心城市成都市的一个中心城区，其服务业是本项研究所有案例占比最高的地区，达到了惊人的 77.79%，而服务业的生存与发展取决于政府职能的定位转变和政府公共服务的质量，二者是一种相互促进相互推动的良性关系。因此，金牛区的政府职能和政府公共服务获得当地居民的较高评价绝非偶然，大大得益于其特殊的经济结构。当然，金牛区在政府制定规范性文件和政府行政决策方面的评价并不太令人满意，其得分分别为58.1分61.8分。这也间接说明，在涉及当地的重要制度与大政方针的出台等方面，金牛区并没能充分发挥当地广大公民的参与作用，而公民参与的不足亦可从该区缺乏成熟的公民参与机制得到印证和解释。①

表4-2　金牛居民调查问卷资料整理2（第1-8份问卷）

题号	A（按20分算）	B（按16分算）	C（按12分算）	D（按8分算）	E（按10分算）	每题得分
1	0.05	0.45	0.5			14.2
2	0.05	0.75	0.15		0.05	15.3
3	0.05	0.5	0.4	0.05		14.2
4	0.05	0.3	0.15	0.2	0.3	12.2
5	0.1	0.45	0.15	0.05	0.25	13.9
Σ						69.8
题号	A（按20分算）	B（按16分算）	C（按12分算）	D（按8分算）	E（按10分算）	每题得分
6	0.1	0.25	0.25	0.05	0.35	12.9
7	0.1	0.05	0.2	0.2	0.45	11.3
8		0.05	0.4	0.25	0.3	10.6

① 在第九份问卷"居民对地方政策的参与、认知与评价"中，在第37题"地方政府在制定政策时，会通过各种途径广泛征求当地居民的意见吗?"和第38题"当地党委、政府制定地方发展战略与政策决策时，地通过某种途径提出建议或表明看法，以影响他们的政策决策吗?"，金牛区的得分分别为5.4分和5.2分（满分10分）。这从另一角度再次强有力地证明，金牛区在法治政府建设中，并没能充分发挥广大公民的积极参与作用，并且充分说明，公民参与机制的健全与否将对法治政府建设成效产生重大影响。

续表

题号	A（按 20 分算）	B（按 16 分算）	C（按 12 分算）	D（按 8 分算）	E（按 10 分算）	每题得分
9		0.1	0.2	0.25	0.45	10.5
10	0.05	0.3	0.3	0.05	0.3	12.8
Σ						58.1
题号	A（按 20 分算）	B（按 16 分算）	C（按 12 分算）	D（按 8 分算）	E（按 10 分算）	每题得分
11	0.15	0.3	0.3		0.25	13.9
12	0.05	0.1	0.35	0.2	0.3	11.4
13		0.1	0.5	0.2	0.2	11.2
14	0.15	0.15	0.1	0.3	0.3	12
15	0.05	0.35	0.35		0.25	13.3
Σ						61.8
题号	A（按 20 分算）	B（按 16 分算）	C（按 12 分算）	D（按 8 分算）	E（按 10 分算）	每题得分
16	0.1	0.5	0.25	0.05	0.1	14.4
17	0.1	0.35	0.35	0.15	0.05	13.5
18	0.05	0.4	0.25	0.2	0.1	13
19	0.05	0.2	0.35	0.35	0.05	11.7
20	0.05	0.25	0.45	0.15	0.1	12.6
Σ						65.2
题号	A（按 20 分算）	B（按 16 分算）	C（按 12 分算）	D（按 8 分算）	E（按 10 分算）	每题得分
21	0.1	0.55	0.3		0.05	14.9
22	0.05	0.35	0.3		0.3	13.2
23	0.1	0.55	0.2		0.15	14.7
24	0.1	0.6	0.2	0.05	0.05	14.9
25	0.05	0.6	0.1	0.1	0.15	14.1
Σ						71.8
题号	A（按 20 分算）	B（按 16 分算）	C（按 12 分算）	D（按 8 分算）	E（按 10 分算）	每题得分
26		0.45	0.2	0.1	0.25	12.9
27	0.1	0.25	0.25	0.3	0.1	12.4
28	0.05	0.35	0.25	0.1	0.25	12.9

续表

题号	A（按 20 分算）	B（按 16 分算）	C（按 12 分算）	D（按 8 分算）	E（按 10 分算）	每题得分
29	0.15	0.25	0.05	0.35	0.2	12.4
30	0.1	0.3	0.3	0.1	0.2	13.2
Σ						63.8

题号	A（按 20 分算）	B（按 16 分算）	C（按 12 分算）	D（按 8 分算）	E（按 10 分算）	每题得分
31	0.05	0.45	0.05		0.45	13.3
32		0.2	0.3	0.05	0.45	11.7
33		0.05	0.2	0.65	0.1	9.4
34	0.3	0.25	0.15		0.3	14.8
35	0.05	0.45	0.25	0.1	0.15	13.5
Σ						62.7

注：n = 66，有效问卷 60 份。表中 A、B、C、D、E 各列对应的数字意为以小数形式表达的选择该项人数的实际百分比。问卷中个别未填的选项，按"不知道"进行统计。金牛第 186 题的得分（即去掉两个最高分和最低分）后的平均分：7.0 分。金牛法治政府绩效指数最后得分为：$69.8 \times 0.14431 + 58.1 \times 0.14361 + 61.8 \times 0.14594 + 65.2 \times 0.14918 + 71.8 \times 0.14525 + 63.8 \times 0.15003 + 62.7 \times 0.12168 = 64.792$。

总之，与余杭和宝安相比较而言，金牛区的法治政府建设绩效仍然居于中等水平。金牛区法治政府建设成效的中间水平，与其缺乏系统性的法治制度供给是分不开的，金牛区政府在制定规范性文件和政府行政决策方面的欠佳表现降低了其法治政府建设的整体成效和水平。

第二节　金牛区的法治资本

一　政治文化资本

通过问卷调查，我们发现，金牛区居民对当地政府的行政审批（或行政许可）效率与可信任度上，其评价非常高（第 44 题），达到了 9.5 分的高分，这与居民对金牛区政府职能和政府公共服务的满意度评价结果是一致的。而在对政府秉公执法和依法办事上（第 43 题），居民的满意度评价也较高，得分为 8 分。在政府决策的质量（第 41 题和第 42 题）方面，金牛区获得的评价差强人意，分别为 7.4 和 7.05 分。不过在居民对当地公共政策制定施加影响的意愿（第 38 题）和调动居民参与地方政策制定或公民参与机制（第 37 题）上，金牛区得分较低，分别为 5.2 分和 5.4 分。

表 4 - 3　金牛居民调查问卷资料整理 3（第九份问卷）居民对
地方政策的参与、认知与评价

题号	A（10 分计算）	B（8 分计算）	C（6 分计算）	D（4 分计算）	E（5 分计算）	每题得分
36	0.1	0.25	0.55	0.1		6.7
37	0.05	0.05	0.3	0.3	0.3	5.4
38			0.35	0.15	0.5	5.2
39	0.05	0.1	0.55	0.15	0.15	5.95
40	0.1	0.4	0.3	0.05	0.15	6.95
41	0.15	0.5	0.15		0.2	7.4
42	0.1	0.5	0.1	0.05	0.25	7.05
43	0.25	0.5	0.25			8
44	0.85	0.1		0.05		9.5
45	0.15	0.5	0.3		0.05	7.55
Σ						69.7

注：n = 66，有效问卷 60 份。表中 A、B、C、D、E 各列对应的数字意为以小数形式表达的选择该项人数的实际百分比。

总之，金牛区在居民对当地政策的参与、认知与评价方面，总体得分为 69.7 分，这即表明当地居民对地方政策的总体评价居于中等水平。因此，如果将此项折算成法治资本指数，则其得分为 69.7 × 0.125 ≈ 8.713。

二　制度资本

以下是从 1997 年到 2016 年 6 月 30 日，四川省、成都市和金牛区三级人民政府的法治制度供给或法治制度创新情况（项数）：

1. 1997 年中共十五大以来四川省省级法治制度供给
① 2014 年 9 月 29 日，四川省委办公厅印发《四川省依法治省指标体系（试行）（川委办〔2014〕37 号）》；
② 2014 年 6 月 30 日，四川省人民政府印发《关于推进依法治省、加快法治政府建设的意见》（川府发〔2014〕39 号）；
③ 2014 年 6 月 18 日，四川省人民政府办公厅印发《关于进一步规

范与行政审批相关的中介服务的意见》;

④ 2014 年 5 月 26 日，四川省委宣传部、司法厅印发并施行《四川省"法律七进"三年行动纲要（2014—2016 年)》;

⑤ 2014 年 5 月 17 日，四川省人民政府印发，并于 2014 年 7 月 1 日起施行《四川省规范行政执法裁量权规定》;

⑥ 2014 年 5 月 12 日四川省人民政府第 46 次常务会议通过，现予公布，自 2014 年 7 月 1 日起施行《四川省规范行政执法裁量权规定》;

⑦ 2014 年 1 月 27 日，四川省人民政府办公厅印发并施行《四川省行政执法证管理办法》《四川省行政执法监督检查证管理办法》《四川省重大行政处罚行政强制备案规定》;

⑧ 2014 年 1 月 13 日，四川省人民政府办公厅印发《四川省行政权力依法规范公开运行平台建设和使用管理办法（试行)》《四川省行政职权目录动态调整管理办法（试行)》《四川省行政权力依法规范公开运行电子监察管理办法（试行)》;

⑨ 2013 年 12 月 31 日，中共四川省委印发《四川省依法治省纲要》（川委发 [2013] 25 号);

⑩ 2013 年 3 月 9 日，四川省人民政府第 3 次常务会议审议通过并印发《四川省人民政府严格依法行政的规定》;

⑪ 2012 年 5 月 28 日，四川省人民政府办公厅印发《四川省公共资源交易监管过错责任追究办法》;

⑫ 2012 年 5 月 8 日，四川省人民政府办公厅印发《市县政府清理规范行政权力实施意见》; A

⑬ 2011 年 8 月 8 日，四川省人民政府办公厅印发《推行行政权力公开透明运行工作方案》;

⑭ 2010 年 11 月 19 日，四川省人民政府办公厅印发《四川省县级以上人民政府行政复议规范化建设实施方案》; B

⑮ 2010 年 10 月 12 日，四川省人民政府第 68 次常务会议通过，2010 年 12 月 1 日起施行《四川省社会稳定风险评估暂行办法》，规定社会稳定风险评估工作应当坚持法治、民主、科学的原则和"谁主管谁负责、谁决策谁负责"的原则;

⑯ 2010 年 9 月 29 日，四川省人大常委会通过，并于 2010 年 11 月 1 日起施行《四川省行政执法监督条例》;

⑰ 2010 年 6 月 28 日四川省人民政府印发，2010 年 8 月 1 日起施行

《四川省行政规范性文件制定和备案规定》;

⑱ 2010 年 1 月 26 日四川省人民政府印发并施行《四川省全面推进依法行政第二个五年规划》;

⑲ 2009 年 12 月 22 日四川省人民政府第 48 次常务会议通过,2010 年 5 月 1 日起施行《四川省行政审批违法违纪行为责任追究办法》;C

⑳ 2009 年 10 月 29 日,四川省人民政府印发,并于 2010 年 1 月 1 日起施行《四川省行政复议决定履行及督察规定》;D

㉑ 2009 年 8 月 21 日,四川省人民政府办公厅印发并施行《四川省市县政府依法行政评估指标(试行)》;E

㉒ 2009 年 3 月 2 日,四川省人民政府办公厅印发《四川省人民政府办公厅关于创建法治政府示范活动的实施意见》;

㉓ 2004 年 12 月 22 日,四川省人民政府印发《四川省人民政府全面推进依法行政五年规划(2004－2008 年)》(川府发〔2004〕29 号);

㉔ 2004 年 8 月 24 日,四川省人民政府印发并施行《四川省人民政府工作规则》;

㉕ 1998 年 3 月 1 日,四川省人民政府第 3 次常务会议通过《四川省行政执法规定(修订版)》。F

2. 1997 年中共十五大以来成都市市级法治制度供给

① 2014 年 9 月 29 日,成都市人民政府印发,并于 2014 年 11 月 1 日起施行《成都市规范行政执法自由裁量权实施办法》;

② 2014 年 7 月 11 日,成都市人民政府印发并施行《关于深化行政审批制度改革的意见》;

③ 2014 年 6 月 26 日,中共成都市委办公厅印发《成都市全面建立法律顾问制度实施方案》;

④ 2014 年 3 月 28 日,中共成都市委印发《成都市依法治市实施纲要》;

⑤ 2012 年 9 月 26 日,成都市人民政府办公厅印发,并于 2012 年 11 月 1 日起施行《成都市政府规章和行政规范性文件常态化解读机制暂行规定》;

⑥ 2011 年 7 月 18 日,成都市人民政府印发并施行《成都市行政执法案卷评查标准》;

⑦ 2010 年 6 月 24 日,成都市人民政府公布,并于 2010 年 10 月 1 日起施行《成都市规范行政处罚自由裁量权实施办法》;

⑧ 2010 年 2 月，成都市委市政府印发《成都市创建全国法治城市工作方案》；

⑨ 2010 年，成都市人民政府办公厅印发《成都市人民政府办公厅关于实行依法行政公报制度的通知》；

⑩ 2009 年 12 月 31 日，成都市人民政府公布并于 2010 年 2 月 1 日起施行《成都市行政规范性文件管理规定》；

⑪ 2009 年 3 月 12 日，成都市人民政府印发《成都市依法行政第二个五年规划（2009—2013）》；

⑫ 2008 年 11 月 28 日，成都市人民政府公布并施行《成都市行政机关公务员行政过错行为行政处分规定》；A

⑬ 2008 年 11 月 14 日，成都市政府办公厅印发并施行《成都市政府公开审核办法》《成都市政府信息依申请公开办法》《成都市政府信息公开社会监督评议办法（试行）》《成都市违反政务公开规定行为责任追究办法》《成都市政务公开目标考核办法（试行）》；2008 年 10 月 20 日，成都市人民政府印发并施行《成都市公共企事业单位办事公开实施办法（试行）》；2008 年 6 月 25 日，成都市人民政府印发《成都市政府信息公开规定》；B

⑭ 2008 年 10 月 20 日，成都市人民政府印发并施行《成都市公共企事业单位办事公开实施办法（试行）》；

⑮ 2008 年 6 月 25 日，成都市人民政府印发，2008 年 8 月 1 日起施行《成都市政府信息公开规定》；

⑯ 2008 年 6 月 7 日，成都市人民政府第 10 次常务会议讨论通过，2008 年 8 月 1 日起施行《成都市企业登记并联审批办法》；C

⑰ 2007 年 12 月 13 日，成都市人民政府印发并施行《成都市人民政府关于规范行政处罚自由裁量权的实施意见》；D

⑱ 2007 年 9 月 25 日，成都市人民政府印发并施行《成都市各级政府及其部门对外签订合同管理办法》；

⑲ 2005 年 7 月 18 日，成都市人民政府印发，并于 2005 年 9 月 1 日起施行《成都市行政规范性文件制定和备案规定》；

⑳ 2005 年 4 月 27 日，成都市人民政府办公厅印发并施行《关于进一步做好行政应诉和行政复议有关工作的通知》；E

㉑ 2004 年 4 月 13 日，成都市人民政府印发，并于 2004 年 5 月 1 日起施行《成都市重大行政决策事项专家咨询论证办法》；2004 年 3 月

26 日，成都市人民政府印发，并于 2004 年 6 月 1 日起施行《成都市重大行政决策事项公示和听证办法》；F

㉒ 2003 年 9 月 17 日，成都市人民政府印发《成都市人民政府工作规则》；G

㉓ 2003 年 1 月 29 日，成都市人民政府第 93 次常务会议通过，并于 2003 年 2 日起施行《成都市城市管理相对集中行政处罚权暂行办法》。H

3. 1997 年中共十五大以来金牛区区级法治制度供给

① 2016 年 3 月 8 日，金牛区人民政府印发并施行《金牛区重大行政决策程序规定》；

② 2014 年 4 月 16 日，中共金牛区委印发《金牛区依法治区实施纲要》；把整个实施进程划分为全面推进、集中攻坚（2014—2017 年）和巩固完善、深化提升（2018—2020 年）两个阶段；

③ 2013 年 6 月 6 日，金牛区政府印发并施行《成都市金牛区人民政府常务会议事规则》（金牛府发〔2013〕16 号）；A

④ 2011 年 11 月 21 日，中共成都市金牛区委印发，并于 2012 年 1 月 1 日起施行《金牛区领导干部学法用法法律知识考试办法》；

⑤ 2011 年 5 月 10 日，金牛区政府办公室印发并施行《金牛区人民政府法律顾问工作规则》（金牛府办发〔2011〕63 号）；

⑥ 2011 年 5 月 3 日金牛区政府办公室印发并施行《金牛区政府关于对重大行政决策实施合法性审查的有关规定（试行）》（金牛府办发〔2011〕52 号）；

⑦ 2011 年 4 月 28 日金牛区人民政府印发并施行《金牛区综合执法联席会议制度》；B

⑧ 2009 年 9 月 15 日金牛区政府办印发，2009 年 10 月 1 日起施行《金牛区政府、街道办事处、政府部门及区属国有公司对外签订合同管理办法》；2010 年 5 月 13 日，区政府办印发《关于进一步明确区政府对外签订合同有关事项的通知》；

⑨ 2009 年 8 月 19 日，金牛区委、区政府印发《关于构建社会矛盾纠纷"大调解"工作体系的实施意见》（金牛委办发〔2009〕66 号），建立区人民调解指导中心、区行政调解指导中心、区司法调解中心和区信访群众疏导调解中心；各街道建立社会矛盾纠纷调解中心，调解中心主任由街道党工委书记兼任，至少配备 3 名专职工作人员；

⑩ 2009 年 6 月 27 日金牛区政府办印发，2009 年 7 月 1 日起施行《金牛区行政指导监督办法》（金牛府发〔2009〕52 号）；C

⑪ 2008 年 8 月 1 日，金牛区政府印发并施行《金牛区政府信息公开实施细则》；

⑫ 2008 年 3 月 28 日，金牛区法制办出台《关于按季报送重大行政处罚案件情况的通知》；

⑬ 2005—2007 年，金牛区相关执法部门制定了《行政处罚案件办理规程》《规范性文件审核和备案制度》《行政执法责任制度》《行政执法监督制度》《行政处罚过错责任追究制度》《行政复议、行政应诉工作制度》《法制培训和业务学习管理制度》《行政执法文书使用管理制度》；D

⑭ 2005 年 3 月 31 日，金牛区人民政府印发并施行《城市管理工作责任追究制的实施意见》；

⑮ 2004 年 4 月 12 日，金牛区人民政府办公室印发并施行《成都市金牛区重大行政决策事项调研、咨询、公示、听证暂行办法》《成都市金牛区重大行政决策咨询专家管理暂行办法》《成都市金牛区重大行政决策咨询专家库管理办法》；

⑯ 2004 年 4 月 12 日，金牛区人民政府办公室印发并施行《成都市金牛区首问责任制若干规定》；E

⑰ 2004 年，金牛区人民政府办公室印发并施行《金牛区政府信息公开暂行办法》；F

⑱ 2004 年 1 月 1 日，金牛区人民政府印发并施行《成都市金牛区人民政府工作规则》；

⑲ 2003 年 9 月 11 日，金牛区人民政府办公室印发并施行《关于加强政府法律顾问工作的实施意见》。G

因此，金牛区的法治制度资本基数为：$6 \times 30\% + 8 \times 35\% + 7 \times 35\% = 7.05$；法治制度资本指数为：$(7.05/14.7) \times 12.5 \approx 5.995$ 分。

三　人力资本

2016 年 6 月 28 日，我们从与金牛区法制办工作人员的座谈中了解到，在 2009 年 11 月 13 日金牛区发生拆迁户自焚事件之后①，区领导痛定思痛，认识到经由法治方式政府的许多事情也能办成，对于依法处理结果老百姓也能接受。因此，在此事件之后，特殊的经历提高了区政府工作人员的法治意识和法治思维水平，区主要领导也特别重视法治建设。具体体现在以下几方面：第一是健全会前学法制度，2015 年，在区政府常务会上共举行 24 次学法活动，讲授人员既有外请专家教授，也包括区政府部门负责人，人员数量基本各占一半；第二，安排各政府部门旁听相关行政诉讼案件；第三，对政府工作人员采取"请进来"和"走到高校去"的办法，区分领导层和一般执法人员进行分类培训交流，并且根据问题来设计培训内容。总之，这类活动大大提高了区政府工作人员的法治素养和法治水平。

另外，在座谈中我们还了解到，截止到座谈时，成都市只有金牛区的法制办从政府办独立出来，并且规定重大议题需要法制办签字才能上政府常务会；"区领导对法制办的工作也较为满意，觉得这个东西管用就重视、放心；领导特别重视审计和法制办两个部门，重大事项都交由这两大部门先进行评估"。这些情况表明，自 2009 年 11 月 13 日金牛区发生拆迁户自焚事件后，金牛区主要领导的法治意识有了长足的进步，此后金牛区的法治政府建设具备了必要的人力资本。比如，在 2012 年金牛区的政府工作报告中，提出要"以深化依法行政为重点，着力打造'法治政府'"，而在 2013 年的政府工作报告中，更是明确提出要建设法治型政府、服务型政府和廉洁型政府为核心的"三型政府"。

表 4 - 4 金牛区政府公务人员法治思维水平调查（专家问卷 9）

题号	A（20 分计算）	B（10 分计算）	C（0 分计算）	每题得分
36	15	5	0	17.5
37	9	7	4	12.5
38	10	6	4	13
39	13	3	4	14.5
40	11	6	3	14
Σ				71.5

注：n = 20，有效问卷 20 份。

基于这些事实，并且鉴于金牛区毕竟发生过拆迁户自焚事件，因此我

---

① 2009 年 11 月 13 日早晨，在阻止拆迁的过程中，女主人唐福珍"自焚"于楼顶天台。

们赋予金牛区主要领导干部法治思维水平 3 分（讲话得 1 分，政策举措得 2 分）。另外，在金牛区政府普通公务人员法治思维水平调查中其得分为 71.5，折合后得分应为 $71.5 \times 8.5\% \approx 6.078$ 分。综上所述，金牛区的法治人力资本最终得分为 9.078 分。

四　司法资本

在行政诉讼案件方面，金牛区主要有两种做法值得推广：第一，区政府安排有关部门旁听相关行政诉讼案件；第二，在行政诉讼案件中，坚决执行政领导出庭制度。针对相关行政诉讼案件，区政府规定由常务会班子进行研究，一事一定，确定由相关的副区长出庭。因此，在行政领导出庭应诉方面赋予金牛 6.5 分。

2013 年，办理区政府行政应诉案件 2 起，胜诉 2 起。[①] 区法院全年受理各类行政案件 83 件，审结 81 件。对工商认定、土地确权、社会保障等容易引发群体性纠纷的案件，进行强化行政协调，27 件行政案件经协调后撤诉结案，主动延伸审判职能，全年发出司法建议 4 份，促进司法与行政的良性互动。[②]

2014 年，区法院全年审理行政案件 79 件，审结 78 件。审查行政非诉执行案件，在确保合法性的同时，找准行政强制与保护公民权益的平衡点，避免矛盾扩大升级。建立健全预防、化解行政纠纷机制，坚持与行政机关的联席会议制度，及时向行政机关反馈审判工作中发现的行政执法突出问题，促进司法与行政良性互动。[③]

2015 年，关于行政应诉，金牛区全年办理一审应诉案件 9 件，其中复议后应诉 3 件，占案件总数的 1/3；未经复议直接应诉 6 件，占案件总数的 2/3。法院审结的 7 件行政应诉案件中，区政府应诉的案件全部胜诉，其中法院裁定撤诉或按撤诉处理案件 6 件，约占审结案件总数的 85.7%；裁定驳回起诉 1 件，约占审结案件总数的 14.3%。[④]

2015 年，区法院全年受理各类行政案件 154 件，审结 147 件，结案率 95.5%，其中判决维持 2 件、驳回原告诉讼请求 32 件、当事人撤诉 36 件、判决撤销行政行为 2 件。严格执行修改后的行政诉讼法，依法审理行政协议、请

---

① 《金牛年鉴 2014》，第 110 页。
② 《金牛年鉴 2014》，第 132 页。
③ 《金牛年鉴 2015》，第 222 页。
④ 《金牛年鉴 2016》，第 215 页。

求附带审查规范性文件等新类型案件。依法及时裁决涉"曹家巷"片区定点征收非诉执行案件，成为全市国有土地上房屋定点征收并实施"裁执分离"的第一例。完善行政诉讼协调机制，提前介入纠纷调处，立案后不到 15 天就成功化解罗某某征地拆迁纠纷案，推动茶花片区 A 地块拆迁扫尾工作。[①] 据透露，截至 2016 年上半年，全区共发生 11 件行政诉讼案件。

总之，虽然与余杭区编制行政诉讼案件案例汇编的做法不同，但金牛区在行政诉讼案件方面的这些独特做法，充分发挥了行政诉讼案件对于依法行政所应具有的推动与警醒作用，从而成为金牛区推动法治政府建设的司法资本。

不过在访谈中，我们并未了解到金牛区的政府职能部门对域内行政诉讼案件进行分类整理的情况，因此在案件整理方面赋予其 2 分。基于上述情况，金牛区的法治司法资本得分为：6.5 + 2 = 8.5 分。

第三节　金牛区的法治动力

一　金牛区的政府目标函数及目标函数耦合

1. 金牛、成都、四川省第十一个五年规划的目标函数及耦合

在《金牛区国民经济和社会发展第十一个五年规划纲要（2006—2010）》的第二部分"发展目标"中，确立了"全区综合竞争力得到全面提升，把金牛区建设成为城乡互融、经济开放、环境友好、民主文明的'四型'城区"的总体目标，并把"民主法制建设和精神文明建设取得新进展"作为社会进步目标之一；在第七部分"全面发展社会事业，加快建设和谐社会"中，进一步明确了按照"民主法治、公平正义、诚信友爱、充满活力、安定有序、人与自然和谐相处"的要求，"积极推进依法治区，规范司法行为，加强司法监督，促进司法公正，维护司法权威。加强法制宣传教育，做好普法工作，增强全社会的法律意识"，同时在规划纲要第九部分"深化体制改革，扩大对内对外开放"中，明确指出要"加快建设法治政府，全面推进依法行政，规范政府行为"。由是观之，在"十一五"规划期间，金牛区虽然实际上并没有把法治确立为第一层次的目标和中心工作，但法治却成为该区"十一五"期间第二层级的目标，其目标函数记为 C2。

[①] 《金牛年鉴 2016》，第 231 页。

　　2006 年 2 月 18 日成都市第十四届人民代表大会第四次会议批准了《成都市国民经济和社会发展第十一个五年（2006—2010 年）规划纲要》。在规划纲要第三章"发展目标"中，除了在阐述"创业环境不断优化"这一发展目标时提到了"规范化服务型政府建设全面深入推进"之外，我们并没有见到其他与法治直接相关的内容或字眼。不过，在第八篇"推进和谐社会建设"第二十三章"加强社会主义民主政治建设"第二节"加强法制建设"中，规划纲要明确规定"加强地方立法工作，提高立法质量，完善市场交易、市场监管、社会管理、可持续发展等方面的法规和规章。坚持依法行政，规范政府行为，建设法治政府。全面推进依法治市……深化法制宣传教育，做好'五五'普法工作，提高市民法律素质"。由此可见，成都市也并没有把法治作为"十一五"期间全市的一级目标和中心工作，而只是被确定为"推进和谐社会建设"这项中心工作下的"加强社会主义民主政治建设"这个二级目标之下的一项工作内容，即"加强法制建设"。因此，"十一五"期间，成都市的政府法治目标函数可以记为 B3。

　　在 2006 年 1 月 20 日四川省第十届人民代表大会第四次会议通过的《四川省国民经济和社会发展第十一个五年（2006—2010 年）规划纲要》第二章"指导原则"中，提出了要"紧紧围绕建设西部经济强省、西部文化强省和法治四川、和谐四川、开放四川、生态四川的目标"。在第三十二章"深化体制改革"中，又重点阐述了"加快政府职能转变、健全政府决策机制，努力建设责任政府、法治政府和服务政府"等与法治直接相关的内容，并在第四十章"加强民主法制建设"中，提出要"按照建设'法治四川'的总体要求，切实加强民主法制建设，提高依法治省的能力和水平"。由此可见，"法治四川"被确立为四川省"十一五"规划期间的第一层级的发展目标和政府中心工作，其政府法治目标函数可以记为 A1。

　　总之，在"十一五"规划期间，在四川省一级，法治被确立为了全省的第一层级目标；在成都市一级，法治只被定位为第三层级的工作内容；在金牛区一级，法治同样被定位为第二层级的目标和工作内容。所以，"十一五"规划期间，金牛案例的政府法治目标函数耦合模式为"A1B3C2"模式（或 132 模式），得分为：$1 \times 0.6 \times 0.8 \times 50 = 24$ 分。

　　2. 金牛区、成都市、四川省第十二个五年规划的目标函数及耦合

　　在 2011 年 3 月 15 日公布的《金牛区国民经济和社会发展第十二个五年规划纲要（2011—2015）》第二部分"指导思想和发展目标"中，并没有找到与法治建设直接或间接相关的内容，规划纲要只是在第六部分"推进和

谐社会建设"的第五节"加强民主政治和精神文明建设",才在第 2 点"加强法制建设"中提到以下建设法治政府的工作内容:"推行政务公开,建立和完善权责明确、行为规范、监督有效、保障有力的执法体制。建立健全行政执法责任制、过错责任追究制度和评议考核机制。完善公民参与、专家论证和政府决定相结合的行政决策机制,进一步健全规范性文件的制定和备案制度。完善行政决策的监督机制,建立重大决策的评估制度。通过形式多样的普法活动,着力提高全社会崇尚法律、遵守法律的观念和意识。进一步完善司法救助和法律援助制度"。因此,"十二五"规划时期,建设法治政府只是"推进和谐社会建设"这项顶层目标下的"加强民主政治和精神文明建设"这项二级目标的其中一个方面的工作内容,即"加强法制建设"。所以,金牛的政府法治目标函数可以记为 C3。

在 2011 年 4 月 2 日成都市第十五届人民代表大会第四次会议批准的《成都市国民经济和社会发展第十二个五年规划纲要》的第一篇"指导思想和发展目标"中,并没有找到与法治建设直接相关的内容,只是在第六项顶层发展目标"改革开放取得重大突破"中,包含有"统筹城乡发展的行政管理体制、市场经济体制、社会管理体制等重点领域和关键环节改革取得新突破,科学发展的体制机制不断完善"等与法治政府建设间接相关的内容。在规划纲要第六篇"推进和谐社会建设"第五章"加强民主政治建设"第二节"加强法制建设"中,才包含以下与法治政府建设直接相关的工作内容:"加强地方立法工作,提高立法质量,建立健全公众参与的立法机制,加强保障科学发展和涉及广大群众切身利益方面的立法,拓宽广大群众参与立法的方式和渠道,建立健全立法听证会,进一步完善规范性文件的制定和备案制度。推行政务公开,建立和完善权责明确、行为规范、监督有效、保障有力的行政执法体制。建立健全行政执法责任制、过错责任追究制度和评议考核机制。通过形式多样的普法活动,着力提高群众法制意识。进一步完善司法救助和法律援助制度。"因此,"十二五"规划时期,对于成都市而言,"加强法制建设"只是"推进和谐社会建设"这项顶层目标下的"加强民主政治建设"这项二级目标的其中一个方面的工作内容。所以,成都市的政府法治目标函数可以记为 B3。

在 2011 年 1 月 24 日四川省十一届人大四次会议批准的《四川省国民经济和社会发展第十二个五年规划纲要(2011—2015 年)》中,第一篇"指导思想和发展目标"并没有直接提到法治建设,只是在第六项顶层发展目标"改革开放实现新突破"中,提到了"行政管理体制改革加快推进,行政效率进一步提高"等与法治政府建设间接相关的内容。同时，在第七篇"加强社会建设和改善民生"第三十章"推进民主法制建设"第二节"全面强化法制建设"中，明确提出要"全面推进依法行政、建设法治政府，做到执法有保障、有权必有责、用权受监督、违法受追究、侵权须赔偿"。因此，"十二五"规划时期，对于四川省而言，"全面强化法制建设"只是"加强社会建设和改善民生"这一中心工作下的"推进民主法制建设"这项二级目标的其中一个方面的工作内容。不过，在2010年1月26日，四川省人民政府印发了《四川省全面推进依法行政第二个五年规划》（川府发〔2010〕5号），该项规划自2010年1月26日起施行，至2015年1月26日有效，与《四川省国民经济和社会发展第十二个五年规划纲要（2011—2015年）》在时间上基本重合；又鉴于在2014年6月30日，四川省人民政府印发了《关于推进依法治省、加快法治政府建设的意见》（川府发〔2014〕39号），这进一步彰显了四川省政府推进法治政府建设的决心。因此，考虑到以上种种情况，"十二五"规划期间，四川省政府的法治目标函数可以记为A2。

所以，"十二五"规划期间，金牛案例的政府法治目标函数耦合模式为"A2B3C3"模式（或233模式），得分为 $0.8 \times 0.6 \times 0.6 \times 50 = 14.4$ 分。

综合上述情况，"十一五""十二五"期间，金牛区的政府法治目标函数最终得分为 $(1 \times 0.6 \times 0.8 \times 50 + 0.8 \times 0.6 \times 0.6 \times 50) \times 0.125 = 4.8$ 分。总之，"十一五"、"十二五"规划期间，尽管四川省政府在同期出台了两个《四川省全面推进依法行政五年规划》，但在成都市和金牛区的两个五年发展规划中，并没有把法治（政府）建设列为政府的发展目标和中心工作内容。因此，对于金牛区这一案例而言，诚如其最终得分所表明的，其省、市、区的政府法治目标函数耦合是低质的，这也是金牛区政府虽然在法治政府建设上取得了一定成绩，但终究未能跻身全国法治建设第一梯队的重要原因。我们相信，在2014年12月25日金牛区委六届十次全体会议上审议通过并印发实施《中共成都市金牛区委关于全面深入推进依法治区的实施意见》之后，金牛区的法治建设成效将会实现重大突破。

二　金牛区的政府绩效机制

2014年，金牛区探索创新目标绩效精细化管理，分类设定了街道、部门目标绩效考评体系[①]；2015年，又出台了《金牛区2015年目标绩效考评

[①] 《金牛年鉴2015》，第152页。

办法》等三大考核办法。① 不过在调研中金牛区法制办的工作人员又对课题组说："我们单位（指法制办）负责的是行政效能考核，行政效能考核包含依法行政考核的内容，但因为是合在一起通用的，所以不存在具体占比的问题。"2017 年 6 月 19 日，金牛法制办田锐副主任又进一步解释说："我咨询了目标督察办公室，由于目标考核记分折算体系比较复杂，且依法行政的内容分散见于各项子目标中，所以无法准确计算比例。"

基于以上情况，我们赋予金牛法治政府绩效动力基数为 1 分（即课题组认定金牛区的法治政府考核或依法行政考核占政府绩效考核权重的 1%）；法治政府绩效动力指数为：(1/9) ×12.5≈1.389 分。

三　金牛区的行政问责机制

就我们掌握的信息而言，迄今为止，我们尚未发现金牛区出台过专门的行政问责制度或办法。金牛区的行政问责制度只是散见于各区职能部门规范性文件的相关追责条款当中。

比如在金牛区人民政府于 2005 年 3 月 31 日印发并施行的《城市管理工作责任追究制的实施意见》中，详细规定了各职能部门在城市管理中应该承担的具体职责及相应的责任追究办法。

2005—2007 年间，金牛区相关执法部门制定了《行政执法责任制度》《行政执法监督制度》《行政处罚过错责任追究制度》等，其中包含了相关的追责条款。

在 2008 年 8 月 1 日金牛区政府印发并施行的《金牛区政府信息公开实施细则》中，专门在第六章明确规定了违反政府信息公开法律法规和该细则所应承担的责任："义务人实施政府信息公开，违反有关法律、法规和本细则的规定，由区政务公开办公室责令改正，逾期不改的，予以通报批评。拒不改正的，追究主管责任人和直接责任人的行政责任。"

在金牛区政府办于 2009 年 6 月 27 日印发，并于 2009 年 7 月 1 日起施行《金牛区行政指导监督办法》中，其第十九条规定：在对行政指导行为进行监督的过程中，发现行政机关工作人员有违反党纪、政纪的，移送纪检、监察机构处理；涉嫌犯罪的，依法移送司法机关。

在 2009 年 9 月 15 日金牛区政府办印发，2009 年 10 月 1 日起施行的《金牛区政府、街道办事处、政府部门及区属国有公司对外签订合同管理办

---

① 《金牛年鉴 2016》，第 172 页。

法》中，其第十二条规定：违反本办法规定对外签订合同，造成损失或者损害政府诚信的，依法给予党纪或行政处分；构成犯罪的，依法追究刑事责任。

而在金牛区人民政府于 2011 年 4 月 28 日印发并施行的《金牛区综合执法联席会议制度》中，其第四条第七款规定：对推进综合执法不力的，要严肃追究相关单位及其责任人的责任。

2016 年 3 月 8 日金牛区人民政府印发并施行的《金牛区重大行政决策程序规定》中，第十五条明确了违反这一规定所应承担的"法律责任"：建立重大行政决策终身责任追究及责任倒查制度，对没有履行法定行政决策程序造成的决策严重失误或依法应该及时作出决策但久拖不决造成重大损失、恶劣影响的，依法追究行政首长、负有责任的其他领导人员和相关责任人员的法律责任。行政机关及相关工作人员违反本规定或者在决策起草、执行和监督工作中有玩忽职守、徇私舞弊、贪污受贿行为的，按照《行政机关公务员处分条例》等规定依法处理；构成犯罪的，移送司法机关追究刑事责任。

总之，金牛区虽然没有制定专门的行政问责制度或办法，但通过政府职能部门专项问责制度或散见于各规范性文件中的相关问责条款，同样能对政府公职人员发挥强有力的监督、问责与约束作用。

基于上述情况，在行政问责机制方面，我们赋予金牛 8 分。

四　金牛区的公民参与机制

关于公民参与机制，金牛区法制办的同志告诉我们，虽然金牛区没有就公民参与制定专项制度或办法，但金牛区建立有很多政民关系平台和基层服务平台，比如 R2G（农民对政府）和 B2G（企业和政府）的平台。这些平台完全开放，老百姓可以在上面提意见，并进行实时互动。

第一个公众参与平台：比如在 2013 年 6 月 6 日金牛区政府颁布的《成都市金牛区人民政府常务会议事规则》第六章"开放"第 22 条就规定：常务会实行向公众开放制度。开放对象包括区人大代表、政协委员、市民代表和新闻媒体；第 23 条规定：开放内容确定后，由区政府办负责通知列席代表或新闻媒体。会议通知和相关议题材料原则上提前 3 天发放。列席代表应在会前认真研究议题材料，并就议题内容广泛征求群众意见，做好会议发言准备；第 24 条规定：议题审议过程中，列席代表可以围绕议题提出意见和建议。

第二个公众参与平台：《金牛区 2015 年公共服务满意度测评工作实施

方案》第三条第三款规定：加强宣传，提升群众参与度和认同感。创新利用基层公开服务监管平台、"掌上金牛"微博、微信等新媒体，充分利用有线电视、社区宣传栏、宣传单等方式，促进广大人民群众全面深入了解我区公共服务整体状况，取得群众的共鸣和认可；以社区"网格化"管理网络为主要载体，大力宣传全市公共服务满意度测评工作，创新方式方法，提高群众对公共服务满意度测评工作的知晓率和参与度，力争深入人心，提升影响力，增强有效性。

第三个公众参与平台：2016 年 3 月 8 日金牛区人民政府印发并施行的《金牛区重大行政决策程序规定》中，第八条明确规定了"决策应当广泛征求公众意见"等"公众参与"的有关内容：

> 关于公众参与的范围，规定：除依法不得公开的事项外，决策起草部门应当视决策需要，通过报刊、广播电视、政府网站等公众媒体公开征求社会公众的意见，采纳与决策有关的合理建议；
>
> 关于公众参与的形式，规定：决策起草部门根据需要可以通过听证会、座谈会、问卷调查或其他方式征求社会公众意见。涉及经济社会发展重大问题、重大公共利益或重大民生的决策，重视听取社会各方面的意见和建议，吸纳社会公众特别是利益相关方参与协商。涉及特定群体利益的，加强与相关人民团体、社会组织以及群众代表的沟通协商。决策涉及重大公共利益的、涉及群众切身利益或法律、法规、规章规定应当听证的，必须举行听证会。
>
> 关于听证会，规定：以听证会方式征求公众意见的，决策起草部门应当根据行业特点、专业知识和报名顺序，按照持不同观点的各方人数基本相当的原则确定参加人员。听证会应当设旁听席位，允许群众旁听和新闻媒体采访报道。

第四个公众参与平台：在成都市金牛区政务网上设立政民互动模块。比如 2012 年时，区政府就在金牛区政务网上针对北改工作设立网上意见箱。在"您对金牛区的北改工作有什么意见"的回答中，总计有 6842 人参与投票，其中有 4594 票选择了"非常好，非常支持，跟我有密切关系"，占总票数的 58.7%①；又比如 2013 年时，在对"您觉得最有效的政民互动方式"

---

① 成都市金牛区政务网，http://www.jinniu.gov.cn/zmhudong/vote_result.jsp? id = 149

进行调查时，在总计 4907 名投票者中，选择"区长信箱"的有 2585 票，占 26.5%；选择"区长公开电话"的有 2447 票，占 25.1%；选择"政务微博大厅"的有 2468 票，占 25.3%；选择"线下交流"的有 2248 票，占 23.1%。①

而在"您觉得我区党的群众路线教育实践活动开展得如何"的调查中，投票者更是多达 18550 位。其中选择"还行，略有改变"的有 1721 票，占 8.5%；选择"没变化"的有 31 票，占 0.2%；选择"不好"的有 5712 票，占 28.2%。②

总之，这些公民参与平台或机制的开发利用，大大激发了金牛区公众参与全区管理的积极性，为金牛区的法治政府建设做出了突出贡献。基于上述情况，在公民参与机制方面，我们赋予金牛 8 分。

---

① 成都市金牛区政务网，http://www.jinniu.gov.cn/zmhudong/vote_result.jsp？id＝151。
② 成都市金牛区政务网，http://www.jinniu.gov.cn/zmhudong/vote_result.jsp？id＝152。

第五章　浏阳市法治政府建设的资本与动力

第一节　浏阳市市情及其法治政府建设绩效

一　浏阳基本市情

浏阳地处湖南东部，毗邻江西省，因治所位于浏水之北而得名。浏阳面积5007平方公里，人口145万，辖31个乡镇街道。浏阳历史悠久，被誉为"中国千年古县"，既是国家发展改革试点城市、国家生态示范县（市）、中国优秀旅游城市、中国人居环境范例奖城市和中国全面小康十大示范县（市）、湖南省文明城市，也同时还享有"中国花炮之乡""中国诗词之乡""中国将军之乡""中国花卉苗木之乡"等美誉。

2015年，全市地区生产总值1112.8亿元，同比增长12.2%；完成财政总收入111.9亿元，增长10.9%；完成一般公共预算收入（长沙市考核口径）85.9亿元，同比增长13.2%；城乡居民人均可支配收入为36631元和25191元，城乡居民人均消费支出18759元。浏阳市在20世纪80年代还是全国贫困县，进入21世纪以来，连续多年进入全国百强县，2015年县域经济与县域基本竞争力跃居全国百强第28位。[①]

二　浏阳市的法治政府建设绩效

2016年7月31日至8月5日，本课题组在浏阳市政务服务中心和当地一些企业发放问卷（见表5-1、表5-2、表5-3），对浏阳市的法治政府建设绩效进行调研。经过统计，浏阳市的七项一级指标得分分别为：政府职能为72.637分，政府制定规范性文件为64.910分，政府行政决策为63.181分，政府行政执法为63.818分，政府信息公开为70.181分，行政监督为67.091分，而社会矛盾化解为63.636分。经过加权处理后，浏阳法治政府建设绩效的最后得分为66.548分。

---

① 浏阳市法制办文件，《大力推进依法行政，全面打造法治浏阳》。

表5-1 浏阳居民调查问卷资料整理1（个人情况）

	A	B	C	D	E	F
本地居住时间	3（不到2年）	12（2-5年）	46（5年以上）			
学历	14（高中及以下）	31（大学专科）	16（大学本科）			
年龄	4（25岁以下）	46（25-35岁）	12（36-45岁）	0（45岁以上）		
职业	3（公务员）	4（事业单位）	7（个体经营者）	43（企业职工）	3（大学生）	3（其他）

注：n=66，有效问卷66份。表中各项人数之和与问卷发放总人数不一致，是因为有些受访者没有填写此项内容。

在浏阳的法治政府建设七个方面，政府职能和政府信息公开获得的评价最高，在这一点上，浏阳、余杭、宝安和金牛是高度一致的，这也充分说明在法治政府建设过程中，随着权力清单、责任清单和负面清单制度和政府信息公开制度的相继推行，县（区）级政府在职能转变、提升公共服务质量以及政府信息公开性和透明度上，有了长足的发展和改观；与之相反，政府行政决策、行政执法和社会矛盾化解却是浏阳得分相对较低的三个方面，在这点上，浏阳与余杭、金牛、宝安三地并没有展现出多大的相似之处。

表5-2 浏阳居民调查问卷资料整理2（第1-8份问卷）

题号	A（按20分算）	B（按16分算）	C（按12分算）	D（按8分算）	E（按10分算）	每题得分
1	0.136	0.5	0.227		0.136	14.818
2	0.045	0.5	0.409		0.045	14.273
3	0.136	0.5	0.318	0.045		14.909
4	0.045	0.5	0.091	0.182	0.182	13.273
5	0.136	0.636	0.136	0.045	0.045	15.364
Σ						72.637
题号	A（按20分算）	B（按16分算）	C（按12分算）	D（按8分算）	E（按10分算）	每题得分
6		0.5	0.182		0.318	13.364
7	0.136	0.091	0.409	0.182	0.182	12.364
8		0.227	0.545	0.182	0.045	12.091
9	0.091	0.227	0.455	0.091	0.136	13.000

题号	A（按 20 分算）	B（按 16 分算）	C（按 12 分算）	D（按 8 分算）	E（按 10 分算）	每题得分
10	0.045	0.5	0.318		0.136	14.091
Σ						64.910
题号	A（按 20 分算）	B（按 16 分算）	C（按 12 分算）	D（按 8 分算）	E（按 10 分算）	每题得分
11		0.455	0.273	0.091	0.182	13.091
12	0.091	0.182	0.364	0.091	0.273	12.545
13		0.227	0.5	0.182	0.091	12.000
14		0.227	0.409	0.091	0.273	12.000
15	0.045	0.455	0.273	0.091	0.136	13.545
Σ						63.181
题号	A（按 20 分算）	B（按 16 分算）	C（按 12 分算）	D（按 8 分算）	E（按 10 分算）	每题得分
16	0.091	0.455	0.364	0.045	0.045	14.273
17		0.227	0.682		0.091	12.727
18		0.318	0.455	0.136	0.091	12.545
19		0.136	0.545	0.318		11.273
20		0.409	0.409	0.136	0.045	13.000
Σ						63.818
题号	A（按 20 分算）	B（按 16 分算）	C（按 12 分算）	D（按 8 分算）	E（按 10 分算）	每题得分
21	0.091	0.455	0.318		0.136	14.273
22		0.636	0.045	0.045	0.273	13.818
23	0.136	0.455	0.227		0.182	14.545
24	0.045	0.5	0.227		0.227	13.909
25		0.545	0.182		0.273	13.636
Σ						70.181
题号	A（按 20 分算）	B（按 16 分算）	C（按 12 分算）	D（按 8 分算）	E（按 10 分算）	每题得分
26	0.136	0.318	0.182	0.091	0.273	13.455
27		0.409	0.318	0.136	0.136	12.818
28		0.409	0.364	0.045	0.182	13.091
29	0.136	0.409	0.136	0.136	0.182	13.818

续表

题号	A（按 20 分算）	B（按 16 分算）	C（按 12 分算）	D（按 8 分算）	E（按 10 分算）	每题得分
30	0.045	0.545	0.136	0.045	0.227	13.909
Σ						67.091
题号	A（按 20 分算）	B（按 16 分算）	C（按 12 分算）	D（按 8 分算）	E（按 10 分算）	每题得分
31	0.045	0.5	0.182	0.045	0.227	13.727
32	0.045	0.318	0.364	0.045	0.227	13.000
33			0.136	0.773	0.091	8.727
34	0.318	0.227	0.273		0.182	15.091
35		0.409	0.364	0.045	0.182	13.091
Σ						63.636

注：$n = 66$，有效问卷 66 份。表中 A、B、C、D、E 各列对应的数字意为以小数形式表达的选择项人数的实际百分比。问卷中个别未填的选项，按"不知道"进行统计。浏阳第 186 题的得分（即去掉两个最高分和最低分）后的平均分：6.722 分。浏阳法治政府绩效指数最后得分为：$72.637 \times 0.14431 + 64.910 \times 0.14361 + 63.181 \times 0.14594 + 63.818 \times 0.14918 + 70.181 \times 0.14525 + 67.091 \times 0.15003 + 63.636 \times 0.12168 = 66.548$ 分。

从 67.091 这一统计结果来看，当地居民对浏阳的行政监督是大体认可的，略高于对浏阳法治政府绩效的整体评价，而在规范性文件的制定方面，其评价又稍低于对法治政府绩效的总体评价。

总之，作为一个内陆省份的县级市，浏阳在法治政府建设方面取得了较大成绩，并走在了全国前列，这是殊为不易的。浏阳法治政府建设成绩的取得，得益于其"国家发展改革试点城市"这一定位，同时也受益于湖南省委、省政府在行政程序等领域的率先突破和制度创新。

第二节　浏阳市的法治资本

一　政治文化资本

通过问卷调查，我们发现，浏阳市居民对当地政府行政审批（或行政许可）的效率和可信任度，评价非常高（第 44 题），达到了 9.091 分，这与居民对政府职能和政府公共服务的满意度评价同样是吻合的。浏阳、余杭、金牛、宝安四个案例在这一点上表现出了完全的一致性，得分都为 9 分以上，且均为第九份问卷中得分最高的一题。浏阳居民对当地政府发展战略、政策决策质量的评价（第 42 题），以及对政府秉公执法和依法办事的评价（第 43 题），也相对较高，得分均为 7.500 分。

在居民对当地公共政策制定施加影响的意愿（第 38 题）和调动居民参与地方政策制定以及公民参与机制的建设上（第 37 题），浏阳市获得的评价极低，分别为 5.045 分和 6.091 分。而在居民对当地政府的影响程度（第 39 题）上，评价也不太好。大体言之，四个案例在 37、38、39 题上都得分偏低，这一定程度上体现出无论是在内陆省份还是沿海开放地区，公民参与机制还不够健全，政府调动居民参与地方政策制定的力度还需要加强。

表 5-3　浏阳居民调查问卷资料整理 3（第九份问卷）居民对
地方政策的参与、认知与评价

题号	A（10 分计算）	B（8 分计算）	C（6 分计算）	D（4 分计算）	E（5 分计算）	每题得分
36	0.364	0.273	0.364			8.000
37	0.045	0.182	0.455	0.136	0.182	6.091
38		0.091	0.227	0.455	0.227	5.045
39		0.409	0.364	0.091	0.136	6.500
40	0.091	0.455	0.318	0.045	0.091	7.091
41	0.045	0.5	0.318		0.136	7.045
42	0.136	0.591	0.045		0.227	7.500
43	0.091	0.636	0.182	0.045	0.045	7.500
44	0.682	0.227	0.045	0.045		9.091
45	0.091	0.682	0.182	0.045		7.636
Σ						71.499

注：n=66，有效问卷 66 份。表中 A、B、C、D、E 各列对应的数字意为以小数形式表达的选择该项人数的实际百分比。

总体来看，在居民对地方政策的参与、认知与评价方面，浏阳市的得分为 71.499 分，与宝安 72.833 分、余杭 72.631 分的得分相差不大。这也说明法治政府建设成绩显著的地方，居民对地方政策的参与程度和评价都相对较高，因而也大多具有较好的政治文化资本。如果将此项折算成法治资本指数，则其得分为 71.499×0.125≈8.937。

二　制度资本

以下是从 1997 年党的十五大召开到 2016 年 6 月 30 日这段时间，湖南省、长沙市、浏阳市三级政府的法治制度供给或法治制度创新情况

（项数）。

1. 1997 年中共十五大以来湖南省省级法治制度供给

① 2016 年 3 月 29 日，中共湖南省委办公厅、湖南省人民政府办公厅印发并启动《湖南省"雁过拔毛"式腐败问题专项整治工作方案》（湘办〔2016〕16 号）；A

② 2016 年 2 月 22 日湖南省人民政府第 70 次常务会议审议通过，2016 年 5 月 1 日起施行《湖南省信访事项复查复核办法》；

③ 2015 年 10 月 23 日，湖南省公安厅印发，2015 年 12 月 1 日起执行《湖南省公安行政处罚裁量权基准实施办法》和《湖南省公安行政处罚裁量权基准》；

④ 2015 年 4 月 2 日，湖南省人民政府办公厅印发《关于做好人大代表建议和政协提案办理结果公开工作的通知》；B

⑤ 2015 年 3 月 23 日，湖南省人民政府办公厅印发《湖南省省本级重大项目决策程序规定（试行）》；

⑥ 2014 年 6 月 30 日，湖南省人民政府办公厅印发并施行《湖南省人民政府重大决策实施效果评估办法（试行）》；C

⑦ 2013 年 4 月 19 日，湖南省人民政府印发并施行《湖南省人民政府工作规则》；

⑧ 2012 年 11 月 6 日，湖南省人民政府办公厅印发《湖南省行政复议规范化建设实施意见》；

⑨ 2012 年 4 月 18 日，《湖南省法律顾问团工作规则》《湖南省司法厅关于选聘优秀律师担任各级人民政府及其部门法律顾问的办法》；

⑩ 2012 年，制定《湖南省地方立法技术规则》和《湖南省地方立法工作规程》；D

⑪ 2011 年 10 月 26 日，湖南省人民政府办公厅印发并施行《湖南省行政效能投诉处理办法》；2009 年 8 月 17 日，湖南省人民政府办公厅印发并施行《湖南省行政效能投诉处理暂行办法》；E

⑫ 2011 年 6 月 30 日，湖南省人民政府办公厅印发，2011 年 7 月 30 日施行《湖南省人民政府重大行政决策专家咨询论证办法》；

⑬ 2011 年 5 月 11 日，湖南省人民政府办公厅《湖南省法治政府建设十二五规划》；

⑭ 2011 年 4 月 7 日，湖南省人民政府第 81 次常务会议审议通过，2011 年 10 月 1 日起施行《湖南省政府服务规定》；F

⑮ 2011 年 3 月 25 日，中共湖南省委办公厅、湖南省人民政府办公厅印发并施行《湖南省影响机关效能和损害经济发展环境行为处理办法》；G

⑯ 2011 年 2 月 15 日，中共湖南省委印发并施行《中共湖南省委政治协商规程（试行）》；H

⑰ 2011 年 1 月 24 日，中共湖南省委办公厅、湖南省人民政府办公厅印发并施行《关于群体性事件预防和处置工作实行党政领导干部问责的暂行规定》；

⑱ 2011 年，中共湖南省委印发并施行《湖南省党内规范性文件备案规定》，在全国率先建立了党内规范性文件备案审查制度；I

⑲ 2010 年 7 月 22 日，湖南省人民政府办公厅印发《湖南省行政执法案例指导办法》，从 2011 年 7 月 14 日起，湖南省就每年定期公布一批行政执法指导案例。每一个指导案例都包括案件事实、法律适用、决定结果、理由（包括证据采信理由、依据选择理由、决定裁量理由等）说明、告知权利等五部分，从而对于各行政执法部门具有重要的、明确的现实指导意义；J

⑳ 2010 年 3 月 8 日，湖南省人民政府印发并施行《湖南省依法行政考核办法》；

㉑ 2009 年 10 月 27 日，湖南省人民政府第 40 次常务会议审议通过，2010 年 4 月 17 日起施行《湖南省规范行政裁量权办法》；

㉒ 2009 年 7 月 1 日，湖南省人民政府办公厅印发并施行《湖南省信访事项复查复核办法》；K

㉓ 2009 年 6 月 22 日，湖南省人民政府第 31 次常务会议审议通过，2009 年 7 月 9 日起施行《湖南省规范性文件管理办法》；2004 年 5 月 23 日，湖南省人民政府发布《湖南省规章规范性文件备案审查办法》；

㉔ 2009 年 5 月 12 日，湖南省人民政府办公厅印发《关于招商引资项目实施行政审批代理制的指导意见》；

㉕ 2009 年 4 月 9 日，中共湖南省委、湖南省人民政府印发《中共湖南省委湖南省人民政府关于开展政府绩效评估工作的意见》；

㉖ 2008 年 4 月 9 日，湖南省人民政府第 4 次常务会议审议通过，2008 年 10 月 1 日起施行《湖南省行政程序规定》；L

㉗ 2007 年 3 月 28 日湖南省人民政府第 102 次常务会议通过，2007 年 6 月 1 日起施行《湖南省行政许可监督检查规定》。M

2. 1997 年中共十五大以来长沙市市级法治制度供给

① 2016 年 6 月 30 日，长沙市人民政府印发《长沙市推进政企分开政资

分开工作实施方案》；

②2016年6月20日，长沙市人民政府办公厅印发《重大行政决策目录管理暂行办法》；A

③2016年5月17日，长沙市人民政府印发《关于清理规范市政府部门行政审批中介服务事项的决定》；

④2014年5月4日，长沙市人民政府印发并施行《长沙市人民政府工作规则》；2004年长沙市即已出台《长沙市人民政府工作规则》（长政发〔2004〕44号）；

⑤2013年12月17日长沙市人民政府印发，并于2014年1月17日起施行《长沙市市级行政许可项目并联审批实施意见》；2008年8月15日，长沙市政府即已出台《长沙市市级行政许可项目联合办理办法》；

⑥2014年1月3日，中共长沙市委长沙市人民政府印发并施行《关于进一步深化行政审批制度改革提高行政效能的实施意见》（长发〔2013〕15号），进一步切实明确深化行政审批制度改革的目标要求和做法；

⑦2012年9月19日，长沙市人民政府第52次常务会议审议通过，2013年1月1日起施行《长沙市政府法制工作规定》（系全国首部规范政府法制工作的地方政府规章）；B

⑧2012年5月22日，中共长沙市委、长沙市人民政府印发《长沙市推进社会管理法治化实施纲要》；C

⑨2010年12月4日，长沙市人民政府印发《长沙市安全生产责任制及行政责任追究暂行规定》；

⑩2010年8月16日，长沙市人民政府印发并施行《长沙市行政问责办法》；D

⑪2003年7月15日，长沙市人民政府印发并施行《长沙市人民政府行政问责制暂行办法》。E

3. 1997年中共十五大以来浏阳市县级法治制度供给

①2016年5月4日，浏阳市人民政府印发并施行《浏阳市政府法律顾问管理办法（试行）》；

②2015年，浏阳市政府办印发《浏阳市行政审批事项目录管理暂行办法》（浏政办发〔2015〕1号）

③2014年2月19日，浏阳市人民政府印发并施行《浏阳市行政负责人出庭应诉工作办法》；

④2013年6月15日，浏阳市政府办印发并施行《浏阳市政府性合同管

理办法》（浏政办发〔2013〕11 号）；2016 年 3 月 16 日，浏阳市人民政府办公室印发并施行新版《浏阳市政府合同管理办法》；

⑤ 自 2011 年起，浏阳市政府每年公布一批指导案例，截止到 2015 年 11 月 30 日已公布五批共计 41 个案例。浏阳市行政执法指导案例的挑选和公布，充分考虑了指导案例的覆盖面、执法环境的变化以及新出现的重点执法领域，进一步指导行政裁量权的适用，有效维护了行政相对人的合法权益；A

⑥ 2010 年 10 月 9 日，浏阳市政府重新印发《关于建立重大事项公示制度有关问题的通知》（浏政函〔2005〕156 号）；B

⑦ 2007 年 8 月 15 日，浏阳市人民政府印发《行政许可服务项目办事程序期限和收费标准监督手册》。C

因此，浏阳市的法治制度资本基数为 13 × 30% + 5 × 35% + 3 × 35% = 6.7；法治制度资本指数为：（6.7/14.7）× 12.5 ≈ 5.697 分。

三　人力资本

在依法办事方面，浏阳市政府一把手率先垂范，发挥榜样带头作用。浏阳市法制办刘向阳副主任举例说，尽管市法制办没有向新任市长吴新伟汇报此项规定，但在第一次政府常务会上，他就严格遵守发言顺序的相关规定，进行末位表态。在 2016 年浏阳市第十七届人民代表大会第一次会议上的政府工作报告中，他又明确提出要"积极顺应改革发展新形势，以更高的标准、更严的要求、更强的责任，推进政府工作提速增效，努力建设人民满意的法治政府、服务政府、效能政府和廉洁政府"；他表示要"深化法治政府建设。始终坚持自觉接受人大法律监督和政协民主监督，主动接受社会监督，保障和支持监察、审计等部门依法履行监督职责，构建科学有效的权力运行制约监督体系。始终坚持把公众参与、专家论证、风险评估、合法性审查、集体讨论决定作为重大行政决策的法定程序，确保程序合规、决策科学、过程透明。始终坚持依法治市，运用法治思维和手段，推动改革发展，维护社会稳定，促进公平正义"。

不过，因为通过我们的途径并未能了解到浏阳市大力推行法治建设的重要政策举措，因此酌情扣减 1 分，从而赋予浏阳市主要领导干部的法治思维水平 3 分。

法制办刘向阳副主任在访谈中谈道，在回答浏阳法治建设做得好的根源时，他说两个方面的因素促进了浏阳的法治建设：一是浏阳的各级政府形成了这么一种氛围，建设法治不是哪一届政府的工作，而是历届政府都坚持这样做，且做事认真；二是因为浏阳的老百姓具有强烈的反抗精神，民众维权意识也比较强。浏阳是个移民区，其90%以上的主体人口是江西移民，而且谭嗣同的精神风骨一直在激励着浏阳人民。所以浏阳人向来敢闯敢试，具有开拓进取精神，老百姓强烈的维权意识一直在倒逼着政府改革，推动浏阳市各级政府和政府公务人员坚持依法行政。刘主任还举例说，早在六七年之前，长沙所辖9个区县到长沙申请行政复议的各种案子，浏阳就占了长沙行政复议案件总量的2/3。由此可见，无论是浏阳市的政府主要领导还是普通百姓，都具有较强的法治意识，从而为推动浏阳的法治政府建设，准备了较为雄厚的人力资本。

表5－4　浏阳市政府公职人员法治思维水平调查
浏阳市专家问卷（专家问卷9）

题号	A（20分计算）	B（10分计算）	C（0分计算）	每题得分
36	16	4	0	18
37	12	6	2	15
38	9	8	3	13
39	13	4	3	15
40	12	7	1	15.5
Σ				76.5

注：n＝20，有效问卷20份。

另外，在浏阳市政府普通公务人员法治思维水平调查中其得分为76.5分，折合后得分应为76.5×8.5%≈6.503。综上所述，浏阳市的法治人力资本最终得分为9.503分。

四　司法资本

浏阳市法治政府建设成绩的取得，得益于其丰厚的司法资本。

2014年2月19日，浏阳市人民政府印发并施行《浏阳市行政负责人出庭应诉工作办法》，第七条规定了"每年度第一起行政诉讼案件、对行政执法具有指导意义的案件"等行政机关负责人应当出庭应诉的6种情况；第十条规定，行政负责人对行政应诉中发现的有关问题，应当组织研究解决方案，提高行政执法和行政应诉水平；第十三条规定，败诉案件备案需提交该案相关证据、答辩材料、行政判决书或者行政裁定书复印件及败诉原因分析报告；第十五条规定，行政负责人出庭应诉工作及行政败诉案件纳入依法行政绩效考核。浏阳市政府这一行政负责人出庭应诉制度的出台与全面推行，不仅有利于行政负责人了解本单位在行政管理工作、应诉能力等方面存在的问题和不足，以便及时改进，而且通过行政首长与原告面对面交流沟通，更有利于促成行政案件的直接审理和"官民"矛盾的化解，从而可以大大改善当地各级政府的依法行政水平。据浏阳法制办郭曦主任介绍，自该办法出台以来，2014 年浏阳市共发生三十多起行政诉讼案件，大多数都有单位主要负责人出庭应诉，其中又有十余位单位一把手出庭应诉。因此，在行政领导出庭应诉方面赋予浏阳市 6.5 分。

早在 20 世纪 90 年代初期，时任浏阳县县长谭仲池就曾经与村民对簿公堂，成为浏阳首例行政机关"一把手"出庭应诉的典型案件。此后，浏阳市人民法院基于历年行政负责人出庭应诉的情况和成因分析，深入调研，出台了《浏阳法院行政诉讼白皮书》，并向浏阳市政府提交了《浏阳法院行政案件司法审查报告》，就构建行政机关负责人出庭应诉制度与市政府达成共识。2014 年 3 月 4 日，杨龙因不服浏阳市人力资源与社会保障局的工伤行政认定决定，将其诉至法庭，浏阳市人社局局长缪传良和分管副局长赖明汉作为被告出庭应诉。此案是《浏阳市行政负责人出庭应诉工作办法》出台后，浏阳市首例行政负责人出庭应诉案件，吸引了 300 多名市民前来旁听。2014 年 12 月 3 日浏阳村民廖伟兴因"林权证"争议将浏阳市政府告上法庭，要求法院撤销《浏政林处〔2014〕6 号》行政处理决定，浏阳市市委常委、分管副市长熊清溪代表浏阳市人民政府出庭应诉，该案也吸引了一百多人前来旁听；此外，2014 年 12 月 19 日开庭审理的肖玉文不服被告浏阳市公安局行政处罚及行政赔偿案也吸引了媒体和市民的广泛关注。这些行政诉讼案件的开庭审理及备受关注，为浏阳市的法治政府建设注入了强大的内在动力与压力。

为积极推进官民建立起互相交流的平台，在行政审判实践中，近年来，浏阳市人民法院采用"三步走"的工作模式：开庭前，对负责人应当出庭的案件，该院除发送出庭提示函之外，主管副院长、庭长亲自和行政机关负责人沟通动员，为其讲解庭审程序和强调出庭应诉的意义，指导被告按规定向人民法院提交作出具体行政行为的依据、证据和其他相关材料；庭审中，对于负责人出庭应诉案件，通常由主管副院长、庭长亲自担任审判长，发挥院长、庭长办案经验丰富、掌控能力强的优势；开庭时，由审判长介绍出庭应诉的行政负责人职务、出庭原因，根据法庭调查和法庭辩论情况在当事人最后陈述前，引导行政负责人就原告诉讼请求、行政机关执法情况及协调化解案件等发表意见；庭审后，进行评价反馈，向市政府法制办通报负责人是否准时出庭、是否对原告进行解释说明、是否发表辩论意见等情况，加大考核力度。①

此外，为了妥善化解行政争议、促进官民和谐，浏阳市人民法院还以行政机关负责人出庭应诉工作为契机，积极构建行政争议化解联动工作机制。该院通过定期召开联席会议，切实加强分析研判，提升行政首长出庭应诉工作和行政争议化解的效果；同时积极建立健全指导行政负责人出庭应诉培训工作机制，通过组织行政执法人员旁听庭审、定期开展业务培训等方式，提高行政负责人出庭应诉的能力，帮助堵塞行政机关管理漏洞。

总之，《浏阳市行政负责人出庭应诉工作办法》的推行以及相关行政诉讼案件的审理，为推动浏阳市各级政府依法行政和法治政府的建设，提供了可靠的司法资本。略显不足的是，浏阳市人民政府并没有像余杭区和深圳市中级人民法院那样，编辑域内行政诉讼案例汇编，以提升当地政府的依法行政和行政诉讼水平。

基于上述情况，在行政诉讼案件分类整理方面，我们赋予浏阳市4分。总之，浏阳的法治司法资本最后得分为：6.5 + 4 = 10.5分。

第三节　浏阳市的法治动力

一　浏阳市的政府目标函数及目标函数耦合

1. 浏阳、长沙、湖南省第十一个五年规划的目标函数及耦合

在《浏阳市国民经济和社会发展第十一个五年规划纲要》第一部分"总体思路和发展目标"中，提出了构建"民主法治、公平正义、诚信友爱、充满活力、安定有序、人与自然和谐相处"的社会格局之总体要求。同时，在第七章"建设和谐社会"第二节"加强精神文明建设和民主法制建设"第3小点"加快法制建设步伐"中，明确提出要"加快行政管理和决策的制度化、法制化进程。全面推进依法行政，不断增强依法行政观念，提高依法行政的能力，理顺行政执法体制，规范行政执法行为，完善行政监督制度和机制，基本实现建设法治政府的目标。推进司法改革，加强政

① 禹爱民、杨柳：《浏阳：行政负责人出庭应诉成常态》，《人民法院报》2014年3月16日，第7版。

法队伍建设，强化司法监督，确保司法公正，维护社会公平正义。加强惩治和预防腐败体系建设。加强普法、法制宣传和法律援助等工作，形成全社会遵法守法、依法维权的良好氛围。保证社会特殊群体获得法律保护的各项制度得到落实"。同时，在第八章"深化改革和扩大开放"第一节"深化体制改革"中，又进一步明确了政府机构改革的具体目标和任务："构建行为规范、运转协调、公正透明、廉洁高效的行政管理体制，建设服务型、效能型、法治型、透明型政府。抓好乡镇机构改革，精简机构和人员编制，增强乡镇公共服务能力。改进管理方式，简化行政审批，推行电子政务，提高行政效率，规范行政程序，落实行政执法责任制，健全行政问责制"；此外，还确立了政府职能转变的目标和任务："政府职能主要转向加强地区经济调节和社会管理，提供全面服务，创造良好的经济环境，加强对经济运行的分析、预测和监控，健全风险规避和防御机制。强化政府公共职能和服务功能，将财力等公共资源向社会管理和公共服务倾斜。建立和完善重大事项社会公示制度和听证制度，完善专家咨询制度和决策论证制度，提高行政决策和执行的透明度与公众参与度。明晰政府行政事权范围，依法行政。"

因此，综合看来，在浏阳的"十一五"规划中，法治建设事实上成为政府的第二层级目标，可记为 C2。

在《长沙市国民经济和社会发展第十一个五年规划纲要》第一章"总体思路和发展目标"中，提出了"市场经济体制比较完善：行政管理体制、经济体制和社会领域的改革取得新的突破"的目标，但却没有发现与"法治"一词直接相关的内容；在第六章"体制改革和对外开放"第一节"深化体制改革"中，提出了"坚持市场化的改革取向，全面加强体制改革的统筹协调和综合配套"的总体要求，并明确了"围绕转变政府职能这个中心，突出加强政府制度建设和制度管理，完善和创新政府决策、运行和监督体系，构建行为规范、运转协调、公正透明、廉洁高效的行政管理体制，建设服务型、效能型、透明型、法治型政府"的这一"深化行政体制改革"的目标；此外，在第八章"建设和谐社会"中，提出了"以改善人民生活、促进社会公平、强化公共服务、创建文明城市、加强民主法治、保护资源环境等为主要着力点，努力建设社会成员各得其所、各尽其能而又和谐相处的和谐长沙"的总体目标，在第二节"加强精神文明和民主法制建设"第4小点"加快法制建设步伐"中，明确了政府工作的内容和重点："加快行政管理和决策的制度化、法制化进程。加强地方立法工作，形成与完善市场经济体制、扩大对外开放、社会全面进步相适应并符合长沙实际的地方性法规体系。全面推进依法行政，不断提高依法行政的观念和能力，理顺行政执法体制，规范行政执法行为，完善行政监督制度和机制，基本实现建设法治政府的目标。推进司法改革，加强政法队伍建设，强化司法监督，促进司法公正，维护司法权威。加强惩治和预防腐败体系建设。加强普法、法制宣传和法律援助等工作，形成全社会遵法守法、依法维权的良好氛围，保证社会弱势群体获得法律保护的各项制度得到落实。"因此，"十一五"规划时期，对于长沙市而言，"加快法制建设步伐"只是"建设和谐社会"这一中心工作下的"加强精神文明和民主法制建设"这一方面的其中一项工作内容。

鉴于规划把"法治型政府"作为深化体制改革的目标之一，因此综合来看，在长沙市的"十一五"规划中，法治建设事实上成为政府的第二层级目标，可记为B2。

在《湖南省国民经济和社会发展第十一个五年规划纲要》第一章"发展目标"中，提出了"注重把行之有效的改革措施规范化、制度化、法制化"、"加强民主法制建设，积极化解社会矛盾，提高公共服务水平，营造和谐生活环境"等5项总体要求；在第九章"和谐社会"中，一开始就提出了"民主法制、公平正义、诚信友爱、充满活力、安定有序、人与自然和谐相处"的总体要求，并在第31条"加强民主法制建设"中，明确了"按照建设社会主义政治文明的要求，发展社会主义民主，健全社会主义法制"的发展方向以及"落实依法治国基本方略，加强政府法制工作"等工作重点；此外，在第十一章"体制改革"关于深化行政管理体制改革部分中，其主要内容均直接涉及法治政府建设。因此，法治建设成为湖南省各级政府"十一五"期间的第二层级目标。

在特定意义上，对一级政府法治动力的考察，需要对该政府在法治建设方面的组织领导情况如何进行考察。就湖南的情况而言，自2007年始，时任湖南省省长周强就致力于依法治省，欲将法治湖南打造成湖南的名片之一，并于2008年4月，促成全国首部行政程序法典《湖南省行政程序规定》的出台。所以，综合来看，法治建设事实上成为"十一五"期间湖南省政府第一层级政府目标，湖南省的法治政府目标函数可以表示为A1。

总之，"十一五"期间，湖南、长沙、浏阳三级政府的法治政府目标函数是大体耦合的，其耦合模式为"A1B2C2"模式（或122模式），得分为$1 \times 0.8 \times 0.8 \times 50 = 32$分。

2. 浏阳、长沙、湖南省第十二个五年规划的目标函数及耦合

在2011年1月8日浏阳市第十五届人民代表大会第五次会议审议批准

的《浏阳市国民经济和社会发展第十二个五年规划纲要》中，明确了"坚持共享发展"（健全民主与法制，维护社会公平正义，保持社会和谐稳定）等5项原则；在谈到经济社会发展的主要目标时，提出了"初步形成公正透明、廉洁高效、运转协调、行为规范的行政管理体制"发展目标；在第三章"主要任务"的第八项任务"促进社会和谐"中，提出了"构建民主法治、公平正义的和谐浏阳"这一目标，并且把这一任务的第二方面"加强民主法制和精神文明建设"的工作内容阐述为："大力推进'法治浏阳'建设。认真贯彻实施《全面推进依法行政实施纲要》，深化法治理念，加强制度建设，规范权力运行，加强执法队伍建设，提高依法行政水平，推进政府工作法制化。建立广泛反映社情民意、符合科学发展的决策机制"；此外在第九项任务"深化改革开放"的"推进行政管理体制改革"方面，都有许多直接关乎法治政府建设的内容。总之，在"十二五"规划期间，法治建设成了"促进社会和谐"这项政府中心工作之下的二级目标。因此，综合来看，浏阳的法治政府目标函数可以表示为C2。

在2011年1月16日长沙市第十三届人民代表大会第四次会议通过的《长沙市国民经济和社会发展第十二个五年规划纲要》第一部分，明确提出了"加强城市法治化管理，率先基本建成'两型'城市"[①]的总体要求，以及在"重点领域和关键环节的改革取得突破性进展"等经济社会发展主要目标；在第七章"加快两型社会建设、增强可持续发展能力"中，提出要"建成中西部地区行政效能最高、体制机制最活"的创新创业高地，"完善'五统一分'管理体制，推进行政审批制度和行政执法体制改革"；在第十一章"创新社会管理、促进社会和谐稳定"第二节"加强社会法治化建设"中，明确了"加强法治长沙建设。坚持科学立法，充分运用省会城市的地方立法权和综合配套改革试验区先行先试的政策优势，加强和改进地方立法工作，建立有利于改革发展稳定、有利于改善民生利益的法制体系。全面推进依法行政，建立健全行政执法责任制、行政损害赔偿制、行政过错追究制，明确执法主体、规范执法权责、提高执法水平，实现政府机构组织和工作程序的规范化、法制化。不断优化法治环境"等工作内容。总之，在"十二五"规划期间，法治长沙建设被确立成为"创新社会管理、促进社会和谐稳定"这一政府中心工作之下的二级目标。因此，"十二五"规划期间，长沙市政府的法治政府目标函数可

---

① 指资源节约型和环境友好型社会。

以表示为 B2。

在 2011 年 1 月 25 日湖南省第十一届人民代表大会第五次会议批准的《湖南省国民经济和社会发展第十二个五年规划纲要》第一章第三节"主要目标和政策导向"中，明确提出了"依法治省。法治湖南建设取得明显成效，社会管理体制更加完善，服务型政府建设全面推进，基层民主更加健全，人民权益得到依法保障，人民生活更加有尊严和体面，基本实现经济、政治、文化和社会生活的法治化"的发展目标；并且在第十二章"加强民主法制建设，建设'法治湖南'"中，进一步明确了"全面落实依法治省方略，加强社会主义民主法制建设，提高经济、政治、文化和社会各领域的法治化水平，营造公开、公平、公正、可预期的社会法治环境，协调推进政治文明、物质文明、精神文明和生态文明建设"的具体目标，同时用一整章的篇幅来阐述法治湖南建设的工作方略。

另外，2011 年 5 月 11 日，湖南省人民政府印发了《湖南省法治政府建设十二五规划》，明确提出"十二五"期间，要"紧紧围绕建设法治湖南这一目标，全面提升政府各项工作的法治化水平"；2011 年 7 月 26 日，中共湖南省委全会又通过并公布实施《法治湖南建设纲要》这份地方法治建设的纲领性文件，并明确提出了"到 2020 年，地方性法规规章更加完备，依法治国基本方略深入落实，公共权力运行规范，公民合法权益得到切实尊重和保障，全社会法治意识和法律素质普遍提高，经济社会秩序良好，人民安居乐业"的"建设法治湖南"的总目标，规划和明确了建设法治湖南的各方面具体任务与措施。

综上所述，在"十二五"规划期间，建设"法治湖南"不仅被确立为湖南省的第一层级目标，而且成为湖南省政府的中心工作内容。所以，湖南省的法治政府目标函数可以毫无争议地表述为 A1。"十二五"期间，湖南、长沙、浏阳三级政府的法治政府目标函数依然基本耦合，其耦合模式为"A1B2C2"模式（或 122 模式），得分为：$1 \times 0.8 \times 0.8 \times 50 = 32$ 分。

在"十一五""十二五"两个五年规划期间，湖南、长沙、浏阳三级政府的法治政府目标函数都较为耦合，而且属于优质耦合。因此，"十一五""十二五"期间，浏阳市的政府法治目标函数最终得分为：$(1 \times 0.8 \times 0.8 \times 50 + 1 \times 0.8 \times 0.8 \times 50) \times 0.125 = 8$ 分。

《法治湖南建设纲要》《湖南省行政程序规定》《湖南省政府服务规定》《湖南省规范性文件管理办法》《湖南省规范行政裁量权办法》《湖南省实施

〈政府信息公开条例〉办法》《湖南省依法行政考核办法》《湖南省行政执法案例指导办法》《湖南省人民政府重大行政决策专家咨询论证办法》这一系列被统称为"一纲要两规定六办法"的地方政府规章的出台和实施，充分体现了时任湖南省委主要领导具有强烈的法治责任感和使命感，使法治湖南建设取得重大突破，并为浏阳市的法治政府建设事业注入了强大动力，这也成为浏阳法治政府建设取得突出成绩的最重要原因。

二 浏阳市的政府绩效机制

依法行政是衡量法治政府的主要标准。近年来，浏阳市政府一直对所辖乡镇、市直单位和园区进行依法行政考核，并把考核成绩纳入政府绩效考核指标体系当中。在浏阳市的政府绩效考核指标体系中，浏阳市政府依据考核对象性质的不同，赋予依法行政考核的权重和考核的要点均有所不同：在赋权上，乡镇、市直和园区的依法行政考核成绩占政府绩效考核权重依次为 0.5 分、2 分、2 分（政府绩效考核满分为 100 分），从而体现了不同考核对象政府绩效的差异性；在考核要点上，乡镇和市直均涉及重大行政决策的考核，而对园区的考核则不包含此项内容；另外，即使是同一考核要点，其所扣分值占不同考核对象总分的比重也有所差异，比如未按法定程序进行决策，针对乡镇每起扣除满分 0.5 分中的 0.1 分，相当于扣除依法行政考核总分的 20%，而针对市直每起扣满分 2 分中的 0.2 分，相当于扣除其依法行政考核部分的 10%，进而体现了区别要求的原则，也就是即使是依法行政的同一问题，对不同考核对象都有不同程度的要求。这也表明，与市直单位和园区相比，能否按法定程序进行重大决策，对于直接关系千家万户和国计民生的乡镇而言，更具有重要意义。

表 5-5 浏阳市依法行政考核细则

适用对象	指标分值	考核要点	考核责任单位
乡镇	0.5	1. 未按法定程序进行重大行政决策的，每起扣 0.1 分； 2. 规范性文件违法，被建议停止执行、被确认无效或撤销的，每件扣 0.1 分；未按要求予以备案的，每件扣 0.05 分； 3. 未按照规定送审政府性合同的，每件扣 0.1 分；未按照规定进行政府性合同备案的，每件扣 0.05 分； 4. 行政复议案件被撤销、变更、确认违法、责令履行职责或行政诉讼败诉的，行政败诉案件未向市法制办备案的，行政负责人未按规定出庭应诉的，不履行行政复议决定、行政诉讼生效判决裁判的，每件扣 0.1 分	政府法制办

续表

适用对象	指标分值	考核要点	考核责任单位
市直	2	5. 未按法定程序进行重大行政决策或未按照法定程序组织所承办的重大行政决策的，每起扣 0.2 分； 6. 规范性文件未执行"三统一"的，每起扣 0.2 分； 7. 未按照规定送审政府性合同的或未按照规定进行政府性合同备案的，每起扣 0.2 分； 8. 案卷抽（评）查中有不合格案卷的，每卷扣 0.1 分； 9. 未开展行政处罚文书上网的，扣 0.2 分； 10. 行政复议案件被撤销、变更、确认违法、责令履行职责或行政诉讼败诉的，行政败诉案件未向市法制办备案的，行政负责人未按规定出庭应诉的，不履行行政复议决定、行政诉讼生效判决裁判的，每件扣 0.2 分	政府法制办
园区	2	11. 规范性文件违法被建议停止执行、被确认无效或被撤销的，每件扣 0.2 分；未按照要求予以备案的，每件扣 0.1 分； 12. 合同出现明显违法、不合理、不能实现的条款或承诺的每件扣 0.2 分； 13. 未依法提交行政复议答辩和出庭应诉的，每起扣 0.1 分；行政复议案件被撤销或行政诉讼败诉的，行政败诉案件未向市法制办备案的，每件扣 0.2 分，扣完为止	政府法制办

虽然在浏阳市的政府绩效考核体系中，依法行政考核所占权重并不算高，但在调研中我们发现，由于将各考核对象的依法行政考核得分划分为优秀、良好、合格、不合格 4 类情况，并与年终绩效考核及其排名直接挂钩，而最终排名会直接影响到年终绩效奖，依法行政考核对各部门领导产生了很大的压力。

总之，浏阳市的依法行政考核完全能对考核对象发挥强大的激励与惩处作用，进而大大推动浏阳市各级政府的依法行政和法治政府建设。

基于以上情况，浏阳市的法治政府绩效动力基数为（2 + 2 + 0.5）÷3 = 1.5；法治政府绩效动力指数为：（1.5/9）×12.5≈2.083 分。

三　浏阳市的行政问责机制

就我们掌握的信息而言，和金牛区的情况相似，迄今为止，我们也尚未发现浏阳市出台过专门的对所辖各级政府部门普遍适用的行政问责制度或办法，其行政问责制度只是散见于浏阳市政府印发的专项规范性文件之相关追责条款当中，而没有形成一个覆盖所有行政领域和所有政府公务员的完善的行政问责体系。

比如在 2013 年 5 月 6 日，浏阳市人民政府办公室就针对安全生产专门制定并印发了《浏阳市安全生产责任追究和行政问责办法》，对安全生产经营单位负有安全管理职责的责任单位、负有安全监督管理和监察职责的责任人，因未履行职责或履行职责不到位的 10 种情况依法追究责任，并在第十一条规定了对安全生产监管监察人员以下 11 种责任追究和问责方式：告诫；通报批评；离岗培训；调离工作岗位；取消执法资格；责令公开道歉；停职检查；引咎辞职；责令辞职；免职；行政纪律处分。

2016 年 3 月 16 日浏阳市人民政府办公室印发的《浏阳市政府合同管理办法》第 23 条明确规定：对有下列情况之一的，依法追究责任单位（人）的政纪责任；造成经济损失的，依法由责任单位赔偿并向责任人追偿；构成犯罪的，移交司法机关依法追究刑事责任：第一，在合同签订、履行过程中，贪污受贿、徇私舞弊的或玩忽职守、滥用职权的；第二，未经授权或不按本办法报批，擅自签订合同的；第三，由于责任单位（个人）的主观原因，导致合同不能正常履行的；第四，由于档案管理不当或随意处置、销毁，造成损失的。

又比如 2016 年 5 月 4 日浏阳市人民政府印发的《浏阳市政府法律顾问管理办法（试行）》，其中第 21 条就明确规定：行政机关工作人员在聘请、管理政府法律顾问工作过程中，因滥用职权、玩忽职守、徇私舞弊造成行政机关重大经济损失或者不良社会影响的，由有关机关依法追究责任。

当座谈中与浏阳市法制办的负责同志谈起浏阳市在行政执法责任制方面的经验时，他们告诉我们说，针对行政机关各个科室和个人的行政执法情况，浏阳市专门制定过相应的考核办法；如果在行政执法中构成错案但情节较轻且没有造成特别恶劣影响的，由各单位自行追究相关执法人员的行政责任，进行通报批评，并报法制办备案。错案情节较重的，则吊销其行政执法证和执法资格，此后只能从事行政辅助性工作，从而严重影响到个人的前程。

浏阳市之所以没有专门制定出一项覆盖所有行政领域和所有政府公务员的完善的行政问责制度，这可能与其有现成的行政问责制度可用有关：即 2003 年 7 月 15 日，由长沙市人民政府印发，并于 8 月 15 日起施行的《长沙市人民政府行政问责制暂行办法》；2010 年 8 月 16 日由长沙市人民政府印发，并于 2010 年 9 月 1 日起施行的《长沙市行政问责办法》。《长沙市行政问责办法》明确了行政问责的适用范围：浏阳市的所有行政机关及其公务员，以及由行政机关任命的其他人员，因故意或者重大过失，实施了违法或不当行政行为，影响行政管理秩序，或因不履行或不正确履行法定职责，损害国家利益、公共利益或者行政管理相对人合法权益，造成较大损失或者不良影响的，均需依照该办法进行问责。

与金牛区情况即问责条款密集散见于规范行政执法行为这一专属领域的专项规章制度不同，浏阳市的情况是，其问责条款相对偏离行政执法行为。基于这些情况，在行政问责机制方面，我们赋予其6分。

四　浏阳市的公民参与机制

浏阳市法制办的负责人告诉我们，浏阳市政府的重大决策都必须经过征求公众意见的环节，一是通过门户网站征求意见，二是如果觉得决策事关重大或争议比较大，则召开听证会。只要决策涉及老百姓的切身利益，总会通过种种渠道让市民主动参与进来。比如，在2015年，为了解决城市规划中的集体土地征收时安置房的分配问题，市政府制定了《浏阳市征收集体土地保障性房源分配和指标回购办法》。在该办法征求意见的听证阶段，市民报名特别踊跃、积极，以至于每个街道只能分配到几个参与听证会的指标。

浏阳市民还广泛参与到网络BBS浏阳论坛中，把各种民生关切以网络论坛的形式展示出来，从而使得浏阳论坛成为浏阳市人气最高的网络社区。而为了让市民广泛参与到政府过程中来，浏阳市政府还在浏阳政府门户网站开设"政民互动"板块，根据百姓心声与所反映问题的性质，市政府要求相关政府部门分工负责，及时回应处理，同时还要求各政府部门主要负责人在浏阳市政府门户网站上与百姓进行在线答问。

此外，还充分发挥12345热线的作用。充分利用12345市民服务热线，有效解决群众诉求。在市政务服务中心网站开辟12345网上专栏，与《浏阳日报》"民生眼"、浏阳电视台"直击十分"、浏阳网"民声通道"、浏阳市政府门户网站"政民互动"板块牵手，积极办理热线工单，切实服务基层群众。

不过，虽然广大浏阳市民可以通过上述渠道参与到当地的国家治理和各项事务中来，但我们在登录浏阳市政府门户网站后发现，迄今为止，浏阳市还没有建立起正式的、成熟完备的、行之有效的和制度化的公民参与机制。这一点从浏阳市在第九份问卷"居民对地方政策的参与、认知与评价"第37题、38题、39题上得分较低上体现出来。总之，在公民参与政府治理的制度建设方面，浏阳市还任重道远。

基于上述情况，在公民参与机制方面，我们赋予浏阳7分。

第六章 宝安区法治政府建设的资本与动力

第一节 宝安区区情及其法治政府建设绩效

一 宝安基本区情

宝安区历史悠久，从历史渊源和行政建制的角度来看，说先有宝安，后有香港和深圳一点也不过分。宝安区是深圳市的经济、人口和产业大区，曾经一度占深圳 1/3 的面积，50% 的财政收入和 5 成的人口。行政区域重新调整后总面积为 396.69 平方公里，下辖新安、西乡、福永、沙井、松岗、石岩等 6 个街道，总人口为 513.4 万。宝安区企业密集，市场经济活跃。到"十二五"末，规模以上工业企业由 1893 家增加到 2217 家，国家级高新技术企业从 136 家增加到 1493 家，总量位居全市第二，所以宝安区的外来人口超过了 450 万。①

在"十二五"期间，宝安区的经济发展进入了稳定增长和可持续全面发展的轨道。到"十二五"期末，宝安区 GDP 达到 2641 亿元，年均增长 11.0%，占全市比重由 13.9% 上升到 15.1%；规模以上工业总产值 5447 亿元，高居深圳市第一；全区二、三产业比例由 2011 年底时的 55.3∶44.7 优化为 50.1∶49.9；一般预算收入 187 亿元，是 2011 年底时的 3 倍。"十二五"期间累计完成固定资产投资 2153 亿元、社会消费品零售总额 3095 亿元、进出口总额 3149 亿美元。②

自 2011 年"六五"普法开展以来，宝安区就被确定为司法部的"六五"普法直接联系点，目前全区共有律师达到 600 多人。2014 年底，宝安区又被广东省确定为"按法治框架解决基层矛盾试点区"。在"十二五"期

---

① 宝安政府在线，http://www.baoan.gov.cn/xxgk/qzfxxgkml/gzbg，最后下载日期：2016 年 12 月 1 日。

② 宝安区人民政府区长姚任于 2016 年 10 月 19 日在区第六届人民代表大会第一次会议上的《宝安区人民政府工作报告》。

间，宝安区的"三位一体"社区服务模式得到全面推开，民主法治社区创建实现了全覆盖，"省居务公开民主管理示范社区"创建率达97%，2015年在深圳市平安建设和综合治理考核中排名第一，并获评"首批全国社会治理创新优秀地区"。

宝安区还是我国改革开放的前沿阵地与窗口。在《深圳市国民经济和社会发展第十二个五年（2011—2015）规划纲要》中，明确提出要"发挥经济特区先行先试的重要作用"。在调研过程中，区司法局的同志亦不无自豪地对我说："作为改革开放的最前沿，宝安区会率先遇到各种各样的法律问题和制度问题，并寻求解决之道。我们区是改革开放的先行者、探路者。宝安区经历的事情此后大多会在全国经历发生，宝安区的先进经验此后也大多会在全国得到推广。"

二　宝安区的法治政府建设绩效

2016年8月14—19日，本课题组在宝安政务服务中心和当地一些企业发放问卷（见表6-1、表6-2、表6-3），对宝安区的法治政府建设绩效进行评估。经统计，宝安区的七项一级指标得分分别为：政府职能为75.533分，政府制定规范性文件为71.599分，政府行政决策为72.933分，政府行政执法为73.733分，政府信息公开为78.133分，行政监督为68.267分，而社会矛盾化解为67.8分。经过加权处理后，宝安区法治政府建设绩效指数的最后得分为72.667分。

表6-1　宝安居民调查问卷资料整理1（个人情况）

	A	B	C	D	E	F
本地居住时间	22 （不到2年）	15 （2-5年）	19 （5年以上）			
学历	15 （高中及以下）	23 （大学专科）	12 （大学本科）	4 （研究生及以上）		
年龄	22 （25岁以下）	29 （25-35岁）	2 （36-45岁）	3 （45岁以上）		
职业	2 （公务员）	12 （事业单位）	19 （个体经营者）	19 （企业职工）	0 （大学生）	4 （其他）

注：n=60，有效问卷60份，2人未填。表中各项人数之和与问卷发放总人数不一致，是因为有些受访者没有填写此项内容。

我们发现，在法治政府建设的七个领域，宝安区在政府信息公开上的得分最高，这与我们定期登录宝安区政府门户网站的发现是完全一致的。该门户网站公开的信息内容齐全，覆盖规划计划、工作报告、规范性文件、人事信息、财政信息、统计数据、重大项目、应急管理、招标采购、招商引资、民生实事、重点领域、审计报告、权责清单、区最新文件、政府公报、市人大建议答复、市政协提案答复等内容。而在信息公开的及时性上，又设计政务动态、部门动态和通知公告三个板块，及时发布与更新信息。宝安区在政府职能和政府公共服务方面，也做得相当好，这可能与地域内企业密集尤其是外企集中，二、三产业均衡发展的经济结构有很大关系。此外，根据统计可以看出，宝安区在政府行政执法与行政决策上也表现较好。[①]

表 6 - 2　宝安居民调查问卷资料整理 2（第 1 - 8 份问卷）

题号	A（按 20 分算）	B（按 16 分算）	C（按 12 分算）	D（按 8 分算）	E（按 10 分算）	每题得分
1	0.1	0.667	0.167	0.033	0.033	15.267
2	0.1	0.733	0.1	0.033	0.033	15.533
3	0.133	0.733	0.1	0.033		15.867
4	0.133	0.5	0.133	0.133	0.1	14.333
5	0.067	0.633	0.033		0.267	14.533
Σ						75.533
题号	A（按 20 分算）	B（按 16 分算）	C（按 12 分算）	D（按 8 分算）	E（按 10 分算）	每题得分
6	0.067	0.733	0.133		0.067	15.333
7	0.133	0.3	0.267	0.067	0.233	13.533
8	0.067	0.5	0.3		0.133	14.267
9	0.133	0.433	0.067	0.067	0.3	13.933
10	0.067	0.6	0.133		0.2	14.533
Σ						71.599

---

① 宝安一位专门从事企业审批中介的访谈对象说："现在行政审批非常正规，这很好。但对我们而言却不好，因为不用中介的人脉资源也可办到，中介的重要性大幅降低，其灰色或中介收入也大幅减少。现在中介的收入来源主要是廉价的劳务费、跑腿费。"另外笔者于2016 年 8 月 15 日给宝安政务中心提了一条关于公开公民意见簿的建议，中心在 24 小时内的第二天就给笔者正式答复和反馈。他们反馈说，公民可以点对点的投诉。他们原来也试行过十天左右的意见公开，但因个人私密信息的泄露而遭到反对。他们已把笔者的建议上报领导。

续表

题号	A（按20分算）	B（按16分算）	C（按12分算）	D（按8分算）	E（按10分算）	每题得分
11	0.033	0.733	0.2		0.033	15.133
12	0.1	0.567	0.1		0.233	14.6
13	0.1	0.333	0.4		0.167	13.8
14	0.133	0.467	0.1		0.3	14.333
15	0.133	0.6	0.1	0.033	0.133	15.067
Σ						72.933
题号	A（按20分算）	B（按16分算）	C（按12分算）	D（按8分算）	E（按10分算）	每题得分
16	0.067	0.667	0.233		0.033	15.133
17	0.1	0.7	0.133		0.067	15.467
18	0.1	0.533	0.267		0.1	14.733
19	0.033	0.333	0.533	0.067	0.033	13.267
20	0.133	0.533	0.3		0.033	15.133
Σ						73.733
题号	A（按20分算）	B（按16分算）	C（按12分算）	D（按8分算）	E（按10分算）	每题得分
21	0.1	0.767	0.1		0.033	15.8
22	0.167	0.533	0.2	0.033	0.067	15.2
23	0.133	0.733	0.133			16
24	0.1	0.667	0.2		0.033	15.4
25	0.067	0.8	0.133			15.733
Σ						78.133
题号	A（按20分算）	B（按16分算）	C（按12分算）	D（按8分算）	E（按10分算）	每题得分
26	0.033	0.567	0.167	0.033	0.2	14
27	0.1	0.4	0.333	0.067	0.1	13.933
28	0.033	0.267	0.4	0.033	0.267	12.667
29	0.1	0.466	0.067	0.067	0.3	13.8
30	0.033	0.5	0.3	0.033	0.133	13.867
Σ						68.267

题号	A （按 20 分算）	B （按 16 分算）	C （按 12 分算）	D （按 8 分算）	E （按 10 分算）	每题得分
31	0.067	0.533	0.133	0.033	0.233	14.067
32		0.4	0.2	0.033	0.367	12.733
33	0.033	0.167	0.133	0.6	0.067	10.4
34	0.5	0.2	0.167	0.033	0.1	16.467
35		0.633	0.2	0.033	0.133	14.133
Σ						67.8

注：n=60，有效问卷 60 份。表中 A、B、C、D、E 各列对应的数字意为以小数形式表达的选择该项人数的实际百分比。问卷中个别未填的选项，按"不知道"进行统计。宝安第 186 题的得分（即去掉两个最高分和最低分）后的平均分：7.231。宝安区法治政府建设绩效指数最后得分为：75.533 × 0.14431 + 71.599 × 0.14361 + 72.933 × 0.14594 + 73.733 × 0.14918 + 78.133 × 0.14525 + 68.267 × 0.15003 + 67.8 × 0.12168 ≈ 72.667。

　　宝安区在法治政府建设上取得优异成绩，并非偶然。该区一直在法治政府和区域法治建设上投入了大量的精力。早在 2010 年 11 月 24 日，宝安区即已荣获全国普法办评选的首批"全国法治县（市、区）创建活动先进单位"称号。

第二节　宝安区的法治资本

一　政治文化资本

　　通过问卷调查，我们发现，宝安区的居民在对政府工作人员秉公执法、依法办事的信任度上较高（第 43 题），得分为 8.133 分，这和余杭区居民对当地政府执法人员秉公执法的信任度评价（8.158 分）相差无几；而且在对行政审批的信任度上（第 44 题），也是得分最高，得到了 9.167 分，在这一点上，与余杭 9.158 分的评价依然极为接近。不过，宝安居民在对当地公共政策制定施加影响的意愿（第 38 题）与影响能力上（第 39 题），评价都较低，从统计数据来看，这种评价与地方政府在制定政策时征求当地居民意见的实际情况（第 37 题）是一致的。当然，宝安居民对当地政府的信任度还是相当高的，其评价值为 7.966 分（第 45 题）。总之，宝安区在居民对当地政策的参与、认知与评价方面，总体得分为 72.833 分，这也反映了一个总体事实，即当地居民对地方政策的总体评价是较为满意的。如果将此项折算成法治资本指数，则其得分为 72.833×0.125≈9.104。

表 6-3　宝安居民调查问卷资料整理 3（第九份问卷）居民
对地方政策的参与、认知与评价

题号	A（10分计算）	B（8分计算）	C（6分计算）	D（4分计算）	E（5分计算）	每题得分
36	0.167	0.3	0.533			7.267
37	0.1	0.3	0.267	0.1	0.233	6.567
38	0.033	0.167	0.233	0.433	0.133	5.467
39	0.067	0.267	0.466		0.2	6.6
40	0.033	0.5	0.3		0.167	6.966
41	0.133	0.5	0.233		0.133	7.4
42	0.067	0.6	0.167			7.3
43	0.233	0.633	0.1	0.033		8.133
44	0.7	0.2	0.067		0.033	9.167
45	0.1	0.8	0.067		0.033	7.966
Σ						72.833

注：n=60，有效问卷60份。表中 A、B、C、D、E 各列对应的数字意为以小数形式表达的选择该项人数的实际百分比。

二　制度资本

前已述及，深圳市和宝安区均处改革开放的前沿阵地，是我国改革开放的窗口和示范地区。因此，宝安区的这一特殊区位优势，要求我们在考察宝安区的法治制度资本时，更多地聚焦于市、区两级人民政府的法治制度供给。

以下是从 1997 年中共十五大召开到 2016 年 6 月 30 日这段时间，广东省、深圳市和宝安区三级人民政府的法治制度供给或法治制度创新情况（项数）。

1. 1997 年中共十五大以来广东省省级法治制度供给

① 2016 年 3 月 31 日广东省第十二届人民代表大会常务委员会第二十五次会议修订，2016 年 7 月 1 日起施行《广东省行政执法监督条例》；

② 2015 年 11 月 16 日广东省政府办公厅印发并于 2016 年 1 月 1 日起施行《广东省政府网站考评办法》；A

③ 2015 年 3 月 6 日广东省政府办公厅印发并于 2015 年 5 月 1 日起施行《广东省行政复议案件庭审办法（试行）》；B

④ 2014 年 12 月 31 日广东省人民政府第十二届 39 次常务会议通过，2015 年 4 月 1 日起施行《广东省政府法律顾问工作规定》；

⑤ 2014 年 6 月 11 日，广东省人民政府办公厅印发《关于进一步加强行政机关规范性文件监督管理工作的意见》（粤府办〔2014〕32 号）；

⑥ 2013 年 12 月 31 日广东省人民政府第十二届 19 次常务会议通过，2014 年 3 月 1 日起施行《广东省〈行政执法证〉管理办法》；

⑦ 2013 年 3 月，广东省依法治省办公室印发《关于打造珠三角法治创建示范区指导意见》，旨在推动珠三角法治建设先行先试，提升珠三角法治软实力，加快珠三角转型升级，带动法治广东、幸福广东建设的整体发展；2015 年 11 月 30 日广东省政府办公厅印发《广东省创建珠三角法治政府示范区工作方案》；C

⑧ 2013 年 2 月 5 日广东省人民政府第十二届 1 次常务会议通过，2013 年 6 月 1 日起施行《广东省重大行政决策听证规定》；

⑨ 2012 年，广东省委组织部修订《广东省各地级以上市经济社会发展实绩考核评价指标体系》，在省直部门和各地级以上市领导班子年度考核民主测评中，设置法治评价项目作为任免干部的重要条件；D

⑩ 2011 年 8 月 25 日广东省人民政府第十一届 78 次常务会议通过，2012 年 1 月 1 日起施行《广东省规范行政处罚自由裁量权规定》；

⑪ 1999 年 11 月 27 日广东省第九届人民代表大会常务委员会第十三次会议通过，2009 年 7 月 30 日广东省第十一届人民代表大会常务委员会第十二次会议修订，2009 年 10 月 1 日起施行《广东省行政执法责任制条例》；E

⑫ 2008 年 11 月 28 日广东省人民政府第十一届 20 次常务会议通过，2009 年 3 月 1 日起施行《广东省政府规章立法后评估规定》；F

⑬ 2008 年 11 月 7 日广东省法制办公室印发并施行《广东省政府法制机构规范性文件审查工作指导意见》（粤府法〔2008〕58 号）；2008 年 9 月 24 日广东省法制办公室印发并施行《广东省政府法制机构规范性文件审查工作规范化评价标准（试行）》（粤府法〔2008〕50 号）；G

⑭ 2008 年 9 月 1 日广东省人民政府办公厅公布并开始施行《广东省各级政府部门行政首长问责暂行办法》；H

⑮ 2008 年 8 月 26 日广东省人民政府办公厅公布并开始施行《广东

省行政过错责任追究暂行办法》；I

⑯ 2007 年 7 月 13 日广东省人民政府第十届 119 次常务会议通过，2008 年 1 月 1 日起施行《广东省行政审批管理监督办法》；J

⑰ 2005 年 7 月 29 日广东省第十届人民代表大会常务委员会第 19 次会议通过，2005 年 10 月 1 日起施行《广东省政务公开条例》，这是全国第一部系统规范政务公开的省级地方性法规；K

⑱ 2004 年 12 月 6 日广东省人民政府第十届 53 次常务会议通过，2005 年 2 月 1 日起施行《广东省行政机关规范性文件管理规定》；

⑲ 2003 年 7 月 25 日广东省第十届人民代表大会常务委员会第五次会议通过，2003 年 10 月 1 日起施行《广东省行政复议工作规定》；L

⑳ 1997 年 12 月 1 日广东省第八届人民代表大会常务委员会第 32 次会议通过，1998 年 1 月 1 日起施行《广东省各级人民政府行政执法监督条例》；M

㉑ 1997 年 9 月 22 日广东省第八届人民代表大会常务委员会第 31 次会议通过，1998 年 1 月 1 日施行《广东省行政执法队伍管理条例》；N

2. 1997 年中共十五大以来深圳市市级法治制度供给

① 2016 年 4 月 14 日，深圳市政府绩效管理委员会第 10 次全体会议审定并印发《深圳市 2016 年政府绩效评估指标体系》；

② 2015 年 12 月 3 日深圳市政府办公厅印发并施行《深圳市优化行政审批流程实施办法》；A

③ 2013 年 12 月 5 日，深圳市委、市政府印发《深圳市加快建设一流法治城市工作实施方案》；B

④ 2013 年 11 月 13 日深圳市人民政府办公厅印发并施行《深圳市重大行政决策专家咨询论证暂行办法》；

⑤ 2009 年 9 月 3 日深圳市人民政府四届 141 次常务会议审议通过，2009 年 11 月 1 日起施行《深圳市行政过错责任追究办法》；

⑥ 2009 年 9 月 3 日深圳市人民政府四届 141 次常务会议审议通过，2009 年 11 月 1 日起施行《深圳市行政监督工作规定》；C

⑦ 2009 年 9 月 3 日深圳市人民政府四届 141 次常务会议审议通过，2009 年 11 月 1 日起施行《深圳市行政决策责任追究办法》；D

⑧ 2009 年 3 月 17 日深圳市人民政府四届 130 次常务会议审议通过，2009 年 5 月 1 日起施行《深圳市人民政府行政执法督察办法》；E

⑨ 2008 年 12 月 16 日深圳市人民政府四届 120 次常务会议审议通过，2009 年 2 月 1 日起施行《深圳市规范行政处罚裁量权若干规定》；

⑩ 2008 年 12 月 16 日，深圳市人民政府印发关于制定和实施《深圳市法治政府建设指标体系（试行）的决定》（深发〔2008〕14 号）；F

⑪ 2007 年 5 月 8 日，深圳市人民政府印发《深圳市政府绩效评估指导书（试行)》和《深圳市政府绩效评估指标体系（试行)》；G

⑫ 2006 年 9 月 15 日，深圳市人民政府四届 38 次常务会议审议通过，2006 年 10 月 1 日起施行《深圳市行政听证办法》；H

⑬ 2006 年 8 月 17 日，深圳市人民政府印发并施行《深圳市行政监督部门抄告行政监督信息和移送行政违法违规问题暂行办法》；I

⑭ 2006 年 6 月 15 日，深圳市人民政府四届 30 次常务会议审议通过，2006 年 7 月 1 日起施行《深圳市人民政府重大决策公示暂行办法》；J

⑮ 2005 年 10 月 21 日，深圳市委、市政府印发《关于在全市掀起"责任风暴"实施"治庸计划"加强执行力建设的决定》（深发〔2005〕13 号）；为了贯彻落实这一决定，2005 年 12 月 6 日，深圳市人民政府又印发《深圳市人民政府关于健全行政责任体系加强行政执行力建设的实施意见及六个配套文件的通知》（深府〔2005〕201 号）：《深圳市行政过错责任追究办法》、《深圳市人民政府部门行政首长问责暂行办法》、《深圳市行政机关工作人员十条禁令》、《深圳市实施行政许可责任追究办法》、《深圳市人民政府关于推行行政执法责任制的意见》和《深圳市人民政府关于进一步加强政务督查工作的意见》；K

⑯ 2003 年 6 月 23 日深圳市人民政府印发《深圳市人民政府法律顾问工作规则》；L

⑰ 2000 年 10 月 20 日深圳市人民政府令第 94 号发布《深圳市行政机关规范性文件管理规定》；M

⑱ 1999 年 1 月 18 日深圳市委印发并实施《中共深圳市委关于加强依法治市工作加快建设社会主义法治城市的决定》；N

3. 1997 年中共十五大以来宝安区区级法治制度供给

① 2016 年 2 月 25 日宝安区政府办印发《深圳市宝安区行政调解实施暂行办法》；

② 2015 年 10 月，宝安区政府制定并施行普遍适用于各区属执法单位的《宝安区行政处罚一般程序通用指引》；A

③ 2015 年 3 月 20 日经宝安区委五届 99 次常委会审议通过，宝安

区委办、区政府办印发《宝安区全面深化改革年工作方案》（其中包含
"深化法治政府建设领域改革"的内容）和《宝安法治城区建设年工作
方案》；

④ 2015 年 3 月 17 日宝安区人民政府印发《深圳市宝安区人民政府
关于公布宝安区行政机关规范性文件制定主体目录的通知》；B

⑤ 2015 年 1 月 29 日宝安区人民政府印发并施行《深圳市宝安区规
范行政处罚自由裁量权暂行规定（试行)》；

⑥ 2014 年 1 月 26 日宝安区政府办印发并施行《深圳市宝安区政府
合同管理办法》；

⑦ 2013 年 11 月 7 日宝安区人民政府印发并施行《深圳市宝安区行
政审批事项目录管理办法》；C

⑧ 2012 年 6 月 8 日，宝安区人民政府印发并施行《深圳市宝安区
行政无为问责办法（试行)》；D

⑨ 2010 年 5 月 25 日宝安区人民政府印发并施行《深圳市宝安区行
政审批服务联合办公实施办法》；

⑩ 2009 年 11 月 17 日宝安区政府办印发，2009 年 12 月 1 日起施行
《宝安区行政机关行政诉讼案件应诉工作规则》、《宝安区人民政府行政
复议工作规则》和《深圳市宝安区行政机关规范性文件管理规定》等
三份文件；E

⑪ 2009 年 5 月 31 日宝安区政府办印发，2009 年 6 月 1 日起施行
《宝安区人民政府常务会议学法制度》和《宝安区行政机关依法行政报
告制度》；F

⑫ 2009 年 5 月 12 日宝安区政府第 84 次常务会议通过并印发
《2009 年宝安区政府绩效评估指标体系》；

⑬ 2008 年 12 月 26 日宝安区政府办印发关于《宝安区政府投资项
目审批流程分类改革方案（试行)》的通知；G

⑭ 2008 年 2 月 18 日宝安区政府办印发并施行《宝安区街道综合执
法案件办理暂行规定》；2007 年 2 月 28 日宝安区政府办印发，2007 年 3
月 1 日起施行《深圳市宝安区街道综合执法实施办法》；H

⑮ 2007 年 10 月 9 日宝安区政府办印发，2007 年 9 月 1 日起施行
《深圳市宝安区人民政府重大决策事项法律审查办法》；I

⑯ 2007 年 10 月 9 日宝安区政府办印发，2007 年 9 月 1 日起施行
《深圳市宝安区行政机关规范性文件管理规定》；

⑰ 2007 年 4 月 6 日宝安区政府办印发《关于实施宝安区政府部门责任白皮书制度的意见》；J

⑱ 2007 年 2 月 28 日宝安区政府办印发，2007 年 3 月 1 日起施行《深圳市宝安区街道综合执法实施办法》；

⑲ 2007 年 2 月 25 日宝安区政府办印发，2007 年 1 月 1 日起施行《宝安区重大建设项目审批制度改革方案》；K

⑳ 2006 年 5 月 9 日，宝安区委办、区政府办印发并施行《深圳市宝安区信访工作责任制追究暂行办法》《深圳市宝安区集体上访处置办法》；L

㉑ 2005 年 11 月 14 日，宝安区政府办印发《宝安区关于推进行政管理创新加强政府自身建设的实施细则》；M

㉒ 2004 年 7 月 12 日，宝安区人民政府印发并施行《深圳市宝安区企业投诉管理暂行办法》；N

㉓ 2003 年 9 月 19 日，宝安区委办、区政府办印发《中共深圳市宝安区委、深圳市宝安区人民政府关于实行行政审批联合办公服务的意见》；2010 年 5 月 25 日宝安区人民政府印发并施行《深圳市宝安区行政审批服务联合办公实施办法》；O

㉔ 2002 年 6 月 25 日，宝安区委办、区政府办印发并施行《深圳市宝安区区管单位领导集体决策重大问题议事规则（试行）》；P

因此，宝安区的法治制度资本基数为 $14 \times 30\% + 14 \times 35\% + 16 \times 35\% = 14.7$。由于在本研究 6 个案例中，宝安区的制度资本基数为最高，所以其法治制度资本指数为：$(14.7/14.7) \times 12.5 = 12.5$ 分。

三 人力资本

在宝安区法制办的访谈中，宝安区的政府人员告诉我们说，首先，宝安区法治做得好的一个重要原因是"形势逼人"。身处改革的前沿地带，"老百姓的法治要求越来越高，日益要求政府严格按规矩办事"。同时，这也是大的制度环境的结果。比如，制度要求重大决策必须遵守决策程序。如果不按程序决策则要负领导责任，而按照程序进行决策则会使决策更为科学、全面，这对领导干部也是一种保护，从而可以实现权力在法治范围内行使的效果。总而言之，形势对法治建设起到了巨大的促进和倒逼作用。

表6-4 宝安区政府公务人员法治思维水平调查（专家问卷9）

题号	A（20分计算）	B（10分计算）	C（0分计算）	每题得分
36	18	2	0	19
37	12	5	3	14.5
38	13	4	3	15
39	16	3	1	17.5
40	16	2	2	17
Σ				83

注：n=20，有效问卷20份。

第二，更为重要的是，2015年，宝安将当年确定为"法治城区建设年"，并以1号文件的形式提出深入推进依法行政、公正司法、法治社会、法治队伍等各项工作，以推动全社会形成良好的法治氛围。而在2016年10月召开的中共深圳市宝安区第六届代表大会第一次会议上，宝安区委书记黄敏明确提出，未来五年，要坚定不移地推进依法治区，让法治成为宝安新时期的核心竞争力。区主要领导之所以特别重视法治建设，是因为他们都认为法治建设是社会建设的基础，法治是社会管理的基本方法，是讲规矩的、切实可行的社会管理方法。比如，区委书记黄敏就曾多次表示，当前宝安正处于"爬坡过坎、不进则退"的关键阶段，更处于新一轮发展的起点，宝安要实现"滨海宝安、产业名城、活力之区"的战略目标，就必须营造一个公平、和谐、文明、法治的环境，"法治城区建设任重道远，需要长期坚持、常抓不懈"。

另外，为了提高领导干部的法治思维能力和增强法治意识，宝安区有自己特殊的成熟做法。一是采取定期学法的制度。在区政府的每次常务会上，都要挤出时间来搞定期学法培训，邀请相关领域的专家来授课。二是为副区长以上的每一位领导一对一地配备专职法律顾问，而这些法律顾问都由水平很高的、有良好口碑的律师来出任，而为了提升专职法律顾问的工作积极性，区政府每年从法治政府建设费用中拨出80万元专款给专职法律顾问。三是实行新任领导干部任前普法和法律考试制度，以考促学。据区司法局的同志介绍，宝安区委、区政府规定，所有新任领导干部在任前都必须接受普法并参加法律考试，如考试不过关，将暂缓转正。对于没有及时参加考试的新任领导干部也要延期转正。此外，每个处级干部都发一套学法用书。四是实行依法行政知识测试制度。区司法局每年都要对包括老师在内的所有公职人员搞一次依法行政知识测试，区领导也必须参加这一测试。五是开设处级干部讲堂，围绕不同管理领域的依法行政问题，邀请相关部门的处级干部进行专业讲解。

总之，宝安区政府通过以上各种制度手段，大大提升了各级领导干部和政府公职人员的法律意识和法治思维能力，从而使广大领导干部和政府公职人员都成为推动宝安法治政府建设的最可靠的人力资本。

基于以上事实，我们赋予宝安区主要领导干部法治思维水平以 4 分。另外，在政府普通公务人员法治思维水平调查中其得分为 83 分，折合后得分应为 $83 \times 8.5\% = 7.055$ 分。综上所述，宝安区的法治人力资本最终得分为 11.055 分。

四 司法资本

在法治政府的建设过程中，深圳市宝安区有着丰富的司法资本。

关于在行政诉讼案件中行政领导出庭情况，宝安区法制办工作人员在访谈中告诉我们说，宝安区 30% 的行政诉讼案件要求区政府负责人（正副职）出庭。而自 2015 年以来，区政府各部门、各街道办行政首长出庭应诉率达 44.47%，更为历年之最。[①] 因此，在行政领导出庭应诉方面，宝安区的得分为 $6.5 \times 44.47\% \approx 2.891$ 分。但又因其正职也有时亲自出庭，所以酌情加 1 分。

关于行政诉讼案件的整理，宝安区有着得天独厚的区位优势。首先，广东省高级人民法院定期发布广东省十大行政诉讼典型案例。2015 年 1 月 29 日上午，在广东省高级人民法院召开的新闻发布会上，通报了近年来全省法院行政审判工作的基本情况，并首次发布 2014 年度广东省行政诉讼十大典型案例。广东高院行政庭庭长付洪林指出，"根据最高法院的要求和省法院的工作安排，发布典型案例将成为常态化，从 2015 年起就按季度公布典型行政诉讼案例，力争通过典型案例的积累，逐渐搭建起广东行政审判的案例指导制度。今年起争取每个季度公布当季十大典型行政案例，通过鲜活的案例推动行政机关依法行政，规范法院裁判统一，为人民群众依法维权，理性维权，为行政机关依法履行法定职责提供有效的指引"。[②]

广东省高院通过发布《年度行政审判白皮书》的方式，定期对辖区内的行政诉讼案件进行分析、总结、归类，准确地发现了行政诉讼的易发区，

---

① 数据来源：宝安区法制办 2015 年工作总结和 2016 年工作计划。
② 章宁旦：《广东高院首次发布行政诉讼十大典型案例》，http://www.legaldaihy.com.cn/index/vontent/2015 - 1/29。

从而能够对各级政府的行政执法行为进行有针对性的指导，有效减少和预防行政违法行为的发生。比如，在广东省 2014 年度十大行政诉讼典型案例中，行政处罚类案件占据了主要位置，共有四个行政处罚类案件入选。这也充分说明行政处罚行为既是行政违法行为的多发区，也是行政诉讼的易发区，这就进而要求各级行政执法机关在进行行政处罚时，必须严格依据《行政处罚法》进行。另外，付洪林还告诉记者，"起诉行政机关不依法、不正确履行法定职责案件是行政诉讼的一种重要案件类型，2014 年共有 15% 的案件起诉行政机关不依法履行职责"。这对行政机关是一个重要提醒，即行政机关在履行职责时，必须严格依法进行。

其次，2015 年 6 月 30 日，深圳市中级人民法院也发布了"深圳市 2013—2014 年行政诉讼十大典型案例"，这是该院首次发布行政诉讼典型案例。其中"彭皖诉深圳市南山区规划土地监察大队行政不作为案"入选了"全国十大行政不作为案例"，而"陈欣诉市人力资源和社会保障局积分入户申请不予批准决定案"，则被评选为"2014 年广东省行政诉讼十大典型案例"。在这两个案例中，作为被告的行政机关均被判败诉，这无疑给深圳市的行政机关服了一剂猛药。

2016 年 6 月 30 日，深圳中院再度发布了"深圳市 2015 年度行政诉讼十大典型案例"。其中，发生在宝安区域内的案件就有两类，且行政机关均被判败诉。在案例七"吴辉诉深圳市宝安区法律援助处拒绝提供法律援助案"中，立法已经对法律援助的准予条件和排除条件作了明确规定。案件中行政机关作出拒绝法律援助的决定，却没有提供法定的理由。该案案情简单，但却生动形象地说明了依法行政的要义。依法行政就是依照法律法规规章的规定行使行政职权，否则就可能构成违法。而案例十"黄笑梅诉深圳市宝安区规划土地监察大队行政强制措施案"却是一宗拆除违法建筑案件。法院对涉案的拆除行为确认违法，同时驳回了原告要求国家赔偿的请求，既警示了行政机关要依法行政，也告诉了违法行为人对于违法的利益，得不到国家赔偿。

此外，为了建立行政败诉案件备案监督机制，2015 年宝安区率先出台了《宝安区行政复议、行政诉讼败诉案件备案监督暂行规定》，通过从区政府层面对各区属执法单位报备的败诉案件的审查，以点带面，及时纠正执法中存在的不作为、乱作为等现象。总之，虽然我们没有直接发现宝安区相关职能部门对行政诉讼案件进行整理的资料，但广东省高院和深圳市中院定期公布典型行政诉讼案件的做法，以及宝安区行政诉讼案件报备审查机制，在一定程度上弥补了相关职能部门在行政诉讼案件分类整理工作上的缺陷与不足。因此，在行政诉讼案件整理方面，我们赋予其 6 分的得分。

因此，不难想象，如果政府作为被告，而政府又被判败诉的话，那么在出庭应诉的政府领导心里将产生何等的震撼！政府领导出庭应诉且政府被判败诉的这些行政诉讼案件，必将成为此后推动行政机关依法行政、行政行为日益走向合法规范并把当地政府早日建成法治政府的强大司法资本。

综上所述，宝安区的法治司法资本最终得分为：2.891 + 1（酌情加分） + 6 = 9.891 分。

第三节　宝安区的法治动力

一　宝安区的政府目标函数及目标函数耦合

1. 宝安区、深圳市、广东省第十一个五年规划的目标函数及耦合

通过查阅宝安区的中长期发展规划，我们发现，在 2006 年 2 月 23 日宝安区第三届人民代表大会第四次全体会议上审议批准的《深圳市宝安区国民经济和社会发展第十一个五年总体规划》中，在第二章"指导思想"部分，明确提出要"树立法律权威，强化基层民主"，但无论是在"战略任务"还是在"发展目标"部分，或是在第三章"规划内容"部分，都没有找到有关"法治建设"的内容，只是在第四章"保障措施"的第一节"深化体制改革"的第一小节"改革行政管理体制"部分中，才发现间接涉及法治的内容："把促进政府转型，构筑服务型、业绩导向型政府管理体制作为改革的核心任务。贯彻行政许可法，继续推进审批制度改革，科学划分各级行政机关的职能和权限；通过对行政系统的改革，转变政府职能，实现由过去注重管制变为今后注重服务的工作方式；建立公务员业绩测评考核体系，为实行业绩导向型管理打下基础。"由此可见，宝安区的"十一五"规划并没有把法治建设列入"十一五"期间的第一层次的主要目标和中心工作，只是把法治建设列为第三层次的工作内容。因此，"十一五"规划期间，宝安区的政府法治目标函数可以表示为 C3。

在《深圳市国民经济和社会发展十一五规划纲要》的第二章"指导思想和发展目标"中，也没有包含与法治建设直接相关的内容，只是在第十二章"加快体制机制创新"的第四十二节"深化行政管理体制改革"中，找到"推进法治政府建设"（加强行政法制建设和经济法制建设，加快建立权责明确、行为规范的行政执法体制，保证各级行政管理机关及其工作人

员严格按照法定权限和程序行使职权、履行职责。完善行政执法制度，完善行政管理权力的监督机制，建立健全教育、制度、监督并重的惩治和预防腐败体系）和"推进责任政府建设"（完善政府行政管理决策机制，健全对涉及经济社会发展全局的重大事项决策的协商和协调机制，健全对专业性、技术性较强的重大事项决策的专家论证、技术咨询、决策评估制度，健全对与群众利益密切相关的重大事项决策的公示、听证制度，推进行政管理决策科学化、民主化。健全行政责任体系，建立和完善首长问责制、岗位责任制和行政过错责任追究制。建立岗位之间、部门之间的责任链条，使各项工作职责和工作环节的责任落实到人。创新行政效能评估制度，推行政务公开制度，建立体现科学发展观和正确政绩观要求的干部业绩考核评价制度，探索建立目标管理和绩效评估体系，量化行政效率和行政成本）这样两段文字。因此，可以看出，在深圳市的"十一五"规划中，也没有把法治政府建设列入第一层次的目标。不过，从深圳市政府后面采取的一些重大举措来看，比如2008年11月13日，深圳市政府与国务院法制办签订《关于推进深圳市加快建设法治政府的合作协议》，以及2008年12月16日，深圳市政府印发《关于制定和实施深圳市法治政府建设指标体系（试行）的决定》，自"十一五"规划中期开始实行，深圳市又逐渐加大了对法治政府建设的重视程度。因此，"十一五"规划期间，深圳的政府法治目标函数可以表示为B2。

在《广东省国民经济和社会发展十一五规划纲要》中，第二部分"指导思想、发展目标和总体要求"明确提出，要"到2010年，进入宽裕型小康社会，经济强省、文化大省、法治社会、和谐广东建设成效显著"，并明确了"坚持依法治省"的总体要求。由此可见，不同于深圳和宝安两地的"十一五"规划，广东省的"十一五"规划明确把"法治建设"列为"十一五"期间的第一层次的发展目标和政府中心工作。因此，"十一五"规划期间，广东的政府法治目标函数可以表示为A1。

总之，在"十一五"期间，虽然宝安区没有把法治建设作为政府的一级目标函数，但实际上仍被视为深化行政体制改革这个二级目标之下的政府三级目标函数；稍显不同的是，深圳市政府的目标"推进法治政府建设"和"推进责任政府建设"也只是"加快体制机制创新"这一顶级目标之下的政府二级目标函数；而形成对比的是，广东省却把"法治社会"列为政府的一级目标函数。因此在法治建设方面，宝安区案例的省、市、区三级政府的目标函数属于"A1B2C3"（或123）的耦合模式，所以，"十一五"

期间，宝安区的目标函数得分为（$1 \times 0.8 \times 0.6$）$\times 50 = 24$ 分。总之，虽然所纳入政府目标函数的层级有所差别，但总体上宝安区、深圳市和广东省在"法治建设"上，其目标函数还是基本耦合的。

2. 宝安区、深圳市、广东省第十二个五年规划的目标函数及耦合

在《宝安区十二五规划》第一章"站在历史新的起点，明确新的奋斗目标"的第三节"指导思想和发展目标"中，提出了"社会建设明显加强"的五年发展目标：即"民主法制建设得到加强，人民权益得到切实保障，治安环境明显好转"。因此可以看出，宝安区的"十二五"规划把法治建设当成了第二层次的发展目标。虽然如此，但在 2015 年 3 月 20 日，经宝安区委五届 99 次常委会审议通过，宝安区委办、区政府办印发了《宝安区全面深化改革年工作方案》（其中包含"深化法治政府建设领域改革"的内容）和《宝安法治城区建设年工作方案》，说明在"十二五"规划后期，区委、区政府还是把法治建设实际上列为近两年的中心工作和第一层级的目标。另外，为了贯彻中共深圳市市委《关于贯彻〈法治广东建设五年规划〉（2011—2015）的实施意见》的精神，宝安区委还提出要求：通过五年左右的努力，把宝安建成法治理念深入人心、司法公正高效、市场运行开放有序、公共管理高效规范、社会环境安全稳定的社会主义法治模范城区，营造与国际惯例接轨的法治环境。所以综合上述两点事实来看，宝安区事实上把法治建设列为"十一五"规划期间的中心工作和第一层级的目标。因此，"十二五"规划期间，宝安的法治政府目标函数可以表示为 C1。

而在 2011 年 1 月 19 日深圳市第五届人民代表大会第二次会议批准的《深圳市国民经济和社会发展第十二个五年（2011—2015）规划纲要》中，在第一章"发展战略和总体目标"，与深圳市"十一五"规划一样，同样没有找到与法治建设直接相关的内容，只在第六章"大力推进社会管理创新"第二十一节"加强民主法治建设"的第 2 小点"全面推进法治建设"中，做出了以下规定："全面落实依法治国基本方略，充分发挥特区立法权作用，突出立法重点，加快完善转变经济发展方式、加强社会建设以及规范政府行为等方面的法规，建立国际化商业制度和营商环境。完善和落实法治政府建设指标体系，率先建设法治政府。严格遵守法定权限和程序。强化司法监督，保证司法公正。全面推进依法行政，规范行政执法行为，严格公正廉洁文明执法。实施'六五'普法规划，深入开展法制宣传教育，弘扬法治精神，引导市民依法维权，自觉履行法定义务，形成人人学法、尊法、守法、用法的良好社会氛围。"由此可见，深圳市"十二五"规划并

没有把法治建设作为第一层次的目标和政府的中心工作，而是当成了"大力推进社会管理创新"这一目标之下的第二层次目标，因此"十二五"期间，其法治政府目标函数可以表示为 B2。

在 2011 年 1 月 26 日广东省十一届人大四次会议审议批准的《广东省国民经济和社会发展第十二个五年规划纲要》的第三章"指导思想"中，明确提到要正确处理好"政府与市场的关系"等五大关系，而在第四章"发展目标"的"社会事业全面发展"中，明确提出了"依法治省扎实推进，法治环境明显优化"的发展目标，并在第十二章"改革先行，增创体制机制新优势"中，提出要"努力建设服务政府、责任政府、法治政府、廉洁政府和效能政府"。由此可见，广东省的"十二五"规划并没有把"法治建设"列为"十二五"期间全省第一层次的发展目标或工作重心，而只是列为第二层次的目标。

但是在 2011 年 1 月 8 日的广东省委十届八次全会上，审议通过了《法治广东建设五年规划（2011—2015 年）》，并以 2011 年 3 号文件的形式下发全省。《法治广东建设五年规划》明确提出了"到 2015 年，初步建成地方立法完善、执法严格高效、司法公正权威、法治氛围良好、社会和谐稳定的法治省"的奋斗目标。在 2011 年 5 月 26 日，广东省依法治省工作领导小组还制定了详尽的实施方案（粤法治组〔2011〕7 号）。所以，虽然在广东省的"十二五"规划中法治没有成为省政府的一级目标，但是《法治广东建设五年规划（2011—2015 年）》的出台，说明建设"法治广东"实际上完全成为广东省委、省政府在"十二五"期间的一级目标函数。因此"十二五"期间，广东省的政府法治目标函数可以表示为 A1。

更值得一提的是，2016 年 10 月，广东省委印发了《法治广东建设五年规划（2016—2020 年）》（粤办发〔2016〕26 号），提出"到 2018 年，法治建设的重点领域和关键环节取得决定性成果，法治建设达到全面建成小康社会目标要求；到 2020 年，形成较完备的法规制度体系、高效的法治实施体系、严密的法治监督体系、有力的法治保障体系和完善的党内法规体系，实现科学立法、严格执法、公正司法、全民守法，加快治理体系和治理能力现代化进程，推动广东省法治建设走在全国前列"的奋斗目标。广东省委通过制定法治建设专项规划这种创新形式，来对法治建设进行科学系统的全盘谋划，充分体现了时任广东省委对法治建设的高度重视，以及其所肩负的神圣责任感与使命感。

与宝安区的"十一五""十二五"规划略有不同的是，在《深圳市宝安区国民经济和社会发展第十三个五年规划纲要》第二章"指导思想、发展定位与战略"中，明确提出了"营造高品质综合发展环境，加强民生、法治、营商、人文环境建设，使宝安成为公正、和谐、文明、安全的活力之区。崇尚法治，以法治措施维护市场秩序，以法治方式规范政府行为，以法治理念加强社会治理，营造公平正义、规范诚信、廉洁高效的法治'软环境'"的战略定位。而在十二章"法治强区——营造和谐有序软环境"中，更是以独立成章的方式，从"建设一流法治政府、全面建设法治社会、完善公共安全体系"三个方面来规划法治宝安的建设。显然，在宝安区"十三五"规划中，法治建设被列为宝安区第一层次的发展目标和政府工作重心，区域法治正式成为了区委、区政府的一级目标函数。

总的来看，在"十二五"规划期间，深圳市把法治政府或区域法治的建设列为第二层级的政府目标函数，而宝安区、广东省则把其列为一级目标函数。因此"十二五"期间，在法治建设方面，宝安案例的省、市、区三级政府的目标函数属于"A1B2C1"（或121）的耦合模式，目标函数耦合模式的得分为（$1 \times 0.8 \times 1$）$\times 50 = 40$分。总之，虽然所纳入政府目标函数的层级有所差别，但总体上宝安区、深圳市和广东省在"法治建设"上，其目标函数还是较为耦合的。

因此，"十一五""十二五"期间，宝安区的政府法治目标函数最终得分为（$1 \times 0.8 \times 0.6 \times 50 + 1 \times 0.8 \times 1 \times 50$）$\times 0.125 = 8$分。总之，两个《法治广东建设五年规划》的连续出台，为全省各地、各部门的法治建设事业注入了强大的动力，并且宝安区委、区政府也始终较为重视法治建设。这些都成为宝安区法治政府建设取得突出成绩的重要原因。

二 宝安区的政府绩效机制

宝安区历来重视政府绩效考核，并非常重视发挥政府绩效考核对于所辖街道和区直部门的指挥棒作用。2008年7月，宝安区即出台《深圳市宝安区政府绩效评估实施办法（试行）》，当年即把14个职能局和10个街道办事处列为绩效评估对象。2009年5月12日，在区政府第84次常务会议上，正式通过了《2009年宝安区政府绩效评估指标体系》，并且规定，评估结果将与干部任用、行政问责等挂钩，对于绩效考核为"优""良"等次的，在干部任用时予以优先考虑，反之，对于绩效评估为"差"等次的，向区委建议对主要领导和负有直接责任的干部进行免职或降职使用。

表 6 - 5　宝安区政府职能部门绩效评估指标（2009）

一级指标	二级指标	序号	指标要素（三级指标）	权重（%）
行政业绩（30%）	公共服务白皮书工作目标落实情况	1	履行各项法定职责	10
		2	"三保"工作完成情况	15
	改革与创新	3	制度/规范/工作流程等的改革与创新举措	5
行政效率（20%）	行政审批	4	行政审批绩效	5
	行政服务	5	行政服务提速提效	5
	议案、提案的办理	6	人大议案的办理	2
		7	政协提案的办理	2
	信访调处	8	对信访事件的处理	4
	部门协作	9	跨部门工作的沟通、协作	2
行政执行力（20%）	依法行政	10	行政处罚按时结案率	3
		11	行政过错	2
	突发公共事件	12	突发事件应对	5
	电子政务应用	13	政务信息网上公开	4
		14	网上申请、网上查询行政审批实现率	4
	廉洁状况	15	违纪违法情形	2
行政成本（5%）	行政经费使用	16	部门当年人均公用经费支出比例情况	2
		17	部门当年项目支出进度比例情况	2
	财政绩效审计	18	重大项目绩效审计结果	1
服务效果（25%）	公众满意度	19	问卷调查的公众满意率	15
	人大、政协委员、党代表满意度	20	人大代表、政协委员、党代表满意率	10

在这份针对区直政府部门的绩效考核指标体系中，与法治政府建设直接相关的二级或三级指标包括：履行各项法定职责（10分）、行政审批（5分）、行政服务（5分）、信访调处（4分）、依法行政（5分）、电子政务应用（8分）、廉洁状况（2分），合计权重为39分。而在对街道办事处的绩效评估指标中，与法治政府建设直接相关的二级或三指标包括：行政过错（2分）、维稳综治（3分）、信访调处（3分）、行政服务（4分），合计权重为12分。

毫无疑问，这种分量的权重赋值势必大大推动各个政府部门和所辖街道的依法行政，这也充分体现了至少自2008年开始，宝安区委、区政府就谋划通过政府绩效的考核并赋予法治指标以较高权重的途径来推动地方法治政府的建设，充分说明了时任区委、区政府主要领导对于推动地方法治建设具有较高的积极性。

表6-6　宝安区街道办事处绩效评估指标（2009）

一级指标	二级指标	序号	评估要素（三级指标）	权重（%）
行政执行力（20%）	公共服务白皮书工作目标落实情况	1	"三保"工作完成情况	15
	改革与创新	2	制度/管理/服务等方面的改革与创新举措	3
	行政过错	3	不正确履行规定职责，造成不良影响或后果	2
经济发展（20%）	经济增长	4	规模以上工业总产值年度计划完成率	4
		5	全社会固定资产投资完成额年度计划完成率	4
		6	社会消费品零售总额年度计划完成率	4
		7	人均GDP增长率	3
	环境保护	8	治污保洁	3
	居民生活	9	在岗职工平均工资水平增长率	2
社会管理（25%）	维稳综治	10	社会矛盾纠纷处理	3
		11	综治目标管理	3
	信访调处	12	对信访、投诉事件的处理	3
	公共管理	13	突发事件应对	3
		14	安全生产事故	3
	城市管理与综合执法	15	违法建筑纠正率	2
		16	重大劳资纠纷调处结案率	2
		17	无证无照经营率	2
	人口管理	18	流动人口政策外生育率	2
		19	住宅出租屋暂住人口信息采集率	2
公共服务（15%）	行政服务	20	为企业、居民提供高效便捷服务	4
	文化、教育、卫生	21	科教文卫体支出占年度一般预算支出比例增幅	3
		22	"七类人员"职业能力培训量年增长率	2
	社会保障	23	养老、医疗、工伤保险参保人数增长率	2
		24	劳动合同签订率	2
		25	年末城镇登记失业率	2
服务效果（20%）	公众满意度	26	问卷调查的公众满意率	10
	人大、政协、党代表满意度	27	人大代表、政协委员、党代表满意率	10

在 2016 年 8 月中旬对宝安区的调研中，接受课题组采访的法制办负责人员说，为了推动法治宝安的建设，宝安区委、区政府还专门为区直部门和街道办事处分别开发了一套"法治政府建设"的指标考评标准，主要考核其"落实法治政府建设工作任务和开展普法宣传教育工作的情况"。考核共分四个等次，其分值区间分别为：优：得分 ≥ 90；良：80 ≤ 得分 < 90；中：60 ≤ 得分 < 80；差：得分 < 60。法治政府建设考评成绩既在全区单独排名，又纳入政府绩效考核之中进行综合排名。

在宝安区的法治政府建设考评中，用于考核区直部门的一级指标及其权重分别为：制度建设（12 分）、行政决策（21 分）、行政执法（23 分）、依法接受监督（23 分）、依法行政保障（13 分）、普法工作（8 分）和加分（7 分）、减分项目（10 分）。对区直部门的法治政府建设考核，又分为 A、B 两类单位，分别占其政府绩效考核总成绩的 10% 和 12%（取其平均值则为 11%）。

而针对街道办事处的考核一级指标及其权重分别为：制度建设（15 分）、行政决策（28.5 分）、依法接受监督（25 分）、依法行政保障（21.5 分）、普法工作（10 分）和加分（7 分）、减分项目（8 分）。考核成绩占其政府绩效考核总成绩的 7%。

基于上述情况，宝安区的法治政府绩效动力基数为 [（10 + 12）/2 + 7] ÷ 2 = 9；法治政府绩效动力指数为：（9/9）× 12.5 = 12.5 分。

总之，宝安区通过"法治政府建设"考核，并把其成绩纳入"政府绩效考核"之中的先进做法，大大提高了所辖各街道和区直各部门深入开展法治政府建设工作的积极性，也充分说明宝安区委、区政府在推动区域法治建设方面一直以来具有强大的内在动力。

三 宝安区的行政问责机制

虽然在 2012 年 6 月 8 日印发并开始施行《宝安区行政无为问责办法（试行）》之前，宝安区并没有出台专门的行政问责办法，但在区委或区政府印发的一些规范性文件中，却包含并施行了相应的行政问责条款。比如在 2006 年 5 月 9 日区政府印发并开始施行的《深圳市宝安区信访工作责任制追究暂行办法》中，就在第三章"责任追究范围"和第四章"责任追究方式与程序"中，用两个章节的篇幅，清楚无误地规定了各街道、区直党政机关和信访工作人员在信访工作中的失责情形及相应的责任追究办法，并且在第十八条，还专门规定了对街道和区直党政机关主要负责人、分管负责人及其工作人员的信访工作责任追究程序。

在 2007 年 4 月 6 日宝安区政府办印发的《关于实施宝安区政府部门责任白皮书制度的意见》中，也在第五条"考核和奖惩"中专门制定两个问责条款，即第三款："对工作推诿、责任心不强、工作落实不力，没有正当理由，不能如期完成白皮书所公布工作任务的，由区监察局发出监察建议书或者由区领导对部门主要负责人进行警醒训诫"，和第四款："对在工作中有重大失误，影响发展和稳定，造成重大损失，或者造成严重的社会负面影响的，由区监察局对责任人员进行行政过错责任追究，或者启动行政首长问责程序。"

此外，宝安区政府于 2008 年 7 月出台的《深圳市宝安区政府绩效评估实施办法（试行）》中，也有将评估结果与行政问责挂钩的相应规定："对于绩效评估为'差'等次的，向区委建议对主要领导和负有直接责任的干部进行免职或降职使用。"

除了这些分散于各专门规范性文件中的"行政问责"条款，宝安区委、区政府还针对少数干部得过且过、不作为、慢作为、乱作为的现象，明确无为也是过，无为也要问责，于 2012 年 6 月 8 日制定并施行了专项行政问责制度《宝安区行政无为问责办法（试行）》，主要内容包括：总则、问责机构、问责情形及方式、问责程序、附则，共计五章。该办法针对基层常见的在执行上级命令、履行社会管理职责、反馈工作等 7 方面 34 种情形，明确了要对不履行或不完全、及时、有效地履行规定职责，导致工作延误、任务完成质量差或任务无法完成的行政无为行为启动行政问责程序，明确规定了训诫、责令作出书面检查、通报批评、责令公开道歉、停职检查、引咎辞职、责令辞职、免职等 8 种问责方式，试图从制度上有效纠治庸碌无为、软弱涣散、工作不力的情况。该办法试行三年。

但该办法在 2015 年试行期满后，我们并没有见到宝安区政府出台替代的或正式的行政问责制度。诚如在《宝安区人民政府 2014 年度依法行政（法治政府建设）工作报告》中，宝安区政府注意到了自身存在"行政过错责任追究制度尚不健全"的问题，而在《宝安区人民政府 2015 年度依法行政（法治政府建设）工作报告》中，宝安区政府更是清醒认识到了"行政问责机制有待健全，尤其是对于行政过错的责任追究力度不足"的问题。当然，宝安区缺乏正式的行政问责制度，这可能与深圳市政府于 2009 年 11 月 1 日起就一直在全市范围内施行《深圳市行政过错责任追究办法》《深圳市行政监督工作规定》《深圳市行政决策责任追究办法》等相对成熟的行政问责制度有关。

由此可见，截止到笔者调查时间，由于上述原因在行政问责机制方面，宝安区和浏阳市的情况一样，既没有专门的、总体性和一般性的行政问责制度，也没有针对违反法治或依法行政原则的行政执法行为进行问责的专项条款。不过，宝安区有一点值得肯定，那就是在政府绩效评估中，将评估结果与行政问责直接挂钩。因此，我们赋予其7分。

四　宝安区的公民参与机制

据我们所知，宝安区并未专门制定提升公民参与的制度或办法。不过，在区里制定的其他一些规范性文件中，会包含有相关的内容。这一点得到了宝安区司法局工作人员的证实："区里制定规范性文件或作出行政决策，只要是涉及民生的，都有相应途径把公众意见纳入进来。"

就拿2015年11月30日颁布，2016年1月1日起施行的《深圳市宝安区人民政府重大行政决策程序暂行规定》来说。在第三章"决策程序"的第二节"公众参与"中，专门就重大决策过程中如何发挥公众的参与作用进行了明确规定："决策拟制部门除依照本规定第二十条规定征求社会公众意见外，还可以根据重大行政决策对公众影响的范围、程度等情况，采用座谈会、协商会、民意调查等开放式听取意见的方式，广泛听取公众和社会各界的意见和建议。公众参与范围的确定、公众代表的选择应当足以保障利益受影响公众的意见和诉求能够获得充分的表达"；在第22条规定："涉及重大公共利益或者对公民、法人、其他组织的权利义务有重大影响，各方对决策草案可能存在重大意见分歧的，决策拟制部门应当组织听证"；并在第24条规定，"公众意见多数认为决策事项法规政策依据不足或不合理、不具备可行性并提出反对，经审查予以采纳的，对原决策方案进行修改或考虑其他的替代方案。不能通过修改解决公众反映的问题或没有其他合法可行的替代方案的，报请区政府终止决策"。

除了通过制度保障公众参与到区里的重大行政决策中来，宝安区法制办还自2014年底即已开展向社会公开征集区级规范性文件项目建议工作。比如截止到2016年6月20日，区法制办就顺利完成2016年度区政府规范性文件项目建议的公开征集，共收到15个单位和个人提出的项目建议33条，采纳3条，并将有关情况向建议单位和个人反馈。通过人民群众的民主有序参与，变"闭门造法"为"开门立法"，促使相关政策的制定向人民群众更为关切的民生和公共服务领域集中。而在2016年4月19日区政府办制定的《宝安区 2016 年依法行政（法治政府建设）工作方案》中，明确表示要"进一步拓宽公众有序参与途径。进一步完善区规范性文件项目建议公开征集制度，改进公开征集方式，增强工作实效……要广泛听取社会各界意见，进一步提升规范性文件的科学化、民主化水平"。

除此之外，宝安区还以政府网站为平台，让公众参与到地方政府过程中来。比如在一年一度的政府绩效评估过程中，就在"宝安政府在线"网站上设立"政府绩效评估"专题网页，请市民对被评估部门进行满意度打分，同时还委托第三方机构发放调查问卷，来考察被评估单位的整体绩效。

另外，宝安区政府还结合《宝安区 2015 年社会末梢治理改革计划》，坚持"五统一"原则，支持社区各类主体依法参与社区治理，完善社区服务体系，推进社区依法治理，通过创建"民主法治社区"的途径使广大人民群众参与到区域法治中的建设事业中来。截止到 2015 年底，全区 138 个社区已全面完成"民主法治社区"创建工作。

总之，宝安区通过以上各种方式和途径，充分调动和提高了当地居民参与地方政府过程的积极性，也大大推动了区域法治的建设。不过，在公众参与机制的建设健全方面，宝安区还缺乏一套专门保障公众参与政府过程的制度或办法。诚如《宝安区人民政府 2014 年度依法行政（法治政府建设）工作报告》中指出的，宝安区政府还存在"少数规范性文件公众参与度不高。公开征求民意流于形式，导致有的条款脱离实际，难以执行，制定质量还有待提高"的问题。我们相信，在保障公众参与方面，宝安区会做得越来越好。

基于上述情况，在公民参与机制方面，我们赋予宝安区 8 分。

第七章　X 县法治政府建设的资本与动力

第一节　X 县县情及其法治政府建设绩效

一　X 县基本县情

X 县位于华北平原中部，面积 999 平方公里，辖 5 个乡、5 个镇、5 个办事处，有 290 个行政村，人口 48 万。地势西高东低，山区、丘陵、平原各占 1/3。

2015 年，全县生产总值完成 229.1 亿元，年均增长 9.7%，是 2010 年的 1.4 倍，人均生产总值由 3.8 万元增加到 5.4 万元，年均增长 8.4%；公共预算收入由 5.3 亿元增加到 8.1 亿元，年均增长 8.9%；固定资产投资完成 216.8 亿元，年均增长 19.9%，社会消费品零售总额达到 70.1 亿元，年均增长 13.6%。三次产业结构由"十一五"末的 4.3:65.7:30.0 调整为 3.4:56.7:39.9。在工业结构中，建材和资源采掘业等低附加值产业又为重中之重，其中采掘业占财政收入的比重达到了惊人的 40%。这种相对单一落后的经济结构严重影响到了 X 县的对外联系和开放程度。

二　X 县的法治政府建设绩效

2016 年 8 月中旬，课题组到 X 县发放问卷，对该县的法治政府建设绩效进行调研。经过统计，X 县的七项一级指标得分分别为：政府职能为 63.999 分，政府制定规范性文件为 57.201 分，政府行政决策为 57.467 分，政府行政执法为 57.2 分，政府信息公开为 61.267 分，行政监督为 53.933 分，而社会矛盾化解为 57.6 分。经过加权处理后，X 县法治政府建设绩效的最后得分为 58.370 分。

表 7 – 1　X 县居民调查问卷资料整理 1（个人情况）

	A	B	C	D	E	F
本地居住时间	3 （不到 2 年）	1 （2 – 5 年）	26 （5 年以上）			
学历	8 （高中及以下）	9 （大学专科）	13 （大学本科）	0 （研究生及以上）		
年龄	3 （25 岁以下）	8 （25 – 35 岁）	10 （36 – 45 岁）	9 （45 岁以上）		
职业	3（公务员）	13 （事业单位）	4 （个体经营者）	5（企业职工）	2（大学生）	3（其他）

注：n = 30，有效问卷 30 份。

在 X 县的法治政府建设七个方面，和余杭、宝安、浏阳、金牛完全一样，获得评价最高的两个方面依然是政府职能和政府信息公开，虽然其绝对得分并不算高，不过这也充分说明，即使对于法治政府建设乏善可陈的地方，政府职能转变和政府信息公开也同样是更容易推行下去并因而相对做得更好的两个方面。作为一个内陆区县，由于其经济的开放性不够，且结构较为单一，再加权力至上观念和官本位思想依然极为盛行，权力监督约束的观念自然难有市场。因此，X 县 53.933 的行政监督得分也是其 7 个方面得分最低的，在本研究的六个案例中，唯独 X 县的行政监督得分为最低。在我们对 X 县政府工作人员发放的专家问卷中，虽然县政府工作人员对 X 县法治政府绩效自评甚高，获得了约 79.423 分（X 县法治政府绩效专家打分为：$80 \times 0.14431 + 79.2 \times 0.14361 + 79.6 \times 0.14594 + 80.6 \times 0.14918 + 79.6 \times 0.14525 + 78.4 \times 0.15003 + 78.4 \times 0.12168 \approx 79.423$）的高分，但无独有偶的是，在 X 县政府工作人员自身看来，X 县的 78.4 分的行政监督表现，也是其法治政府建设七个方面中得分最低的，和化解矛盾方面的得分并列。

表 7 – 2　X 县居民调查问卷资料整理 2（第 1 – 8 份问卷）

题号	A （按 20 分算）	B （按 16 分算）	C （按 12 分算）	D （按 8 分算）	E （按 10 分算）	每题得分
1	0.067	0.267	0.333		0.333	12.933
2	0.1	0.2	0.4	0.033	0.267	12.933
3	0.033	0.333	0.4	0.2	0.033	12.733

续表

题号	A（按20分算）	B（按16分算）	C（按12分算）	D（按8分算）	E（按10分算）	每题得分
4		0.367	0.1	0.2	0.333	12
5	0.1	0.4	0.033	0.033	0.433	13.4
Σ						63.999

题号	A（按20分算）	B（按16分算）	C（按12分算）	D（按8分算）	E（按10分算）	每题得分
6		0.267	0.3		0.433	12.2
7	0.067	0.1	0.233	0.333	0.267	11.067
8		0.1	0.267	0.233	0.4	10.667
9	0.033	0.033	0.4	0.233	0.3	10.867
10	0.033	0.333	0.033		0.6	12.4
Σ						57.201

题号	A（按20分算）	B（按16分算）	C（按12分算）	D（按8分算）	E（按10分算）	每题得分
11	0.033	0.233	0.2	0.067	0.467	12
12	0.033	0.1	0.267	0.2	0.4	11.067
13		0.167	0.3	0.3	0.233	11
14	0.067	0.1	0.233	0.2	0.4	11.333
15	0.033	0.233	0.2	0.033	0.5	12.067
Σ						57.467

题号	A（按20分算）	B（按16分算）	C（按12分算）	D（按8分算）	E（按10分算）	每题得分
16	0.033	0.3	0.233	0.233	0.2	12.133
17	0.033	0.2	0.333	0.3	0.133	11.6
18		0.4	0.167	0.3	0.133	12.133
19		0.033	0.367	0.533	0.067	9.867
20	0.033	0.167	0.367	0.3	0.133	11.467
Σ						57.2

题号	A（按20分算）	B（按16分算）	C（按12分算）	D（按8分算）	E（按10分算）	每题得分
21		0.333	0.267	0.133	0.267	12.267
22	0.033	0.2	0.267		0.5	12.066
23		0.433	0.167	0.133	0.267	12.667

续表

题号	A（按 20 分算）	B（按 16 分算）	C（按 12 分算）	D（按 8 分算）	E（按 10 分算）	每题得分
24	0.033	0.133	0.467	0.133	0.233	11.8
25		0.3	0.433	0.1	0.167	12.467
Σ						61.267
题号	A（按 20 分算）	B（按 16 分算）	C（按 12 分算）	D（按 8 分算）	E（按 10 分算）	每题得分
26		0.1	0.367	0.2	0.333	10.933
27		0.1	0.333	0.433	0.133	10.4
28	0.033	0.067	0.467	0.233	0.2	11.2
29	0.067	0.067	0.133	0.267	0.467	10.8
30	0.033	0.033	0.267	0.233	0.433	10.6
Σ						53.933
题号	A（按 20 分算）	B（按 16 分算）	C（按 12 分算）	D（按 8 分算）	E（按 10 分算）	每题得分
31		0.1	0.233	0.067	0.6	10.933
32	0.1	0.167	0.3	0.233	0.2	12.133
33	0.033	0.067	0.167	0.533	0.2	10
34	0.133	0.1	0.567		0.2	13.067
35		0.167	0.4	0.167	0.267	11.467
Σ						57.6

注：$n=30$，有效问卷 30 份。表中 A、B、C、D、E 各列对应的数字意为以小数形式表达的选择该项人数的实际百分比。问卷中个别未填的选项，按"不知道"进行统计。X 县第 186 题的得分（即去掉两个最高分和最低分）后的平均分：4.077 分。X 县法治政府绩效指数（居民打分）最后得分为：$63.999 \times 0.14431 + 57.201 \times 0.14361 + 57.467 \times 0.14594 + 57.2 \times 0.14918 + 61.267 \times 0.14525 + 53.933 \times 0.15003 + 57.6 \times 0.12168 \approx 58.370$ 分。

58.370 的总体得分说明，X 县在法治政府建设的道路上还有漫长的道路要走；更为值得一提的是，当在第八份问卷中问到"总体来看，您认为本地政府已有几成法治政府的样子"时，X 县的得分仅为约 4 分。作为一个内陆县，X 县在法治政府建设方面鲜有亮点，但广大居民对 X 县法治政府建设的整体印象和评分很低。这也在一定程度上说明，经济的开放性与经济结构的合理性会多么严重地影响到地方政府官员的政治理念和当地居民的思想观念，并进而影响到当地整体政治生态的优化和发展。

第二节　X县的法治资本

一　政治文化资本

通过问卷调查我们发现，在居民对地方政策的参与、认知与评价方面，X县的得分为63.734分，与宝安的72.833分、余杭的72.631分差距近10分，即使与金牛的69.7分相比，差距也达到约6分，是本研究6个案例中得分最低的地方。

在X县居民对地方政策的评价中，具体来看，在居民参与地方政策制定的意愿上（第38题），得分是最低的，仅得到5.067分；在居民对当地政府的影响能力方面（第39题），得分也很低，仅得到5.367分。X县在公民参与意愿和公民影响能力方面的评分较低，从一个侧面说明它在制度资本方面存在欠缺，也间接印证了其公民参与机制的缺失。

表7-3　X县居民调查问卷资料整理3（第九份问卷）居民对地方政策的参与、认知与评价

题号	A（10分计算）	B（8分计算）	C（6分计算）	D（4分计算）	E（5分计算）	每题得分
36	0.133	0.133	0.4	0.333		6.133
37	0.067	0.2	0.133	0.333	0.267	5.733
38		0.067	0.3	0.433	0.2	5.067
39		0.133	0.267	0.3	0.3	5.367
40		0.433	0.167	0.033	0.367	6.433
41	0.1	0.367	0.167		0.367	6.767
42	0.033	0.267	0.2	0.067	0.433	6.1
43	0.1	0.533	0.233	0.067	0.067	7.267
44	0.367	0.367	0.2	0.067		8.067
45	0.1	0.433	0.2	0.2	0.067	6.8
Σ						63.734

注：n=30，有效问卷30份。表中A、B、C、D、E各列对应的数字意为以小数形式表达的选择该项人数的实际百分比。

不过，X县居民在对当地政府行政审批（或行政许可）的效率和可信任度上，虽然与其他四个案例获得的佳评存在不小差距，但8.067分的得分仍是其中最高的，这也说明，X县居民对政府行政审批还是相对较为满

意的。

总之，如果将 X 县居民对地方政策的参与、认知与评价的得分换算成法治资本指数，则为 63.734×0.125≈7.967。

二 制度资本

以下是从 1997 年党的十五大召开到 2016 年 6 月 30 日这段时间，X 省、X 市、X 县三级政府的法治制度供给或法治制度创新情况（项数）。

1. 1997 年中共十五大以来 X 省省级法治制度供给

① 2014 年 12 月 12 日，X 省人民政府印发《X 省人民政府关于推进社会力量参与市场监督的意见》；A

② 2010 年 12 月 16 日，X 省人民政府印发并施行《X 省规范市场主体监管行为暂行规定》；B

③ 2010 年 12 月 14 日，X 省政府第 76 次常务会议讨论通过，并于 2011 年 2 月 1 日起施行《X 省行政执法过错责任追究办法》；

④ 2010 年 12 月 14 日，X 省政府第 76 次常务会议讨论通过，并于 2011 年 2 月 1 日起施行《X 省规范性文件制定规定》；

⑤ 2010 年 12 月 14 日，X 省政府第 76 次常务会议讨论通过，并于 2011 年 2 月 1 日起施行《X 省依法行政考核办法》；C

⑥ 2010 年 12 月 14 日，X 省人民政府印发《X 省人民政府关于建立行政裁量权基准制度的指导意见》；D

⑦ 2009 年 11 月 3 日，X 省人民政府办公厅印发，并于 2010 年 1 月 1 日起施行《X 省行政权力公开透明运行规定》；E

⑧ 2008 年 9 月 28 日，X 省人民政府办公厅印发《X 省行政机关首问首办负责制度（试行）》；F

⑨ 2008 年 6 月 19 日，X 省人民政府办公厅印发《关于加快推进城市管理领域相对集中行政处罚权工作的通知》；G

⑩ 2005 年 4 月 6 日，X 省人民政府印发并于 2005 年 5 月 1 日起施行《X 省人民政府关于建立健全科学民主决策制度的实施意见》；H

⑪ 2005 年 3 月 18 日，X 省政府第 42 次常务会议通过，并于 2005 年 5 月 1 日起施行《X 省实施行政许可听证规定》；I

⑫ 2005 年 3 月 18 日，X 省政府第 42 次常务会议通过，并于 2005 年 7 月 1 日起施行《X 省政府信息公开规定》；J

⑬ 2003 年 11 月 28 日，X 省人民政府办公厅印发，并于 2004 年 1

月1日起施行《X省规范性文件备案规定》；K

⑭ 2003年11月28日，X省人民政府办公厅印发，并于2004年1月1日起施行《X省行政执法和行政执法监督规定》；

⑮ 2001年12月30日，X省人民政府印发，并于2002年2月1日起施行《X省地方政府立法规定》。L

2. 1997年中共十五大以来X市市级法治制度供给

① 2015年12月28日，X市人民政府印发《关于进一步加强接受市人民代表大会及其常务委员会监督工作的意见》；

② 2014年9月24日，X市人民政府办公室印发《关于建立行政执法公开制度实施方案的通知》；A

③ 2014年9月24日，X市人民政府办公室印发《关于进一步加强政府行政复议工作的通知》；

④ 2014年8月3日，X市人民政府印发，并于9月1日起施行《关于进一步完善行政机关负责人出庭应诉制度的通知》；

⑤ 2013年10月18日，X市人民政府印发，并于2013年12月1日起施行《X市行政程序规定》；B

⑥ 2012年12月20日，X市人民政府印发《关于加强和改进行政执法工作意见的通知》；C

⑦ 2012年7月23日，X市人民政府印发《X市重大行政决策社会稳定风险评估暂行办法》（政字〔2012〕12号）；2014年8月3日，X市人民政府印发，并于9月1日起施行《X市重大行政决策社会稳定风险评估办法》；D

⑧ 2011年7月25日，X市人民政府印发并施行《X市政府领导干部学法制度》；

⑨ 2010年3月29日，X市人民政府印发并施行《全面清理规范行政职权的实施方案》；E

⑩ 2009年12月21日，X市人民政府印发并施行《X市依法行政考核办法》；

⑪ 2009年12月21日，X市人民政府印发，并于2010年1月1日起施行《X市规范性文件制定办法》和《X市规范性文件前置审查和备案规定》；

⑫ 2009年3月20日，X市人民政府印发并施行《关于深入推进行政审批制度改革的实施意见》；

⑬ 2009 年 2 月 26 日，X 市人民政府印发，并于 3 月 1 日起施行《X 市政府信息公开工作责任追究办法（试行)》和《X 市政府信息公开工作考核办法（试行)》；

⑭ 2009 年 2 月 11 日，X 市人民政府印发《X 市规范行政自由裁量权工作实施意见》；2009 年 3 月 6 日，X 市人民政府印发并施行《X 市规范行政处罚自由裁量权办法》；

⑮ 2008 年 6 月 28 日，X 市人民政府印发并施行《X 市人民政府工作规则》；

⑯ 2007 年 4 月 2 日，X 市人民政府印发并施行《X 市行政审批监督管理暂行办法》。F

3. 1997 年中共十五大以来 X 县县级法治制度供给

① 2015 年 1 月 8 日，X 县人民政府办公室印发并施行《关于对新提拔科级干部任职前进行法律知识考试和依法行政考核的办法》；A

② 2014 年 9 月 30 日，X 县人民政府办公室印发并施行《关于建立行政执法公开制度的实施方案》；

③ 2014 年 4 月 15 日，X 县人民政府印发《X 县人民政府关于进一步加强政府法制工作推进依法行政的意见》；

④ 2010 年 4 月 6 日，X 县人民政府办公室印发并施行《X 县行政执法投诉举报制度》；B

⑤ 2010 年 4 月 6 日，X 县人民政府办公室印发并施行《X 县依法行政示范单位管理办法》；

⑥ 2009 年 10 月 30 日，X 县人民政府办公室印发并施行《X 县行政复议办案程序规范》；

⑦ 2009 年 10 月 30 日，X 县人民政府办公室印发并施行《X 县行政执法信息公开程序规定》；C

⑧ 2009 年 8 月 18 日，X 县人民政府办公室印发并施行《X 县行政复议案件审理委员会制度（试行)》；D

⑨ 2009 年 7 月 30 日，X 县人民政府办公室印发并施行《X 县行政执法错案和行政执法过错责任追究办法》；

⑩ 2009 年 6 月 15 日，X 县人民政府印发并施行《X 县依法行政考核办法》；

⑪ 2009 年 5 月 26 日，X 县人民政府印发《X 县规范行政处罚自由裁量权工作实施意见》；

⑫ 2008 年 3 月 14 日，X 县人民政府办公室印发《X 县规范性文件备案管理办法》；

⑬ 2008 年 3 月 14 日，X 县人民政府办公室印发《X 县行政执法和行政执法监督管理暂行办法》；

⑭ 2008 年 3 月 14 日，X 县人民政府办公室印发并施行《X 县重大行政处罚决定备案暂行办法》；E

⑮ 2007 年 12 月 25 日，X 县人民政府印发，并于 2008 年 1 月 1 日起施行《X 县罚没许可证管理暂行办法》。F

因此，X 县的法治制度资本基数为 $12 \times 30\% + 6 \times 35\% + 6 \times 35\% = 7.8$；法治制度资本指数为：$(7.8/14.7) \times 12.5 \approx 6.633$ 分。

三　人力资本

一个地方的法治搞得好不好，在很大程度上取决于这个地方的主要领导干部是否具有较强的法治思维能力，是否善于运用法治方式来开展各项工作。通过分析地方主要领导干部的重要讲话，在一定程度上可以初步判断出他们法治思维水平的高低与运用法治方式开展工作能力的强弱。

在 2009 年 2 月一篇名为《坚定信心、克难攻坚，力促 X 县经济社会平稳较快发展》长达一万余字的讲话中，该县县委书记就通篇没有提到"法治""法制""依法行政"等与法治政府建设相关的词。

法治的精髓在于保障公民的基本合法权益。通过对 X 县政府公职人员法治思维水平的问卷调查，我们发现，X 县政府普通公职人员的公民权利意识也并不强。比如，当问到"在行政决策或行政执法过程中，当百姓的个人权利与集体利益发生冲突时，您会选择?"（专家问卷 9 第 38 题），在 20 位访谈对象中，只有 1 人选择"个人权利优先"，有 10 人回答"不好说，视具体问题而定"，有 9 人选择"集体利益优先"，这也即意味着 95% 的受访对象并不认同个人权利优先。而当问到考生因救人高考迟到 31 分钟（按规定迟到 30 分钟不得进入考场），作为主考官会怎么办时，有 11 人表示要"征求多数考官的意见"，另有 4 人选择"允许该考生参加该场考试"，这也即意味着 75% 的受访对象没有坚持程序优先的原则，而选择采取不应有的变通手段。虽然考生迟到其情可悯，但主考官的选择却是不恰当地立即作出特殊化处理，从而导致既把考生个人的特殊情况置于普遍适用的规则之上，又把考官个人的裁量权凌驾于更高的规则之上。面对此种情境，作为一个坚持程序优先或规则优先的主考官，完全可以先依规拒绝此考生进入考场，待该场考试结束后再向主管机关说明情由，由上级主管机关依据国家相关高考规定，做出补考等相应的处理。

表 7-4　X县政府公职人员法治思维水平调查（专家问卷9）

题号	A（20分计算）	B（10分计算）	C（0分计算）	每题得分
36	12	6	2	15
37	5	11	4	10.5
38	1	10	9	6
39	12	5	3	14.5
40	15	4	1	17
Σ				63

注：n=20，有效问卷20份。

总之，X县政府公职人员的法治思维水平调查最终获得了63分。这一结果与课题组对X省259名乡、镇、街道党（工）委书记法治思维水平调查63.382分的结果非常接近，也与对X省另一县领导干部法治思维水平调查61.578分的结果基本持平。在法治政府的建设过程中，X县缺乏能积极作为、强力推动地方法治政府建设的优质的人力资本，这也是其法治政府建设绩效并不能令人满意的重要原因之一。

基于以上事实，我们赋予X县主要领导干部法治思维水平以1分（讲话与政策举措各得0.5分）。另外，在政府普通公务人员法治思维水平调查中其得分为63分，折合后得分应为63×8.5%＝5.355分。综上所述，X县的法治人力资本最终得分为6.355分。

四　司法资本

在调研中，X县法制办的工作人员说，各地的行政案件都应该差不多，县法制办并没有为了要对县政府公职人员的行政执法行为提供指导，而对以县政府或其政府部门为被告的各类行政诉讼案件进行汇编。他们还说，X县区域内行政诉讼案件的管辖法院是X市桥西区法院。对于以X县人民政府及其他政府部门为被告的行政诉讼案件，X县的一般做法是要求行政机关主管副职出庭应诉，也有案件责任人出庭应诉的。行政负责人出庭率达到了100%。

县法制办工作人员还告诉我们，为了避免行政干预，现在地方是交叉管辖和集中在几个法院管辖，所以 X 县本地法院不管本地的行政案件。X县法院行政庭集中受理 X 市其他三县的行政案件，全年的行政案件数量大约为 90 多起，主要集中在行政不作为、要求补偿等领域，也有诉行政行为违法的。

X 县的主要行政诉讼案件有：原告 PSX 诉被告 X 县人民政府及第三人 PSM 土地行政登记一案，X 市桥西区人民法院于 2015 年 5 月 14 日受理，并于 2015 年 8 月 19 日依法组成合议庭，公开开庭进行了审理。最终，该法院颁发了 X 省 X 市桥西区人民法院行政判决书（2015）（西行初字第 72 号），做出如下裁定：被告为第三人颁发第××号集体土地使用证，属认定土地权属来源不清，证据不足，应予撤销。综上，依照《中华人民共和国行政诉讼法》第七十条第（一）项之规定，判决如下：撤销被告 X 县人民政府向第三人 PSM 颁发的第 xx 号集体土地使用证。案件受理费 50 元，由被告 X县人民政府负担。

发生在 X 县的这一行政诉讼案件，以及作为被告的 X 县人民政府在庭审中败诉，在当地政府产生了较大影响，这也是在 2015 年 5 月 1 日适用新版行政诉讼法后，X 县政府被判败诉从而产生了较大影响和震动的行政诉讼案件。X 县政府在该案件中被判败诉以及它对 X 县政府工作人员造成的冲击与影响，为此后进一步规范 X 县政府及其政府部门的行政执法行为和增强他们的法治意识，提供了一份独具意义的司法资本。

基于上述情况，在行政领导出庭应诉方面，赋予 X 县 6.5 分，而在行政诉讼案件分类整理方面，我们赋予 X 县 2 分。总之，X 县法治司法资本的最后得分为：6.5 + 2 = 8.5 分。

第三节　X 县的法治动力

一　X 县的政府目标函数及目标函数耦合

1. X 县、X 市、X 省第十一个五年规划的目标函数及耦合[①]

在 2006 年 3 月 29 日 X 县第五届人民代表大会第四次会议上通过的《X县国民经济和社会发展第十一个五年规划纲要》第二部分"指导方针和奋斗目标"中，提出了要把握好的五条原则，其中第五条原则强调"要坚持

---

① 本项研究中所指的 X 省和 X 市，是指行政区划意义上 X 县所属的省和市。为了指称上的统一，我们把 X 县在行政区划上所属的省、市分别命名为 X 省和 X 市。

把构建和谐社会作为发展的重要目标，按照以人为本的要求，更加注重经济社会协调发展，更加注重社会公平，更加注重民主法治建设"；规划纲要还提出了"民主法制和精神文明建设得到加强"的奋斗目标。在第七部分"努力促进社会和谐发展"的第八点"促进民主法制进程"中，提出要"落实依法治县的基本方略，切实维护和实现社会公平和正义，依法保障广大群众的正当权益"。因此，在"十一五"时期，法治建设事实上成为 X 县第二层级的政府目标，X 县的法治政府目标函数相应可以记为 C2。

在 2006 年 1 月 19 日 X 市第十二届人民代表大会第四次会议上通过的《X 市国民经济和社会发展第十一个五年规划纲要》第二部分"十一五时期的指导原则、发展目标和战略重点"中，明确了"按照民主法治、公平正义、诚信友爱、充满活力、安定有序、人与自然和谐相处的要求，全面推进和谐 X 市建设"的总体要求，并且提出了"民主法治和精神文明建设得到加强，构建和谐 X 市取得明显成效"等"十一五"时期发展目标；在第八部分"促进社会和谐发展"中，还提出了促进民主法治进程，落实依法治市基本方略的具体举措。总之，在"十一五"时期，法治事实上成为 X 市第一层级的政府目标，因此，其政府目标函数可以相应地记为 B1。

2006 年 2 月 20 日，X 省第十届人民代表大会第四次会议批准了《X 省国民经济和社会发展第十一个五年规划纲要》。在第二章"指导原则和发展目标"中，提出了经济总量目标、改革开放目标、社会进步和公共服务目标等六项第一层级目标。而在"社会进步和公共服务目标"中，明确提出"民主法制建设和精神文明建设得到加强，和谐 X 省建设取得明显成效"等具体目标内容。在第八章"推进体制创新和全面开放"第一节"加快重点领域改革，强化制度保障"中，明确了"全面深化行政管理体制改革。转变政府职能，努力建设服务政府、责任政府、法治政府和诚信政府"的具体任务。因此，在"十一五"时期，法治建设被列为 X 省的第二层级的政府目标，其政府目标函数可以记为 A2。

总而言之，"十一五"时期，X 省、X 市、X 县三级政府的法治政府目标函数是大体耦合的，其耦合模式为"A2B1C2"模式（或 212 模式），得分为 $0.8 \times 1 \times 0.8 \times 50 = 32$ 分。

2. X 县、X 市、X 省第十二个五年规划的目标函数及耦合

在 2011 年 3 月通过的《X 县国民经济和社会发展第十二个五年规划纲要》第二章"'十二五'时期的指导思想和战略目标"中，无论是指导思

想、坚持原则，还是发展定位和发展目标，我们都并没有找到与法治政府建设直接相关的内容。只是在第六章"加快改革攻坚步伐、提高对外开放水平"的第二点"深化行政管理体制改革"中，提出要"深化政府职能、行政审批、乡镇管理职能、市场要素配置等改革。进一步推进政企分开、政资分开、政事分开和政府与市场中介组织分开，做到不该管的不越位"等略微涉及法治政府建设的内容。而在长达18000字的规划纲要中，通篇没有出现"法治"或"依法行政"等字眼，甚至连"法制"一词都从未出现。因此在"十二五"时期，法治事实上根本就没有纳入X县政府的议事日程，没有被列为政府的工作目标，其法治政府目标函数可以表示为C4（其相应得分系数为0.4）。

在《X市国民经济和社会发展第十二个五年规划纲要》的"指导思想和奋斗目标"部分，提出了"改善民生取得显著成效"等奋斗目标，并且把"社会主义民主法制更加健全，社会管理体制进一步完善，社会更加和谐稳定"也纳入这第一层级的目标之中。在第九章"深化改革、扩大开放"第一小节"加快推进体制改革，创新发展机制"中，明确提出要"深化行政管理体制改革。以建设服务政府、责任政府、法治政府为目标，着眼于形成权责一致、分工合理、决策科学、执行顺畅、监督有力的行政管理体制，进一步转变政府职能，继续减少和规范行政审批，强化社会管理和公共服务职能，提高经济调节和市场监管水平"。因此，在"十二五"时期，法治事实上只成为X市第二层级的政府目标，其法治政府目标函数可以相应地记为B2。

在2011年1月16日X省第十一届人民代表大会第四次会议批准的《X省国民经济和社会发展第十二个五年规划纲要》中，提出了"转变政府职能，努力形成有利于加快转变经济发展方式的制度环境"等指导思想，提出了"经济平稳较快发展、社会建设进一步加强"等七项一级目标，并明确把"社会主义民主法制更加健全，社会管理制度进一步完善，社会更加和谐稳定"列为"社会建设进一步加强"这项一级目标的具体内容之一；而在第十一章"创新社会管理、维护社会和谐稳定"第七小节"推进民主法治建设"中，详细规定了"深入推进依法治省。坚持科学执政、民主执政、依法执政，扩大公民有序政治参与，保障人民群众依法行使知情权、参与权、管理权和监督权。加快建设法治政府，加强政府立法、依法行政考核，完善行政执法监督和行政复议，促进规范、公正、文明执法"等具体要求。因此，在"十二五"时期，法治被视为X省的第二层级政府目标，其目标函数相应可以表述为 A2。

综上所述，在"十二五"时期，由于 X 县没有把法治列为县政府的工作目标，所以 X 省、X 市、X 县三级政府的法治政府目标函数是低度耦合的，其耦合模式为"A2B2C4"模式，得分为 $0.8 \times 0.8 \times 0.4 \times 50 = 12.8$ 分。

总而言之，在"十一五""十二五"两个五年规划期间，X 省、X 市、X 县三级政府的法治政府目标函数的耦合程度较低。因此，"十一五""十二五"期间，X 县的政府法治目标函数最终得分为（$0.8 \times 1 \times 0.8 \times 50 + 0.8 \times 0.8 \times 0.4 \times 50$）$\times 0.125 = 5.6$ 分。

二　X 县的政府绩效机制

通过调研，我们发现，在 X 县原来的政府绩效考核办法里，并没有把依法行政考核纳入其中。而在即将出台的政府绩效考核办法中，依法行政考核所占权重为 6%。不过截止到笔者写作本章内容时（2017 年 5 月 1 日），这一新的政府绩效考核办法尚未正式公布和得到施行，因此对课题组 2016 年暑期测量的法治政府建设绩效结果尚未开始产生影响。基于这些情况，笔者既无法列出其具体的指标体系，也只能认为在 X 县的政府绩效机制中，依然缺乏依法行政的内容。

因此，截止到笔者写作时，X 县的法治政府绩效动力指数为：（0/9）$\times$ 12.5 = 0 分。

三　X 县的行政问责机制

在调查中，我们并没有找到 X 县有关行政问责方面的专门性文件或制度，也没有从 X 县的其他规范性文件当中找到相应的问责条款。行政问责机制的缺乏造成的直接后果就是，在本研究的五大案例中，X 县是行政监督得分在其法治政府建设指标体系七项一级指标中得分最低的唯一案例。

虽然如此，但 X 省却曾出台过专门的行政问责方面的法规。1997 年 9 月 3 日，X 省第八届人民代表大会常务委员会第二十八次会议通过《X 省错案和执法过错责任追究条例》，其中第九条规定，对人民警察和行政执法人员的以下八类过错执法行为进行责任追究：超越法定权限的；所办案件认定事实不清，主要证据不足的；适用法律、法规、规章错误的；违反法定程序和期限的；处理结果显失公正的；依法应当作为而不作为的；滥用职权，徇私枉法、贪赃枉法的；其他违法行为。在第四章中，又依据情节轻重，进一步明确规定了每一类执法过错行为的具体责任追究形式：错案和执法过错情节轻微，危害不大的，可酌情给予责任人批评教育、责令检查、通报批评等处理；错案和执法过错后果严重，但尚未构成犯罪的，除进行批评教育外，可酌情给予行政处分；错案和执法过错责任人的行为构成犯罪的，依法追究刑事责任。

虽然 X 省出台了这一行政问责法规，但正如在 X 县的第十二个五年规划中完全找不到"法制"、"法治"和"依法行政"等词一样，也许 X 省制定的这一法规，根本就没能在 X 县得到有效贯彻执行。

基于上述情况，在行政问责机制方面，我们赋予 X 县 2 分。

四　X 县的公民参与机制

在《X 县 2016 年政务公开工作要点》中，在第二部分谈到"围绕促进经济发展推进公开"时，提出要"健全公众参与、专家论证和政府决定相结合的决策机制，提高科学化水平"。在第四部分"围绕助力政府建设推进公开"中，提出"要积极实行重大决策预公开，扩大公众参与，对社会关注度高的决策事项，除依法应当保密的外，在决策前应向社会公开相关信息，征求公众意见，及时反馈意见采纳情况"，而"涉及医疗卫生、资源开发、环境保护、社会保障等重大民生决策的事项"，则规定"行业主管部门要建立并推行民意调查制度，引导公众广泛参与政策制定"。在第五部分"围绕扩大政务参与加强解读回应"，提出要"加强专家库建设，为专家学者了解政策信息提供便利，更好地发挥专家解读政策的作用"。

除了在政务公开方面包含有公民参与机制的相关内容，在 X 县，我们并没有发现其公民参与到其政府过程中来的其他途径或机制，更别说是制定专门的、一般性、总体性的公民参与制度或办法了。因此，在公民参与机制方面，我们赋予 X 县 4 分。

第八章　Y县法治政府建设的资本与动力

第一节　Y县县情及其法治政府建设绩效

一　Y县基本县情

Y县地处华北平原中南部，位于太行山东侧，全县面积603平方公里，辖9镇3乡和2个省级园区、208个行政村，户籍人口44万，常住人口55万。2015年全县生产总值为356亿元，三次产业结构为6∶53.8∶40.2，全部财政收入达到32.1亿元，公共财政预算收入达到18.7亿元，全社会固定资产投资完成342亿元。

2016年全县生产总值为368亿元，全部财政收入完成35.7亿元，一般公共财政预算收入完成19.7亿元，全社会固定资产投资完成366亿元，城镇居民人均可支配收入和农民人均可支配收入分别为29269元和16314元。

诚如其在《Y县国民经济和社会发展第十三个五年规划纲要》中清醒地认识到的，Y县经济社会发展中还存在诸多问题，比如，经济增长仍处在动力转换之中，战略性新兴产业尚未形成强力支撑；创新驱动主动力不足，在破解投融资渠道等方面创新举措不多；政府职能转变还不到位，发展环境还需要进一步优化。

二　Y县的法治政府建设绩效

2016年10月8—13日，课题组到Y县行政服务中心和企业发放问卷，对该县的法治政府建设绩效进行调研。经过统计，Y县的七项一级指标得分分别为：政府职能为70.563分，政府制定规范性文件为64.313分，政府行政决策64.125分，政府行政执法为65.563分，政府信息公开为68.875分，行政监督为65.875分，而社会矛盾化解为62.750分。经过加权处理后，Y县法治政府建设绩效的最后得分为66.081分。

表 8 - 1　Y 县居民调查问卷资料整理 1（个人情况）

	A	B	C	D	E	F
本地居住时间	2 （不到 2 年）	5 （2 - 5 年）	25 （5 年以上）			
学历	11 （高中及以下）	17 （大学专科）	4 （大学本科）	0 （研究生及以上）		
年龄	0 （25 岁以下）	21 （25 - 35 岁）	9 （36 - 45 岁）	2 （45 岁以上）		
职业	1 （公务员）	4 （事业单位）	12 （个体经营者）	9 （企业职工）	0 （大学生）	6（其他）

注：n = 32，有效问卷 32 份。

　　在 Y 县的法治政府建设七个方面，政府职能获得了最高分，社会矛盾化解得分最低。但是各项得分较为平均，既没有哪个方面得分很高，也没有哪项得分过低。在这一点上，Y 县与金牛和 X 县不同，这两个案例各有法治建设上的明显短板，比如金牛在政府规范性文件制定上仅仅获得 58.1 分，而 X 县的行政监督得分只有 53.933 分。

　　此外，Y 县的政府信息公开也获得了当地居民的认可，68.875 分是它在法治政府建设七个方面中获得的仅次于政府职能的第二高分。Y 县在政府信息公开上获得的好评，可以从其政府门户网站"政府信息公开平台"上丰富、全面、准确、及时的内容得到印证。在信息公开的主题上，覆盖"概况信息、政策法规、规划总结、工作动态、行政执法、财政财务、统计信息"等八大方面，其中行政执法领域的信息公开又分设"行政许可、行政监管、行政处罚、其他行政执法行为"四个专栏，行政执法信息分门别类地及时公开，大大提高了 Y 县行政执法过程的公开透明性和公平公正性。

表 8 - 2　Y 县居民调查问卷资料整理 2（第 1 - 8 份问卷）

题号	A （按 20 分算）	B （按 16 分算）	C （按 12 分算）	D （按 8 分算）	E （按 10 分算）	每题得分
1	0.062	0.375	0.438	0.062	0.062	13.625
2	0.031	0.594	0.219	0.031	0.125	14.250
3	0.156	0.313	0.438	0.062	0.031	14.188
4	0.094	0.625	0.094	0.094	0.094	14.688
5	0.031	0.531	0.188	0.031	0.219	13.812
Σ						70.563

题号	A （按 20 分算）	B （按 16 分算）	C （按 12 分算）	D （按 8 分算）	E （按 10 分算）	每题得分
6	0.062	0.469	0.313	0.062	0.094	13.937
7	0.094	0.156	0.343	0.188	0.219	12.188
8	0.031	0.188	0.375	0.219	0.188	11.750
9	0.125	0.156	0.438	0.062	0.219	12.938
10		0.531	0.219	0.062	0.188	13.500
Σ						64.313
题号	A （按 20 分算）	B （按 16 分算）	C （按 12 分算）	D （按 8 分算）	E （按 10 分算）	每题得分
11	0.031	0.375	0.343	0.125	0.125	13
12		0.313	0.343	0.125	0.219	12.313
13		0.25	0.562	0.094	0.094	12.437
14	0.062	0.188	0.406	0.156	0.188	12.25
15	0.031	0.594	0.219	0.094	0.062	14.125
Σ						64.125
题号	A （按 20 分算）	B （按 16 分算）	C （按 12 分算）	D （按 8 分算）	E （按 10 分算）	每题得分
16		0.531	0.375	0.031	0.062	13.875
17	0.062	0.343	0.343	0.094	0.156	13.188
18	0.031	0.438	0.281	0.125	0.125	13.250
19		0.343	0.343	0.25	0.062	12.250
20		0.469	0.281	0.188	0.062	13
Σ						65.563
题号	A （按 20 分算）	B （按 16 分算）	C （按 12 分算）	D （按 8 分算）	E （按 10 分算）	每题得分
21	0.062	0.438	0.313	0.125	0.062	13.625
22	0.094	0.313	0.281	0.188	0.125	13
23	0.125	0.5	0.25	0.094	0.031	14.563
24	0.094	0.5	0.188	0.188	0.031	13.937
25	0.031	0.469	0.375	0.062	0.062	13.750
Σ						68.875

续表

题号	A（按 20 分算）	B（按 16 分算）	C（按 12 分算）	D（按 8 分算）	E（按 10 分算）	每题得分
26	0.031	0.531	0.281	0.094	0.062	13.875
27	0.031	0.219	0.5	0.219	0.031	12.188
28	0.031	0.343	0.375	0.125	0.125	12.875
29	0.156	0.375	0.125	0.188	0.156	13.687
30		0.531	0.219	0.188	0.062	13.250
Σ						65.875
题号	A（按 20 分算）	B（按 16 分算）	C（按 12 分算）	D（按 8 分算）	E（按 10 分算）	每题得分
31		0.5	0.25	0.125	0.125	13.250
32	0.062	0.219	0.469	0.156	0.094	12.563
33		0.125	0.188	0.531	0.156	10.062
34	0.188	0.188	0.375	0.062	0.188	13.625
35	0.062	0.343	0.375	0.094	0.125	13.250
Σ						62.750

注：n=32，有效问卷32份。表中A、B、C、D、E各列对应的数字意为以小数形式表达的选择该项人数的实际百分比。问卷中个别未填的选项，按"不知道"进行统计。Y县第186题的得分（即去掉两个最高分和最低分）后的平均分：5.464 分。Y 县法治政府绩效指数（居民打分）最后得分为：70.563 × 0.14431 + 64.313 × 0.14361 + 64.125 × 0.14594 + 65.563 × 0.14918 + 68.875 × 0.14525 + 65.875 × 0.15003 + 62.750 × 0.12168 ≈ 66.081。

虽然 Y 县最终获得了66.081的法治评估得分，而且在我们对 Y 县政府工作人员发放的专家问卷中，县政府工作人员对 Y 县法治政府绩效的自评也较高（其最后得分为：79.238 × 0.14431 + 76.571 × 0.14361 + 76.572 × 0.14594 + 78.666 × 0.14918 + 75.810 × 0.14525 + 75.810 × 0.15003 + 78.857 × 0.12168 ≈ 77.322），但在第八份居民问卷"总体来看，您认为本地政府已有几成法治政府的样子"上，其5.406的得分却直接说明，广大百姓对 Y 县法治政府建设的整体印象和评价并不高。在法治建设道路上，Y 县与 X 县同样任重道远。

第二节　Y 县的法治资本

一　政治文化资本

在居民对地方政策的参与、认知与评价方面，Y 县的得分为 70.125 分，与金牛 69.7 分的得分旗鼓相当，在本研究的六个案例中居于中等水平。Y 县虽与 X 县同属一省，但在居民对地方政策的参与、认知与评价上高出 X 县一截，这说明 Y 县的县级政府必定采取了相应举措或建立了相应渠道，以提高当地居民对地方政策的参与和认知。

不过，具体看来，在居民参与地方政策制定的意愿上（第 38 题），获得的评价依然最低，只获得 5.531 分。除了在余杭案例中，其得分最低的是第 39 题之外，其他五个案例都是在此题上得分最低。在第 39 题即居民在政府决策过程中对当地政府的影响能力上，其评价也较低，只获得了 6.094 分。

表 8-3　Y 县居民调查问卷资料整理 3（第九份问卷）
居民对地方政策的参与、认知与评价

题号	A （10 分计算）	B （8 分计算）	C （6 分计算）	D （4 分计算）	E （5 分计算）	每题得分
36	0.343	0.125	0.469	0.062		7.5
37	0.062	0.25	0.438	0.125	0.125	6.375
38	0.031	0.125	0.406	0.406	0.031	5.531
39		0.219	0.594	0.156	0.031	6.094
40	0.062	0.406	0.375	0.094	0.062	6.813
41	0.094	0.469	0.313	0.062	0.062	7.125
42	0.062	0.5	0.156	0.062	0.219	6.906
43	0.094	0.656	0.156	0.062	0.031	7.531
44	0.5	0.343	0.062	0.094		8.5
45	0.125	0.625	0.25			7.75
Σ						70.125

注：n=32，有效问卷 32 份。表中 A、B、C、D、E 各列对应的数字意为以小数形式表达的选择该项人数的实际百分比。

同样，Y 县居民在对当地政府行政审批（或行政许可）的效率和可信任度上，依然是其十个题目中评价最高的一项，获得了 8.5 分的得分。当然在这点上，Y 县与金牛、宝安、余杭、浏阳等案例都有 0.5 分以上的差距。

总之，如果将 Y 县在居民对地方政策的参与、认知与评价方面的得分换算为法治资本指数，则为 70.125 × 0.125 ≈ 8.766。

二　制度资本

以下是从 1997 年党的十五大召开到 2016 年 6 月 30 日这段时间，X 省、Y 市、Y 县三级政府的法治制度供给或法治制度创新情况（项数）。

　　1. 1997 年中共十五大以来 X 省省级法治制度供给①

　　2. 1997 年中共十五大以来 Y 市市级法治制度供给

　　① 2013 年 12 月 31 日，Y 市人民政府办公厅印发《关于充分发挥律师在法治政府建设中的作用进一步加强政府法律顾问制度建设的意见》；A

　　② 2013 年 8 月 24 日，Y 市人民政府办公厅印发《关于加强执法监督检查提高执法水平的八项措施》；

　　③ 2012 年 4 月 28 日，Y 市人民政府印发并于 2012 年 6 月 1 日起施行《Y 市行政执法过错责任追究实施办法》

　　④ 2012 年 4 月 28 日，Y 市人民政府印发并于 2012 年 6 月 1 日起施行《Y 市人民政府行政应诉办法》；

　　⑤ 2010 年 10 月 20 日，中共 Y 市市委办公厅、Y 市人民政府办公厅印发《关于 Y 市机关工作人员损害发展环境行为责任追究暂行规定》；B

　　⑥ 2009 年 9 月 22 日，Y 市人民政府办公厅印发《Y 市重大行政处罚备案规定（试行）》；

　　⑦ 2008 年 7 月 29 日，Y 市人民政府办公厅印发《Y 市行政执法机关开展规范行政处罚自由裁量权工作实施方案》；

　　⑧ 2005 年 7 月 6 日，Y 市人民政府办公厅印发《Y 市人民政府全面推进依法行政五年（2004—2008）规划》（为贯彻落实国务院《全面推进依法行政实施纲要》而制定）；

　　⑨ 2004 年 9 月 16 日，Y 市人民政府办公厅印发《关于在我市各级国家行政机关实行窗口审批一次性告知和工作日 AB 角接待制的通知》；C

　　⑩ 2004 年 8 月 18 日，Y 市人民政府办公厅印发《Y 市行政执法机

---

　　① 因 X 县与 Y 县同属 X 省，因此，关于 X 省的法治制度供给详情，此处从略。请参阅第七章"X 县法治政府建设的资本与动力"。

关依法行政评议考核实施办法》；2005 年 9 月 21 日，Y 市人民政府办公厅印发并施行《Y 市行政执法机关依法行政评议考核实施办法》（更新版）；D

⑪ 2004 年 8 月 3 日，Y 市人民政府印发《Y 市行政执法责任追究实施办法》；E

⑫ 2004 年 5 月 25 日，Y 市人民政府印发并施行《Y 市行政复议案件办理规定（试行）》；F

⑬ 2004 年 5 月 25 日，Y 市人民政府印发并施行《Y 市政府行政应诉和行政复议答复暂行办法》；G

⑭ 2003 年 12 月 31 日，Y 市人民政府办公厅印发并施行《Y 市个体工商户、私营企业投诉处理办法》；H

⑮ 2001 年 3 月 27 日，Y 市人民政府印发《关于行政审批制度改革的实施意见》；I

⑯ 2000 年 5 月 1 日，Y 市人民政府印发并施行《Y 市行政处罚听证程序实施办法》。J

3. 1997 年中共十五大以来 Y 县县级法治制度供给

① 2016 年 5 月 17 日，Y 县人民政府办公室印发《Y 县 2016 年度依法行政工作实施方案》；

② 2015 年 7 月 7 日，Y 县县委、县政府印发《Y 县乡镇（开发区）领导班子和领导干部年度考核办法（试行）》《Y 县县直部门领导班子和领导干部年度考核办法（试行）》；A

③ 2015 年 5 月 28 日，Y 县人民政府办公室印发《Y 县 2015 年度依法行政工作实施方案》；

④ 2014 年 11 月 21 日，Y 县人民政府办公室印发《关于建立行政执法公开制度的实施方案》；B

⑤ 2013 年 10 月 31 日，Y 县政务服务中心行印发《Y 县政务服务中心行政审批过错责任追究办法（试行）》；C

⑥ 2013 年 4 月，Y 县人民政府印发《企业安静生产经营日制度》和《Y 县行政机关涉企检查审批备案制度》等涉企检查制度；D

⑦ 2012 年 9 月 29 日，Y 县人民政府印发并施行《Y 县行政执法人员管理制度》；

⑧ 2012 年 8 月 17 日，Y 县人民政府办公室印发《关于加强行政法律知识日常培训和考评工作的通知》；E

⑨ 2010 年 7 月 21 日，Y 县人民政府办公室印发《政府常务会议学法计划》；

⑩ 2009 年 10 月 15 日，Y 县人民政府办公室印发《Y 县政府行政应诉和行政复议案件办理程序规定》；

⑪ 2009 年 10 月 14 日，Y 县人民政府办公室印发并施行《Y 县重大行政处罚备案规定（试行）》；F

⑫ 2009 年 2 月 24 日，Y 县人民政府办公室印发并施行《行政执法案卷评查标准》。G

因此，Y 县的法治制度资本基数为 12 × 30% + 10 × 35% + 7 × 35% = 9.55；法治制度资本指数为：（9.55/14.7）× 12.5 ≈ 8.121 分。

三　人力资本

作为一个地处经济相对落后、开放程度相对较低的内陆省份的县级政府，Y 县的法治政府建设绩效能取得 66.081 分的成绩并在六大案例中位居中游，确实不太容易。这种成绩的取得，在很大程度上得益于 Y 县在法治人力资本上的相对优势。

长期以来，Y 县的主要领导一直较为重视法治建设，具有相对较强的法治思维。比如，在 2015 年 3 月召开的 Y 县第一届人民代表大会第一次会议上，县长 ZW 指出，"今年政府工作的指导思想是：全面贯彻党的十八届三中、四中全会和习近平总书记系列重要讲话精神，深入落实省委八届九次全会、市委九届六次全会和县一届一次党代会决策部署，坚持稳中求进总基调，主动适应经济新常态，抢抓撤市设区新机遇，以提高发展质量效益为中心，以创新驱动为动力，加快转型升级，优化'两个环境'，保障改善民生，深化依法行政，全面完成'十二五'规划目标，加快建设省会新城区"，要"深入贯彻十八届四中全会依法治国精神，运用法治思维和方式深化改革、推动发展，确保政府工作沿着法治轨道顺利推进"；在 2015 年 5 月 26 日召开的县政府 2015 年第三次常务会议上，县长 ZW 指出，"完善权力汇总清单和责任清单是推行法治政府建设的必然要求和重要抓手，是权力改革、简政放权的一项重要工作。各部门各乡镇要按照清单要求，编制好自己部门的权力，认清自己的职责。积极开展学习，切实维护清单的严肃性，严格按照清单办事"。

Y 县主要领导具有较强的法治思维，普通政府公职人员也具有相对较高的法治思维水平。在对政府普通工作人员法治思维水平的调查中，Y县获得了69.047分，这一结果高出 X 县政府普通公职人员 63 分的法治思维水平达 6 分之多，也高出 X 省 259 名乡、镇、街道党（工）委书记 63.382 分的法治思维平均水平近 6 分。

表 8-4 Y 县政府公职人员法治思维水平调查（专家问卷 9）

题号	A（20 分计算）	B（10 分计算）	C（0 分计算）	每题得分
36	14	6	1	16.190
37	6	8	7	9.524
38	5	7	9	8.095
39	18	3		18.571
40	14	7		16.667
Σ	57	31	17	69.047

注：n=21，有效问卷 21 份。

Y 县政府公职人员相对较高的法治思维水平，得益于 Y 县组织开展的各种行之有效的宣传学习活动。县委县政府通过组织各种宣传学习活动，较大程度地提升了政府普通工作人员的法治思维水平。比如，在 2015 年 6 月 26 日上午，Y 县组织收听全省推进简政放权放管结合职能转变工作电话会议。Y 县县长 ZW 会后就推进全县工作进行了部署。他指出，县委县政府高度重视简政放权、放管结合、职能转变工作。他要求大家要认真贯彻落实省市部署，着力抓清权、抓放权、抓效率、抓监管、抓中介，做到简政放权有力度、提高效率有成效、规范权力有章法、强化监管有创新，让企业和群众有更多获得感，加快 Y 县建设步伐；又比如，2016 年 8 月 18 日上午，Y 县依法行政集中培训开班，副县长 ZYF 出席开班仪式并讲话。他要求，参与培训的学员要高度重视此次培训，充分认识学法用法的重要意义，带头尊法、守法、学法、用法，切实提高运用法制思维和法制方式解决问题的能力。要通过学习切实提高自身素质，做精通业务、执法严明、工作称职、人民满意的执法人员。要不断强化法制责任和依法履责能力，从而在实施日常监管、行政处罚、行政许可等行为时，能够正确运用法律条文，准确判断事件性质，科学执法，规范执法。要认真学习，努力提高依法行政能力和水平，通过学习树立法制思维和法制理念。弄懂、弄通基本法律和专业法律，提高依法行政办事能力，要通过学习培训自觉做到心中有法，正确用法，养成办事依法，遇事找法，解决问题用法，化解矛盾靠法的良好习惯，使我县依法行政和法治政府建设工作全面推进，整体提升。要端正态度，自觉遵守学习制度和培训纪律，积极思考，虚心请教，促进全县行政执法队伍执法能力的整体提升。培训为期两天，邀请了县政府法律顾问、法院工作人员、大学教师等，对《行政许可法》《行政复议法》《行政处罚法》等内容进行授课。

总之，Y县上自主要领导，下到政府普通公职人员，其法治思维水平大大超出全省政府公职人员的法治思维整体水平。而Y县广大领导干部具有的相对较高的法治思维水平，也为Y县法治政府建设工作的深入开展和取得更大成绩准备了强大的人力资本。

基于以上事实，我们赋予Y县主要领导干部法治思维水平以4分（讲话与政策举措各得2分）。另外，在政府普通公务人员法治思维水平调查中其得分为69.047分，折合后得分应为$69.047 \times 8.5\% \approx 5.869$分。综上所述，Y县的法治人力资本最终得分为9.869分。

四　司法资本

在《Y县2015年度依法行政工作实施方案》中，规定要落实行政机关负责人行政诉讼出庭应诉制度；而在《Y县2016年度依法行政工作实施方案》中，则更进一步强调要全面落实行政机关负责人出庭应诉制度，做好行政应诉工作。因为没有获得具体的行政负责人出庭应诉率的数据，故2015年按50%计算，2016年度按100%计算，综合两年情况，取其平均数。因此基于这些情况，在行政负责人出庭应诉方面，我们赋予Y县$6.5 \times 75\% = 4.875$。

Y县政府法制局定期统计并通报和公布当年行政诉讼情况。2015、2016年，Y县县政府或政府部门分别发生了10起和9起行政诉讼案件，这些行政诉讼案件的通报和公布，大大提升了行政执法人员的依法行政意识，推动了各政府职能部门行政执法行为的规范化、程序化和法治化，提升了Y县政府部门的依法行政水平，成为有力推动Y县法治政府建设的司法资本。不过从Y县法制办提供的下列行政诉讼案件清单中，无法看出Y县政府职能部门对案件进行归类整理剖析总结的迹象，而且也无法从其他渠道获悉这方面的信息。因此在案例归类整理方面，赋予Y县4分。

表 8 – 5　Y 县县政府 2015、2016 年度行政诉讼情况

年度	编号	原告	案由	裁判结果
2015	1	X 省某公司	要求撤销第 XX 号房产证	一审驳回原告起诉，二审维持原裁定
	2	X 省某公司	要求撤销第 XX 号房产证	一审驳回原告起诉，二审维持原裁定
	3	赵某某	不服为第三人土地行政登记	撤诉
	4	聂某某	要求依法履职，进行房屋安置	一审驳回原告起诉，二审未出裁定
	5	高某某	要求依法履职，进行房屋安置	一审驳回原告起诉，二审未出裁定
	6	高某某	要求依法履职，进行房屋安置	一审驳回原告起诉，二审驳回上诉，维持原判
	7	杜某某	不服为第三人办理土地承包证	一审驳回原告起诉，二审撤销一审判决，驳回起诉
	8	许某某	不服被申请人作出 XX 公告行为	一审驳回原告起诉，二审驳回上诉，维持原裁定
	9	Y 县某村	撤销 XX 号处理决定	一审撤销决定书，二审驳回上诉，维持原判
	10	尹某某等人	确认被告未履行张贴 XX 公告法定职责	一审驳回起诉，二审未出裁定
2016	1	杜某某	确认土地行为违法	驳回诉讼请求
	2	李某某	不服 XX《公告》的行为及 XX 维持该行为的行政复议决定	一审驳回原告起诉，二审驳回上诉，维持原裁定
	3	郑某某	确认 XX 号国有土地使用证违法无效	一审驳回诉讼请求，二审维持原判
	4	张某某	请求履行耕地承包经营权确权颁证职责	一审驳回诉讼请求，二审维持原判
	5	刘某某	要求林地使用处理决定行政撤销	撤诉
	6	云某某	请求撤销 XX 号集体土地使用证	一审驳回诉讼请求，二审撤销 XX 号判决，驳回起诉
	7	Y 县某村	请求撤销 XX 号国有土地使用权证书	未出裁判
	8	刘某某	撤销 XX《决定书》	中止
	9	尹某某等人	撤销 XX 号《决定书》：确认 XX《公告》违法	一审驳回诉讼请求，二审未出结果

综上所述，Y 县法治司法资本的最终得分为：4.875 + 4 = 8.875 分。

第三节　Y县的法治动力

浏阳市、宝安区、余杭区等地建设法治政府的绩效情况说明：只要一个地方经济发达，经济外向性高，那么政府就会更加重视营商环境的建设，也就自然会更加重视依法行政，自然会更具建设法治政府的持久内在动力。这在一定程度上也说明，只要一个地方政府想要建设法治政府，就一定能建好。

一　Y县的政府目标函数及目标函数耦合

1. Y县、Y市、X省第十一个五年规划的目标函数及耦合

在《Y县国民经济和社会发展"十一五"规划纲要》的第二部分"规划纲要的指导思想、奋斗目标及基本原则"中，并没有找到任何与法治或依法行政直接相关的内容，但在第三部分"'十一五'期间的战略任务"之第七方面任务"深化改革、扩大开放"下的"推进体制改革"这一具体任务中，明确纳入了"推进行政体制改革，转变政府职能，积极推进依法行政"等工作内容。在第九个方面的任务"发展社会事业，构建和谐Y县"中，也将"加强社会主义民主法治建设"单列为一项具体工作。因此，在"十一五"时期，法治建设事实上成为Y县第三层级的政府目标，Y县的法治政府目标函数相应可以记为C3。

在《Y市国民经济和社会发展第十一个五年规划纲要》第二章"指导思想和奋斗目标"中，同样没有找到与法治或依法行政直接相关的内容。但在第七章"深化改革和扩大开放"的第一点"加强重点领域改革"中，明确规定要"加强政府管理体制改革。转变政府职能，建立法治政府和服务型政府。合理界定政府在市场经济活动中的职责范围，进一步推进政企、政事、政资、政社分开，提高对宏观经济的调控能力，避免对微观经济的干预行为"，同时还要"深化行政审批制度改革，实行行政审批公开承诺制度，建立健全行政审批和许可事项监督管理机制，建立行政审批责任追究制度"。因此，在"十一五"期间，Y市事实上把法治政府建设列为第三层级目标，Y市的法治政府目标函数可以记为B3。

前已述及，在《X省国民经济和社会发展第十一个五年规划纲要》中，法治建设被列为X省的第二层级的政府目标，其政府目标函数可以记为

A2。① 总之，在"十一五"期间，X省、Y市、Y县三级政府的法治政府目标函数是大体耦合的，但是耦合发生的层次较低，其耦合模式为"A2B3C3"模式（或233模式），得分为 $0.8 \times 0.6 \times 0.6 \times 50 = 14.4$ 分。

2. Y县、Y市、X省第十二个五年规划的目标函数及耦合

在《Y县国民经济和社会发展第十二个五年规划纲要》第二章"指导思想、坚持原则和发展目标"中，与其"十一五"规划一样，也没有找到任何与法治或依法行政直接相关的内容。在第八章"深化改革、扩大开放"的第一点"有针对性地开展专项配套改革"中，明确了"全面发挥各类监督的合力，强化依法行政和行政问责，提高监督的制衡力"的具体任务。因此，Y县在"十二五"时期与"十一五"时期并无多大差别，法治建设事实上仍然是第三层级的政府目标，其法治政府目标函数同样可以记为C3。

在《Y市国民经济和社会发展第十二个五年规划纲要》第二章"思路、原则和目标"中，并无任何与法治和依法行政直接相关的内容。但在第九章"深化体制改革和扩大对外开放"的第一节"深入进行体制机制改革"中，规定要"实行重大决策法规公开听取公众意见制度，提高决策的科学性"，并明确提出要"全面发挥各类监督的合力，强化依法行政和行政问责，提高监督的制衡力"。因此在"十二五"期间，法治建设也是Y市第三层级的政府目标，其法治政府目标函数可以记为B3。

另外前已述及，在《X省国民经济和社会发展第十二个五年规划纲要》中，法治被视为X省的第二层级政府目标，其目标函数相应可以表述为A2。

综上所述，在"十二五"期间，X省、Y市、Y县三级政府的法治政府目标函数与"十一五"期间均完全相同，其耦合模式也是发生在较低层次的低质耦合模式即"A2B3C3"模式（或233模式），得分为 $0.8 \times 0.6 \times 0.6 \times 50 = 14.4$ 分。

总之，在"十一五""十二五"两个五年规划期间，X省、Y市、Y县三级政府的法治政府目标函数的耦合程度较低。因此，Y县的政府法治目标函数最终得分为 $(0.8 \times 0.6 \times 0.6 \times 50 + 0.8 \times 0.6 \times 0.6 \times 50) \times 0.125 = 3.6$ 分。

虽然在"十一五""十二五"两个五年规划中，Y县政府都只把法治政

---

① 因为X县与Y县同属X省，所以关于X省"十一五""十二五"两个五年规划法治建设方面的内容此处从略。请参阅第7章"X县法治政府建设的资本与动力"。

府建设列为第三层级的政府目标和工作内容，但在每年的政府工作目标中，法治政府建设却得到了更高的重视。比如在 Y 县 2009 年的政府工作报告中，专门用一章的篇幅来阐述"全面加强政府自身建设"，其中又明确提到要在当年的政府工作中"着力推进依法行政。严格按照法定权限和程序行使权力、履行职责，打造法治政府；建立健全了解民情、反映民意、集中民智、珍惜民力的政府决策机制，确保政府决策的科学化、民主化；推行政务信息公开制度，自觉接受监督；继续实行行政执法过错责任追究制，激励和约束执法人员严格执法、文明执法、公正执法；加强全社会法制宣传教育，增强全民法律素质"。而在对 2009 年的政府工作进行回顾时，Y 县 2010 年政府工作报告指出，2009 年，"坚持政府常务会集体学法制度，实行了重大行政处罚备案和常务会群众代表旁听制度，规范了执法部门行政处罚自由裁量权，依法行政和科学决策能力进一步提升"。

Y 县政府对法治的重视还体现在政府法制部门把法治政府建设工作抓到实处和细处。比如 2012 年 8 月 23 日下午，Y 县政府法制局组织召开了 2012 年上半年行政执法案卷评查通报暨依法行政推进会。法制局、监察局以及全县 37 个行政执法部门负责人参加了会议。会议通报了上半年行政执法案卷评查情况，严肃批评指正执法案卷中存在的各种问题，监察局负责人对落实限时办结、规范行政处罚、优化发展环境进行了部署，法制局负责人就推进依法行政，建设法治政府做了安排部署，要求具体做到"整改提高到位、培训考核到位、执法监督到位、制度落实到位、完善机制到位"五个到位，进一步规范行政执法行为，全面提升执法能力和水平，为推动 Y 县经济社会又好又快发展提供有力的法治保障。

二　Y 县的政府绩效机制

近几年来，Y 县一直坚持坚持运用科学的综合考核评价体系，对县直部门和各乡镇的领导班子和领导干部进行严格的年度考核，考核结果用于干部晋升的重要依据等。Y 县把法治建设纳入对领导班子和领导干部的政绩考核体系的做法，充分体现了 Y 县主要领导对法治建设工作的高度重视，大大提高了 Y 县各级政府和领导干部深入推进法治政府建设工作的积极性、主动性，这也是虽然作为一个内陆县区，但 Y 县法治政府建设依然能够取得不俗成绩的重要原因之一。

表8-6　Y县县直部门领导班子和领导干部综合考核评价体系

类别	序号	指标名称	评价分值				考核认定责任单位
			党群部门	经济社会和管理部门	执法监督部门	金融保险和通讯部门	
第一类共性指标	1	领导班子和干部队伍建设机关党建	5	5	5	—	组织部区直二委
	2	落实党风廉政建设两个责任	5	5	5	—	纪检委
	3	宣传文化和精神文明建设	5	5	5	—	宣传部
	4	法治建设	5	5	5	—	政法委法制局司法局
	5	社会治安综合治理安全生产人口与计划生育	5	5	5	—	政法委安监局卫计局
第二类职能业务目标	1	承担省、市考核指标任务	45	40	40	35	考核组
	2	上级主管部门目标任务					
	3	区委、区政府目标任务					
	4	本单位业务目标					
	5	支持地方建设和为民办实事工作情况	—	—	—	30	考核组县委办政府办
第三类民主评价与考核监控	1	党代会民主测评	5	5	5	5	组织部
	2	单位民主测评	5	5	5	5	考核组
	3	乡镇（开发区）对区直部门民主测评	5	5	5	5	
	4	行风评议	—	5	5	5	纪检委
	5	分管区领导评价	5	5	5	5	考核办
	6	平时考核与考核监控	5	5	5	5	
第四类年度重点工作		根据县委县政府当年安排的涉及全局性的重点工作确定	5	5	5	5	考核组相关部门

续表

类别	序号	指标名称		评价分值				考核认定责任单位
				党群部门	经济社会和管理部门	执法监督部门	金融保险和通讯部门	
第五类加减分项	1	领导评价		+5				考核办
	2	奖励	获国家、省（部）、市（厅）、市直部门综合工作表彰奖励	+5，+3，+2，+1分				
		惩处	受到国家、省（部）、市（厅）、市直部门通报批评或处罚	-10，-6，-4，-2分				
	3	连带责任		-1至-5分				
第六类特殊贡献	Y字【2010】17号《中共Y县县委、Y县人民政府关于设立特殊贡献奖的意见》			—				考核办相关部门

由上述考核评价体系可以看出，在 Y 县县直部门领导班子和领导干部综合考核评价体系中，法治建设的权重为 5 分。不过，但是由于在 Y 县乡镇（开发区）领导班子和领导干部综合考核评价体系中，法治建设占共性指标的权重为 6 分，而共性指标又只占综合评价的 25%（见表 8-7），因此，法治建设在乡镇综合评价中的最终权重可以折算为 6×25%＝1.5 分。

表 8-7 Y 县乡镇（开发区）领导班子和领导干部综合考核评价体系

类别	序号	指标名称	单位	评价分值			考核认定责任单位
				产城融合区	产业转型推进区	生态休闲区	
第一类共性指标（100分，占综合评价25%）	1	领导班子和干部队伍建设	—	12	12	12	组织部
	2	"五星乡村"创建	—	10	10	10	
	3	基层组织建设	—	8	8	8	组织部农工委
	4	落实党风廉政建设两个责任	—	12	12	12	纪检委
	5	宣传文化和精神文明建设、统战工作	—	12	12	12	宣传部统战部
	6	农村面貌改造提升	—	8	8	8	农工委

类别	序号	指标名称		单位	评价分值			考核认定责任单位
					产城融合区	产业转型推进区	生态休闲区	
第一类共性指标（100分，占综合评价25%）	7	城乡建设与管理		—	10	10	10	规划局 住建局 国土局 城管局
	8	法治建设		—	6	6	6	政法委 法制局 司法局
	9	平安建设（含社会治安综合治理、安全生产、食品药品安全）		—	12	12	12	政法委 信访局 安监局 食药监局
	10	环保工作人口与计划生育工作		—	10	10	10	环保局 卫计局
第二类差异化指标（100分，占综合评价35%）	1	财政收入	任务	万元	16	16	14	财政局
			增加额	万元				
			增长率	%				
	2	公共财政预算收入	任务	万元	14	14	12	
			增加额	万元				
			增长率	%				
	3	用于民生方面支出占财政总支出比重		%	10	10	8	
	4	收益性项目投资		万元	8	8	6	发改局
	5	固定资产投资		万元	6	6	2	发改局 统计局
	6	万元工业增加值能耗降低率		%	6	6	2	
	7	城市建设投入占财政部支出比重		%	6	—	—	财政局
	8	服务业项目投资		万元	6	4	4	发改局
……	…	……		……	……	……	……	……

综上所述，Y县的法治政府绩效动力基数为（5＋1.5）÷2＝3.25；法治政府绩效动力指数为：（3.25/9）×12.5≈4.514分。

三　Y县的行政问责机制

从我们手头掌握的现有资料来看，Y县本级政府虽然并没有针对辖区内政府公职人员建立独立的、系统的、总体性的行政问责机制，但出台过专属领域的行政问责办法，比如 2013 年 10 月 31 日起开始施行的《Y县政务服务中心行政审批过错责任追究办法（试行）》，就对相关责任行为有明确的问责规定。另外，问责条款还散见于其他文件之中。比如在 2012 年 9 月 29 日印发并执行的《Y县行政执法人员管理制度》中，明确"行政执法人员在执法活动中有玩忽职守、徇私舞弊等行为的，由市政府法制局暂扣行政执法证件，市监察局依法追究行政过错责任"；在 2014 年 11 月 21 日印发的《关于建立行政执法公开制度的实施方案》中，明确规定"对行政执法公开制度不健全，公开不到位、不及时的，要责令改正，并予以通报批评；情节严重的，要依法追究主要负责人和其他相关责任人的法律责任"。

在进行行政问责的过程中，Y县还可利用其上级政府的行政问责办法，如Y市人民政府于 2004 年 8 月 3 日印发的《Y市行政执法责任追究实施办法》，于 2009 年 3 月 18 日印发的《关于Y市国家机关及其工作人员问责规定（试行）》和 2012 年 4 月 28 日印发并于 2012 年 6 月 1 日起施行的《Y市行政执法过错责任追究实施办法》；或是依靠散见于其上级政府规范性文件中的相关问责条款来进行专门问责，比如Y市人民政府于 2009 年 4 月 15 日印发并自 5 月 1 日起施行《安全生产行政管理职责及较大安全事故行政责任追究实施办法》；又比如Y市市委办公厅、Y市人民政府办公厅于 2010 年 10 月 20 日印发的《关于Y市机关工作人员损害发展环境行为责任追究暂行规定》。

虽然Y县人民政府并没有制定专门的、一般性的和总体性的行政问责办法，但由于在行政执法这一专属领域的规章制度中，Y县制定有相关问责条款，而且由于其上级政府具有相对较为成熟的行政问责机制，因而对于Y县政府公务人员而言，还是能起到较强的监督制约作用。基于上述情况，我们赋予其 8 分的得分。

四　Y县的公民参与机制

就我们所知，Y县同样没有建立起专门的、一般性的、总体性的公民参与机制。不过，在其他专属领域的规章制度中，包含有公民参与政府过程某一环节的相关条款。比如，在 2011 年 8 月 11 日出台的《Y县人民政府关于推进依法行政加强法治政府建设的实施方案》中，就要求"进一步完善行政决策程序，明确重大行政决策的范围，把公众参与、专家咨询、风险评估、合法性审查、集体讨论决定作为重大行政决策的必经程序"，"完善行政决策听取意见制度。行政机关作出重大决策要广泛听取、充分吸收各方面意见，对涉及人民群众切身利益的重大决策事项，要向社会公开征求意见，对涉及本地区经济发展的重大决策以及专业性较强的决策事项，要建立人大代表、政协委员列席政府常务会议制度，组织有关专家进行必要性和可行性论证。要完善重大行政决策听证制度，法律、法规、规章规定应当听证以及涉及重大公共利益和群众切身利益的决策事项，都要组织听证。要科学合理地遴选听证代表，保证听证参加人的广泛代表性。听证活动要依法按程序公开进行，确保听证参加人对有关事实和法律问题进行平等、充分的质证和辩论。听证意见要作为决策的重要参考。在听取公众意见和听证中，对公众意见的采纳情况及其理由，要以适当方式反馈或者公布"。

为了使广大人民群众参与到法治政府建设的过程中来，Y县人民政府在政府门户网站上开设了"法治建设"专栏，该专栏下设法制信息、规范性文件、行政复议等子栏目。此外，Y县还在政府门户网站上开设了公众参与专栏。该专栏包括在线咨询、最新公开信息查询、党风政风投诉举报平台以及意见征集等栏目。

总之，Y县公民除了可以在一定程度上参与到政府决策中来，Y县尚没有建成系统成熟的公民参与机制，使得当地居民能够有效参与到行政执法、政府信息公开、政府行政问责和政府绩效考核的其他过程与环节中来。

基于上述情况，在公民参与机制方面，我们赋予Y县7分。

对策篇

第九章 法治政府建设比较

第一节 法治政府建设绩效比较

一 法治政府建设绩效总体比较

正如笔者在第二章第三节中已经说明的，本项研究之所以选择余杭、金牛、浏阳、宝安四个案例进行比较，是因为相比其他省市而言，总体看来这四个地方所属的省级政府，较早、较为系统地推出了本省的地方法治制度体系；而之所以还要抽取同一省辖下的 X 县和 Y 县作为对照案例，是为了更好地观察在同一省级政府领导下和拥有相同省级法治制度资本的情况下，不同地方法治政府绩效存在显著差异的深层原因。

从表 9 - 4 中可以清楚看出，在法治绩效方面，X 县、Y 县之间均值＜六地之间均值＜四地之间均值，而从离散程度上看则呈现相反情况，X 县、Y 县之间平均离差＞六地之间平均离差＞四地之间平均离差，这说明，X、Y 两县的法治绩效变异要大于六地之间的法治绩效变异，更是大于四地之间的法治绩效变异；同时总体上说这还表明，四地之间的法治绩效的差距要小于六地之间的法治绩效差距。当然，虽然余杭、金牛、浏阳、宝安四个地方所属的省级政府都较早、较为系统地推出了本省的地方法治制度体系，但四个案例的法治政府绩效差距也不能算小，四地之间的平均离差仍然达到 2.524 分，得分最高的宝安和得分最低的金牛之间差距达到 7.875 分，并且金牛 64.792 的得分也明显低于四个地方的平均得分68.194 分；对于同属 X 省的 X、Y 两县，其法治政府绩效的差距却也达到了 7.711 分，平均离差为 3.856 分；另外，在六个案例中，得分最低的 X 县与得分最高的宝安法治政府绩效差距更是达到了惊人的 14.297 分，平均离差为 3.551 分。

因此，就这六个案例看来，它们的法治政府建设水平可以粗略地划分为三个层次：宝安、余杭为法治成效显著的第一层次，浏阳、金牛、

Y 县等为第二层次，而法治政府建设水平较低的 X 县则为第三层次。

那么，造成六大案例之间，余杭、金牛、浏阳、宝安四大案例之间，以及 X 县、Y 县两大案例之间法治绩效差异悬殊的深层原因又分别是什么呢？对此，笔者将在第十章第二节予以阐述。

二　法治绩效一级指标比较

正如表 9-1 所示，在六地七项一级指标之地区排名中，宝安区在每一项指标上都独占鳌头，而 X 县则恰恰相反，它在各项一级指标上均排名末位；余杭区在除规范性文件制定与行政监督之外的五项指标上均排名第二；浏阳的成绩也总体不错，在规范性文件和行政监督两项指标上排名第二，在政府职能与矛盾化解上均排名第三；另外，金牛区除了在信息公开排名第三与在行政执法上排名第四外，在其他五项一级指标上均排名第五，其法治政府建设水平需要进一步提高。

表 9-1　六地法治政府建设绩效七项一级指标之地区排名

一级指标	余杭	金牛	浏阳	宝安	X 县	Y 县	六地一级指标平均得分
	六地一级指标得分及地区排名	六地一级指标得分及地区排名	六地一级指标得分及地区排名	六地一级指标得分及地区排名	六地一级指标得分及地区排名	六地一级指标得分及地区排名	
政府职能	73.555 第二	69.8 第五	72.637 第三	75.533 第一	63.999 第六	70.563 第四	71.015
规范文件	63.889 第四	58.1 第五	64.910 第二	71.599 第一	57.201 第六	64.313 第三	63.335
行政决策	69.111 第二	61.8 第五	63.181 第四	72.933 第一	57.467 第六	64.125 第三	64.770
行政执法	69.666 第二	65.2 第四	63.818 第五	73.733 第一	57.2 第六	65.563 第三	65.863
信息公开	73.222 第二	71.8 第三	70.181 第四	78.133 第一	61.267 第六	68.875 第五	70.580
行政监督	65.555 第四	63.8 第五	67.091 第二	68.267 第一	53.933 第六	65.875 第三	64.087
矛盾化解	66 第二	62.7 第五	63.636 第三	67.8 第一	57.6 第六	62.75 第四	63.414
法制得分	68.770 第二	64.792 第五	66.548 第三	72.667 第一	58.370 第六	66.081 第四	66.205

　　而在这七项一级指标的内部排名中，如表 9 - 2 所示，政府职能指标是得分最高的指标，平均得分达到 71.015 分，在七项一级指标得分的内部排名中，除了在金牛和宝安两个地方是其得分排名第二的指标之外，在其他四个地方，均是当地得分最高的一级指标；紧随其后的是信息公开指标，六地平均得分也达到 70.580 分，除了在金牛和宝安两个地方是其得分排名第一的指标之外，在其他四个地方，均是当地得分排名第二的一级指标。这些事实也充分说明，随着权力清单、负面清单等制度和政策的普遍推行，各级政府职能变得越来越规范，这也是我国地方法治政府建设成效最为显著的一个方面；同时，在政府信息公开与加强政府权力的透明性上，我国各级政府也成绩斐然，收效显著。①

　　然而，不容忽视的是，六个地方在法治政府建设的其他五个方面都与政府职能转变和信息公开上的成绩存在较为明显的差距。而且正如表 9 - 2 所示，更加不容乐观的是，在规范性文件制定方面，其 63.335 的平均得分是七项指标中得分最低的指标，比政府职能指标相差 7.68 分。在六个案例各自的七项指标中，规范性文件制定是余杭和金牛指标中各得分最低的方面，也是其他三个地方宝安、X 县、Y 县得分较低的方面（在自己七项指标的内部得分排名中，排名第五）。

　　在矛盾化解方面，63.414 的平均分是得分倒数第二的指标，比政府职能指标得分相差 7.601 分。在六个案例各自的七项指标中，矛盾化解是宝安和 Y 县这两个地方得分较低的方面，是浏阳七个方面得分倒数第二的方面，也是余杭和金牛得分较低的方面（在自己七项指标的内部得分排名中，排名第五）。此外，在加强行政监督、健全行政决策程序等方面，我们的县级地方政府都还有很多很多工作要做，还有很漫长的路要走。

　　总之，上述事实充分说明，在法治政府建设最不触及深层利益因而所遇阻力也最小的方面，比如规范政府职能与加强政府信息公开方面，往往

---

① 在《中国法治政府评估报告（2016）》的九项一级指标中，根据得分率从高到低排列，最高的是"政府信息公开"，得分率达到 77.14%；排在第二位的是"依法全面履行政府职能，得分率为 76.23%；排在第三位的是"行政决策"，得分率为 68.87%；排在第四位的是"社会矛盾化解与行政争议解决"，得分率为 68.10%；排在第五位的是"监督与问责"，得分率为 68.02%；排在第六位的是"社会公众满意度调查"，得分率为 64.89%；排在第七位的是"政府制度建设"，得分率为 63.45%。上述七个一级指标得分率都在及格率（60%）以上。另有两个一级指标的得分率则在及格率之下，分别是："行政执法"的得分率为 57.93%，"法治政府建设的组织领导"的得分率为 49.24%。见中国政法大学法治政府研究院编《中国法治政府评估报告（2016）》，社会科学文献出版社，2016，第 8 页。

更容易实现突破并取得显著进展；反之，在那些最需要公民参与和加强监督的领域，比如政府政策制定和行政权力的约束等方面，地方法治政府建设任重道远。

表 9 - 2　六地法治政府建设绩效七项一级指标之内部排名

一级指标	余杭	金牛	浏阳	宝安	X 县	Y 县	六地一级指标平均得分
	七项指标得分内部排名	七项指标得分内部排名	七项指标得分内部排名	七项指标得分内部排名	七项指标得分内部排名	七项指标得分内部排名	
政府职能	73.555 第一	69.8 第二	72.637 第一	75.533 第二	63.999 第一	70.563 第一	71.015
规范文件	63.889 第七	58.1 第七	64.910 第四	71.599 第五	57.201 第五	64.313 第五	63.335
行政决策	69.111 第四	61.8 第六	63.181 第七	72.933 第四	57.467 第四	64.125 第六	64.770
行政执法	69.666 第三	65.2 第三	63.818 第五	73.733 第三	57.2 第六	65.563 第四	65.863
信息公开	73.222 第二	71.8 第一	70.181 第二	78.133 第一	61.267 第二	68.875 第二	70.580
行政监督	65.555 第六	63.8 第四	67.091 第三	68.267 第六	53.933 第七	65.875 第三	64.087
矛盾化解	66 第五	62.7 第五	63.636 第六	67.8 第七	57.6 第三	62.75 第七	63.414
法治得分	68.770	64.792	66.548	72.667	58.370	66.081	66.205

三　突出问题的比较

正如表 9 - 3 所示，在居民问卷的 35 道题目中，第 33 题"您认为导致'大闹大解决、小闹小解决'现象的最主要原因是什么"，六个地方的平均得分为 58.145÷6≈9.691 分，平均得分率为 48.5%，是 35 道题中得分最低的题目，这说明导致社会矛盾难以化解的最深刻制度根源是公民缺乏有效维权途径；第 19 题"您周围的朋友和商人是否常常对当地政府的执法和监管行为抱怨不满"的平均得分为 70.579÷6≈11.763，平均得分率为 58.8%，说明在地方政府尤其是基层政府，行政执法和监管部门的执法行为还极不规范，对执法行为和监管行为的监督约束机制还很不健全；第 8 题"您认为在政府制定规范性文件时，居民意见对当地政府的影响如何"的平均得分为 71.042÷6≈11.840，平均得分率为 59.2%，这也说明在地方政府政策制定过程中，虽然制定有公众参与、专家论证、合法性审查等健全依法决策程序等方面的制度，但在实际运作过程中并没能得到有效实施，基层老百姓或利益相关者的利益关切无法经由它而得到较为充分的体现与保障。

总之，上述三道题的平均得分率都低于 60% 的及格率，甚至还存在低于 50% 得分率的情况。这些突出问题与严峻情况的存在充分说明，只有把各项制度落实到具体的政府行动与具体细节当中，我国各级地方政府尤其是基层政府的法治政府建设任务，才能说得到了有效贯彻执行，也才能真正建成令广大人民群众满意的法治政府，否则法治政府就只能是空中楼阁。

表 9 - 3　六地法治政府建设绩效比较

题号	余杭	金牛	浏阳	宝安	X 县	Y 县	六地均值
	每题得分	每题得分	每题得分	每题得分	每题得分	每题得分	
1	15.556	14.2	14.818	15.267	12.933	13.625	14.400
2	14.889	15.3	14.273	15.533	12.933	14.250	14.530
3	15.444	14.2	14.909	15.867	12.733	14.188	14.557
4	13.222	12.2	13.273	14.333	12	14.688	13.286
5	14.444	13.9	15.364	14.533	13.4	13.812	14.242
Σ	73.555	69.8	72.637	75.533	63.999	70.563	71.0145
题号	每题得分	每题得分	每题得分	每题得分	每题得分	每题得分	
6	13.111	12.9	13.364	15.333	12.2	13.937	13.474
7	12.556	11.3	12.364	13.533	11.067	12.188	12.168
8	11.667	10.6	12.091	14.267	10.667	11.750	11.840
9	13	10.5	13.000	13.933	10.867	12.938	12.373
10	13.556	12.8	14.091	14.533	12.4	13.500	13.48
Σ	63.889	58.1	64.910	71.599	57.201	64.313	63.335
题号	每题得分	每题得分	每题得分	每题得分	每题得分	每题得分	
11	13.778	13.9	13.091	15.133	12	13	13.484
12	14.778	11.4	12.545	14.6	11.067	12.313	12.784
13	12.778	11.2	12.000	13.8	11	12.437	12.202
14	13.444	12	12.000	14.333	11.333	12.25	12.56
15	14.333	13.3	13.545	15.067	12.067	14.125	13.740
Σ	69.111	61.8	63.181	72.933	57.467	64.125	64.770

续表

题号	余杭 每题得分	金牛 每题得分	浏阳 每题得分	宝安 每题得分	X 县 每题得分	Y 县 每题得分	六地均值
16	14.333	14.4	14.273	15.133	12.133	13.875	14.024
17	14.778	13.5	12.727	15.467	11.6	13.188	13.543
18	14	13	12.545	14.733	12.133	13.250	13.277
19	12.222	11.7	11.273	13.267	9.867	12.250	11.763
20	14.333	12.6	13.000	15.133	11.467	13	13.256
Σ	69.666	65.2	63.818	73.733	57.2	65.563	65.863
题号	每题得分	每题得分	每题得分	每题得分	每题得分	每题得分	
21	14.222	14.9	14.273	15.8	12.267	13.625	14.181
22	13.667	13.2	13.818	15.2	12.066	13	13.492
23	15.333	14.7	14.545	16	12.667	14.563	14.635
24	15.444	14.9	13.909	15.4	11.8	13.937	14.232
25	14.556	14.1	13.636	15.733	12.467	13.750	14.040
Σ	73.222	71.8	70.181	78.133	61.267	68.875	70.580
题号	每题得分	每题得分	每题得分	每题得分	每题得分	每题得分	
26	13.222	12.9	13.455	14	10.933	13.875	13.064
27	13.111	12.4	12.818	13.933	10.4	12.188	12.475
28	13.222	12.9	13.091	12.667	11.2	12.875	12.659
29	12.222	12.4	13.818	13.8	10.8	13.687	12.788
30	13.778	13.2	13.909	13.867	10.6	13.250	13.100
Σ	65.555	63.8	67.091	68.267	53.933	65.875	64.087
题号	每题得分	每题得分	每题得分	每题得分	每题得分	每题得分	
31	13.667	13.3	13.727	14.067	10.933	13.250	13.157
32	12.778	11.7	13.000	12.733	12.133	12.563	12.484
33	9.556	9.4	8.727	10.4	10	10.062	9.691
34	16.777	14.8	15.091	16.467	13.067	13.625	14.971
35	13.222	13.5	13.091	14.133	11.467	13.250	13.111
Σ	66	62.7	63.636	67.8	57.6	62.75	63.414
法治得分	68.770	64.792	66.548	72.667	58.370	66.081	66.205

第二节　法治资本比较

从表9-4可以清楚看出，在各项法治资本和法治资本总体指数方面，总体上呈现出 X 县、Y 县之间均值＜六地之间均值＜四地之间均值的情况，这即说明四地的法治资本总体情况要好于六地的法治资本总体情况。

表9-4　相关系数、均值与平均离差

	与法治绩效之间的相关系数	六地之均值	六地之间平均离差	四地之间均值	四地之间平均离差	X 县 Y 县之间均值	X 县 Y 县之间平均离差
政治文化资本	0.94	8.761	0.281	8.958	0.133	8.367	0.399
法治制度资本	0.74	8.015	1.906	8.333	2.487	7.377	0.744
法治人力资本	0.97	9.422	1.137	10.077	0.787	8.112	1.757
法治司法资本	0.54	9.794	1.169	10.348	1.152	8.688	0.188
目标函数耦合	0.52	6.575	1.908	7.563	1.381	4.6	1
政府绩效机制	0.89	4.664	3.557	5.868	4.132	2.257	2.257
行政问责机制	0.64	7.25	2.25	8.375	2.063	5	3
公民参与机制	0.73	6.667	1.111	7.25	0.75	5.5	1.5
法治资本指数	0.93	35.992	3.986	37.717	4.255	32.543	3.088
法治动力指数	0.93	25.156	6.879	29.056	6.420	17.357	5.757
法治有利因素	0.94	61.148	10.866	66.772	10.675	49.9	8.845
法治绩效得分		66.205	3.551	68.194	2.524	62.226	3.856

注：法治资本指数满分50分，每项12.5分。法治动力指数满分50分，每项12.5分。法治有利因素满分100分，法治绩效满分100分。因样本量太小，故在描述数据的离散程度或变异性时，没有选择方差和标准差这两个更常用也更为准确的测量工具，而是选择更为直观的平均离差来进行描述。

一　政治文化资本

前已述及，在本书中，政治文化资本主要通过当地居民对地方政策的参与、认知与评价来衡量。正如表9-5所示，总体上看来，第38题"当地党委、政府制定地方发展战略与政策决策时，您会通过某种途径提出建议或表明看法，以影响他们的政策决策吗？"的得分在六个案例中都是所有题目中得分最低的，这也说明无论在法治绩效较高的地区，还是在法治绩效一般或较低的地区，或者说无论是在沿海发达地区还是在内陆地区，公民对地方公共政策的主动参与积极性都是不够的；而第44题"如果您到政府办理有关手续（比如建房证、户籍证明、营业执照等），您会首先选择哪种途径（或认为哪种途径最为有效）"的得分在六个案例中都是得分最高的题目，这反映出一个基本事实，即随着我国行政审批、行政许可、行政服务等领域改革的深入开展，目前已经成效显著，获得了各地百姓的一致认可与好评。

表9-5　六地居民对地方政策的参与、认知与评价

题号	余杭	金牛	浏阳	宝安	X县	Y县
	每题得分	每题得分	每题得分	每题得分	每题得分	每题得分
36	8.000	6.7	8.000	7.267	6.133	7.5
37	6.842	5.4	6.091	6.567	5.733	6.375
38	6.053	5.2	5.045	5.467	5.067	5.531
39	5.789	5.95	6.500	6.6	5.367	6.094
40	7.105	6.95	7.091	6.966	6.433	6.813
41	7.263	7.4	7.045	7.4	6.767	7.125
42	6.579	7.05	7.500	7.3	6.1	6.906
43	8.158	8.00	7.500	8.133	7.267	7.531
44	9.158	9.5	9.091	9.167	8.067	8.5
45	7.684	7.55	7.636	7.966	6.8	7.75
Σ	72.631	69.7	71.499	72.833	63.734	70.125

从表9-6"法治资本比较及地区排序"中可以看出，在政治文化资本方面，宝安、余杭位居前两位，且六个案例的得分排序与法治绩效排序完全一致，二者的相关系数达到0.94，高度正相关。由此完全可以推论出，在地方法治政府建设方面，居民对地方政策的参与、认知与评价越高，其法治政府建设成效也越高。

表9-6　法治资本比较及地区排序（满分50分）

每项12.5分	余杭	金牛	浏阳	宝安	X县	Y县
政治文化资本	9.079 第二	8.713 第五	8.937 第三	9.104 第一	7.967 第六	8.766 第四
法治制度资本	9.141 第二	5.995 第五	5.697 第六	12.5 第一	6.633 第四	8.121 第三
法治人力资本	10.673 第二	9.078 第五	9.503 第四	11.055 第一	6.355 第六	9.869 第三

续表

每项 12.5 分	余杭	金牛	浏阳	宝安	X 县	Y 县
法治司法资本	12.5 第一	8.5 第五	10.5 第二	9.891 第三	8.5 第五	8.875 第四
法治资本指数	41.393 第二	32.286 第五	34.637 第四	42.55 第一	29.455 第六	35.631 第三
法治绩效排名	68.770 第二	64.792 第五	66.548 第三	72.667 第一	58.370 第六	66.081 第四

二　法治制度资本

在法治制度资本方面，由于是对省、市、县三级政府具有政策创新性质的法治制度数量的综合衡量，而非对三级政府法治制度数量的简单相加，所以宝安、余杭分别排名前两位，且与它们在法治绩效排名中的名次一致。不过，浏阳的法治制度资本为 5.697 分，在六个案例中排名最后，得分率仅为 45.576%，这主要是因为浏阳市政府本身只注意贯彻执行上级的法治制度，而很少从政策创新的角度去制定本级政府的法治制度。因此，这和浏阳排名第四的法治动力指数一起，至少说明了一个问题，浏阳虽然取得了排名第三的法治政府绩效，但可能更多得益于其时任省委省政府主要领导对建设法治湖南的强力推动。但即便如此，法治制度资本与法治政府绩效之间的相关系数还是达到了 0.74。

三　法治人力资本

正如表 9-6 和表 9-7 所显示的，在法治人力资本方面，六个案例的政府普通公务人员法治思维水平得分排序和法治人力资本最终得分排序均与法治绩效排序基本一致，二者的相关系数更是达到最高的 0.97。这充分说明，一个地方党委、政府的主要领导越是具有法治思维，其政府工作人员越是具有较高的法治意识，这个地方的法治政府也越建得更好。

此外，正如表 9-8 所显示的，如果稍微留意一点，我们就能够发现在六个案例的法治人力资本得分排名与其法治动力指数排名也完全一致和吻合，二者之间的相关系数同样达到惊人的 0.9376。因此完全可以这样说，一个地方的主要领导和普通政府公务人员的法治思维越强，推进法治建设的动力也就越高。

表9-7   六地政府普通公务人员法治思维水平之比较

题号	余杭	金牛	浏阳	宝安	X 县	Y 县
	每题得分	每题得分	每题得分	每题得分	每题得分	每题得分
36	18.5	17.5	18	19	15	16.190
37	13	12.5	15	14.5	10.5	9.524
38	14.5	13	13	15	6	8.095
39	17	14.5	15	17.5	14.5	18.571
40	15.5	14	15.5	17	17	16.667
Σ	78.5 第二	71.5 第四	76.5 第三	83 第一	63 第六	69.047 第五

表9-8   六地政府法治人力资本与法治动力指数

	余杭	金牛	浏阳	宝安	X 县	Y 县
法治人力资本	10.673 第二	9.078 第五	9.503 第四	11.055 第一	6.355 第六	9.869 第三
法治动力指数	35.45 第二	22.189 第五	23.083 第四	35.5 第一	11.6 第六	23.114 第三

四　法治司法资本

在法治司法资本方面，六个案例的得分排序与法治绩效排序缺乏一致性，二者之间的相关系数仅为0.54。造成这种结果偏差的原因可能是计算依据有问题。在测算法治司法资本时，笔者除了依据行政首长出庭应诉率之外，还考察了当地的法制部门是否对当地已经发生的行政诉讼案件尤其是政府败诉案件进行分类整理总结剖析，而事实上地方政府法制部门在对待和处理本地行政诉讼案例的方法上有所差别，并且难以获得相关数据与信息。

这也说明在社会科学的定量研究中，信息、数据的来源渠道与质量会对研究结果产生很大影响，从事定量研究的社会科学家必须正确对待和妥善处理这个问题。

五　法治资本指数

在法治资本总体指数方面，六个地方的法治资本指数差距并不太大，排名第一的宝安与排名最后的X县之间的差距为13.095分（如果按100分换算，差距即为26.19分），而且法治资本指数的排名与法治绩效的排名也基本一致，二者之间的相关系数为 0.93，存在高度正相关关系。因此我们有理由说，一个地方的法治资本越是雄厚，其法治政府也就建设得越好。

第三节　法治动力比较

同样如表 9-9 所示，无论是在各项法治动力还是在法治动力总体指数方面，总体情况是：X 县、Y 县之间均值 < 六地之间均值 < 四地之间均值，这也即是说四地的法治动力总体情况要好于六地的法治动力总体情况。

一　政府目标函数

在政府目标函数耦合上，由于考察的是省、市、县三级政府在"十一五""十二五"两个五年规划中政府目标的一致性及其质量，这与对法治制度资本的考察一样，都是对省、市、县三级政府的综合考量，所以目标函数耦合与法治绩效之间的相关性并不高，仅为 0.52。虽然如此，但是法治绩效排名前三位的宝安、余杭、浏阳在目标函数耦合的得分上也居于前三位，而法治绩效居于第五的金牛在政府目标函数耦合上仍然排名第五。因此，政府目标函数总体上还是能解释法治绩效的。

表 9-9　法治动力比较及地区排序（满分 50 分）

每项 12.5 分	余杭	金牛	浏阳	宝安	X 县	Y 县
目标函数耦合	9.45 第一	4.8 第五	8 第二	8 第二	5.6 第四	3.6 第六
政府绩效机制	7.5 第二	1.389 第五	2.083 第四	12.5 第一	0 第六	4.514 第三
行政问责机制	12.5 第一	8 第二	6 第五	7 第四	2 第六	8 第三
公民参与机制	6 第五	8 第一	7 第三	8 第一	4 第六	7 第三
法治动力指数	35.45 第二	22.189 第五	23.083 第四	35.5 第一	11.6 第六	23.114 第三
法治绩效排名	68.770 第二	64.792 第五	66.548 第三	72.667 第一	58.370 第六	66.081 第四

二　政府绩效机制

一个地方政府对法治政府建设是否重视，除了体现在政府中长期发展目标的设定上，更体现在政府绩效机制上。在各地一年一度对所辖乡镇街道和各县级政府部门的年度目标考核或绩效考核中，如果能把法治政府建设或依法行政的考核纳入政府绩效考核体系，并赋予其较大的权重，那势必会有力推动各项法治制度与政策的落地生根、开花结果。正如我们通过调研发现的，法治绩效较高的地方，一定是那些率先进行法治（或依法行政）考核，把依法行政考核成绩纳入政府年终绩效考核，并赋予较高权重的地方。

在这六个案例中，宝安区的政府绩效机制得分最高，这既得益于深圳市的政府绩效机制，更得益于宝安区自己早就进行法治政府绩效考核，并赋予其较高的权重，从而强有力地推动了各区辖街道与部门严格依法行政。而在对余杭区司法局与法制办的访谈中，我们也能够发现余杭区委、区政府对余杭法治指数的高度重视。所以宝安、余杭两地在法治政府建设上取得骄人成绩也就是顺理成章的事了；而与此形成鲜明对比的是，截止到我们调研时为止，X 县未进行过行之有效的依法行政考核，也未将其纳入政府年终绩效考核之中。

正如表 9-9 和表 9-4 所示，总体看来，在六个案例中，政府绩效机制的得分排名与法治绩效排名是基本一致的，二者之间的相关系数为 0.89，系高度正相关关系。因此，我们完全可以得出结论认为，在政府年终绩效考核中赋予依法行政的权重越高，其法治绩效也就越高。

三　行政问责机制

对行政问责机制的考察，主要是通过考察一级政府是否制定有专门的、总体性的、一般性的行政问责制度或办法，来推断该级政府对域内错误执法行为甚至违法执法行为进行问责的决心，并因而判断该级政府推动依法行政的力度。当然需要说明的一点是，如果一个地方的上级政府制定有适用于域内的、较为成熟、系统的行政问责机制或办法，该级政府也可能就萧规曹随，而不必制定专门的行政问责办法。比如 2005 年 12 月 6 日，深圳市人民政府就制定并印发了《深圳市人民政府关于健全行政责任体系加强行政执行力建设的实施意见及六个配套文件的通知》（深府〔2005〕201号）、《深圳市行政过错责任追究办法》、《深圳市人民政府部门行政首长问责暂行办法》、《深圳市行政机关工作人员十条禁令》、《深圳市实施行政许可责任追究办法》、《深圳市人民政府关于推行行政执法责任制的意见》和《深圳市人民政府关于进一步加强政务督查工作的意见》。毋庸讳言，这套问责机制已经较为系统、成熟，且适用于宝安区，所以在行政问责制度方面，宝安区也就自然没有必要再另起炉灶了。

但即便如此，我们仍然可以发现，法治绩效排名第二的余杭在行政问责机制方面排名第一，法治绩效排名第四的 Y 县在行政问责机制方面排名第三，而法治绩效排名最后的 X 县在行政问责机制上排名第六。总之，在行政问责机制与法治绩效之间的相关系数为 0.64，从域内是否有健全的行政问责机制，我们还是大体能推断出该地的法治政府建设绩效情况的。

四　公民参与机制

公民参与机制指数标示的是一个地方通过种种健全的制度手段以使其公民参与到政府过程和监督约束地方政府的过程中来的程度。在这一方面，宝安区和金牛区排名并列第一，法治绩效排名第三、四位的浏阳和 Y 县公民参与指数并列排名第三，而法治绩效垫底的 X 县又一次排名最后。正如表 9-4 所示，在公民参与机制和法治绩效之间的相关系数为 0.73，二者之间还是存在较为密切的关联性的。

不过总体说来，在这一方面各地的差距并不大，而且得分普遍较低。这在一定程度上也表明，我们的各级地方政府对通过制度建设来动员和吸引广大公民参与政府过程和监督约束政府还做得很不够。

五　法治动力指数

在法治动力总体指数方面，宝安以 35.5 分排名第一，比排名第六的 X 县高出整整 24 分，与六地法治资本指数 13.095 的最大差距相比，法治动力指数间的差距更为悬殊（如果按 100 分换算，差距达到了 48 分）。

不过总体看来，六地法治动力指数排名与法治绩效排名依然保持了较高的一致性。此外，二者之间的相关系数为 0.93，存在高度正相关关系。我们完全可以说，一个地方越是具有法治动力，其法治政府也就建设得越好。

六　补充说明

通过对六地的法治资本与法治动力指数的比较，我们能够发现，凡是需要对不适宜进行准确量化的单项制度的制定情况进行评估赋分与排名，并就其与法治绩效的相关性或排名一致性进行比较考量时，往往会出现一定程度的偏差。比如在本章第二节对法治制度资本、法治司法资本的比较，以及本节对政府目标函数、行政问责机制、公民参与机制等的比较时，其得分排序与法治绩效的排序就出现偏离，而且二者之间的相关系数也较低。而在公民对地方政策的参与认知与评价（政治文化资本）、政府绩效考核机制中依法行政考核所占权重（政府绩效机制）等可以进行准确量化也适于进行量化分析的方面，我们发现在排序上，它们与法治绩效的排序展现出较高的一致性，而在与法治绩效的相关性上也存在明显的相关性。而如果对法治资本、法治动力等综合指数与法治绩效的关系进行分析时，我们则能发现，在排名上它们与法治绩效之间具有高度的一致性，而在相关性上也存在极高的相关性。

因此这也提醒我们，在进行社会科学量化研究时，尤其是在进行制度研究时，我们不能孤立地分析单项制度的具体细节和作用，更不适宜在单项制度与结果之间寻找绝对的因果关系，因为制度往往是作为一个更为广阔、丰富、复杂的制度体系中的一部分而与其他部分共同发挥作用（就如笔者在第一章第四节"作为制度变革的法治建设模式"中所说的：某项新制度的出台将会产生辐射效应和连锁效应，它必然要求其他相关辅助制度的及时出台与支撑，产生新的制度需求并形成新的完整制度体系，从而共同发挥作用）。在一个有机的制度体系中，我们不能割裂各项制度之间的关系，而把结果归因为单一制度。这在一定程度上也说明，对于社会科学中的制度主义而言，更严谨的立场应该是：当我们说制度是决定性的，是在说起决定性作用的是制度体系，而不是指起决定性作用的是单项制度。至少本章第二节、第三节的比较研究结果说明，更适宜于建立因果关系的，是法治制度体系与法治绩效的关系，而非单项法治制度与法治绩效的关系。

第十章　政策建议与启示

第一节　回归分析

一　法治有利因素与法治绩效的相关性

为了分析方便，我们把法治资本与法治动力合称为法治有利因素，表10-1中法治有利因素的值即为法治资本指数与法治动力指数之和。从表10-1可以看出，法治绩效无论是与法治资本指数还是与法治动力指数或者说与总体的法治有利因素之间的相关系数均为0.93以上，而且它们之间的得分排序也都近乎吻合。

表10-1　法治有利因素与法治绩效的相关性

		余杭	金牛	浏阳	宝安	X县	Y县
1	法治资本指数	41.393 第二	32.286 第五	34.637 第四	42.55 第一	29.455 第六	35.631 第三
	法治绩效得分	68.770 第二	64.792 第五	66.548 第三	72.667 第一	58.370 第六	66.081 第四
	相关系数	0.93					
2	法治动力指数	35.45 第二	22.189 第五	23.083 第四	35.5 第一	11.6 第六	23.114 第三
	法治绩效得分	68.770 第二	64.792 第五	66.548 第三	72.667 第一	58.370 第六	66.081 第四
	相关系数	0.93					
3	法治有利因素	76.843 第二	54.475 第五	57.72 第四	78.05 第一	41.055 第六	58.745 第三
	法治绩效得分	68.770 第二	64.792 第五	66.548 第三	72.667 第一	58.370 第六	66.081 第四
	相关系数	0.94					

二　回归分析

1. 法治资本与法治绩效

法治资本指数是指地方政府在建设法治政府的过程中，当地独具的、可资依凭和利用的、有利于法治政府建设的无形资本存量，包括政治文化、法治制度、人力资源和行政诉讼的司法判例等。在现代法治理论中，法治资本是影响法治绩效的一个直接的主导因素。为了衡量法治资本对法治绩效的影响程度，我们绘制了法治资本与法治绩效的散点图（图 10 - 1）。从散点图中，我们发现随着法治资本指数的增加，法治绩效得分不断增加，呈现出较为明显的正相关关系。

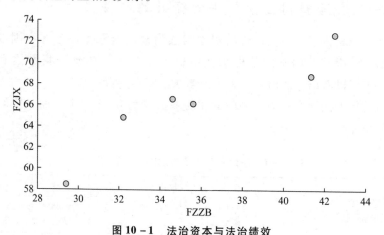

图 10 - 1　法治资本与法治绩效

为了进一步探寻法治资本与法治绩效之间的数量关系，我们利用法治资本指数与法治绩效得分建立一个简单线性回归模型，来量化分析法治资本对法治绩效的影响。

$$FZJX = 35.2682 + 0.8595 \times FZZB$$

$$(5.668) \quad (5.013)$$

$$R^2 = 0.8627 \qquad F = 25.1337 \qquad D.W. = 2.036$$

其中：FZJX 指法治绩效得分；FZZB 指法治资本指数

从以上回归结果来看，法治绩效得分 = 35.2682 + 0.8595 × 法治资本指数，也就是说，法治资本指数的系数为正，说明法治资本与法治绩效呈正相关关系，增加法治资本的存量与投入，能够增加法治绩效，这符合一般规律。且在其他条件不变的情况下，法治资本指数每增加一个单位，法治绩效得分增加 0.8595 分。从模型的整体拟合度来看，可决系数 R^2 达到

0.8627，调整的可决系数 $\overline{R}^2$ 为 0.83，说明模型整体上拟合好；法治资本系数的 T 统计量为 5.013，对应的 P 值为 0.0074，说明变量显著，且 F 统计量为 25.1337，也进一步说明模型整体拟合程度好。D. W. 为 2.036（接近 2）表明随机误差项的各期望值之间不存在相关关系。

2. 法治动力与法治绩效

法治动力指数是指地方政府在建设法治政府的过程中，通过制度、机制、政策等的建立与完善，所体现出来的积极主动的程度。为了衡量法治动力对法治绩效的影响程度，如前面的分析一样，我们也绘制了法治动力指数与法治绩效得分的散点图（图 10 - 2）。从图 10 - 2 中，我们发现随着法治动力指数的增加，法治绩效得分也不断增加，说明法治绩效得分与法治动力指数也呈现出较为明显的正相关关系，如图 10 - 2 所示。

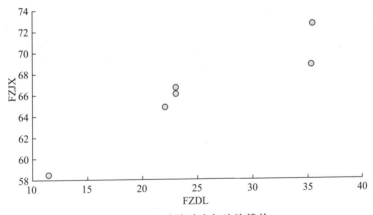

图 10 - 2　法治动力与法治绩效

为了进一步探寻法治动力与法治绩效之间的数量关系，我们利用法治动力指数与法治绩效得分建立简单线性回归模型，结果如下。

$$FZJX = 53.858 + 0.4908 \times FZDL$$

$$(23.7582) \quad (5.7357)$$

$$R^2 = 0.8916 \quad F = 32.8981 \quad D.W. = 2.4568$$

其中：FZJX 指法治绩效得分；FZDL 指法治动力指数

从回归结果可知，法治绩效得分 = 53.858 + 0.4908 × 法治动力指数。即在其他条件不变的情况下，法治动力指数每增加一个单位，法治绩效得分则增加 0.4908 分。法治动力指数的系数为正，说明法治动力与法治绩效呈正相关关系，这符合客观规律。从模型的整体拟合度来看，可决系数 R^2 达到 0.8916，调整的可决系数 $\overline{R}^2$ 为 0.865，说明模型整体上拟合好；且 F 统计量为 32.8981，也进一步说明模型整体拟合程度好。法治动力指数的系数 T 统计量为 5.7357，对应的 P 值为 0.0046，说明变量显著。

3. 法治资本、法治动力与法治绩效

法治绩效得分受到多种因素的影响，其中影响最大的是法治资本和法治动力，为了探寻法治资本、法治动力与法治绩效三者之间的关系，我们也尝试建立了一个法治资本与法治动力对法治绩效的回归函数：

$$FZJX = 50.307 + 0.16 \times FZZB + 0.403 \times FZDL$$
$$(2.8790) \quad (0.2055) \quad\quad (0.9236)$$
$$R^2 = 0.8931 \quad\quad F = 12.5316 \quad\quad D.W. = 2.3626$$

其中：FZJX – 法治绩效得分；FZZB – 法治资本指数；FZDL – 法治动力指数

当考虑到两个因素（即法治资本与法治动力）对法治绩效的影响的时候，得到的回归结果是：法治绩效得分 = 50.307 + 0.16 × 法治资本指数 + 0.403 × 法治动力指数。

尽管调整的可决系数 $\overline{R}^2 = 0.8218$，这表明在法治绩效得分 FZJX 的总变差中，由回归直线解释的部分占到 82% 以上；且从样本整体显著性统计量 F 来看，$F = 12.53 > F_{0.05}(2, 3) = 9.55$，大于临界值，回归方程通过了 F 检验。但是由于样本量过少，变量 FZZB 对应的 T 统计量为 0.2055，变量 FZDL 的 T 统计量为 0.9236，均小于临界值，说明系数在 5% 的显著水平上是不显著的。

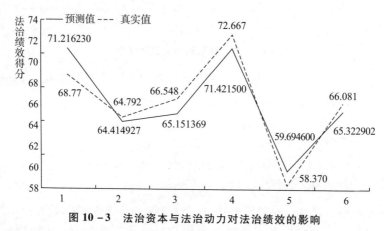

图 10 – 3　法治资本与法治动力对法治绩效的影响

我们通过对 FZJX、FZZB 和 FZDL 三个变量的相关性分析，三个变量之间的相关系数达到 0.92 以上，说明该二元回归模型存在着多重共线性。多重共线性使参数估计值的方差增大，变大的方差容易使区间预测的"区间"

变大，使预测不够准确。解决多重共线性的方法有增加样本容量、逐步回归、主成分分析等，但是限于样本容量以及样本获取的难度，这几种方法在目前均很难实现。但这也给我们指明了未来研究要努力的方向，尽量多搜集数据资料，多积累样本量，将来我们的分析会更加准确。

由于我们尝试做的二元回归方程所估计的参数没有通过显著性检验，同时因为样本量过少，导致二元回归估计参数有偏。因此，我们选择前面一元回归方程的估计参数作为我们进一步探讨和提出政策建议的依据。

三　特别说明

此处需要特别说明一点：由于本研究属于比较案例研究，受到时间、资金等诸多客观因素的限制，所选案例非常有限。因此站在统计学的角度看，由于6个样本量太少，实际上是做不了严格意义上的回归模型的，即使勉强为之，回归分析的结果也会因样本量的限制而缺乏充足的解释能力。此处笔者之所以愿冒为人诟病的风险，坚持进行回归分析，只是为了从另一个角度来进一步印证根据案例比较得出的研究结论。

另外，还需特别提醒一点，罗伯特·帕特南在其代表作《使民主运转起来：现代意大利的公民传统》一书中为了解释意大利北部制度绩效高于南部的原因，对20个地区政府的社会资本进行了调查，并基于这20个样本进行了回归分析。在这项研究中，帕特南只是把意大利当成一个唯一案例来进行案例研究，只是在这个单案例的案例研究过程中，需要涉及并因而调查了20个地区政府，所以他的研究并不是以20个地区政府为案例的严格意义上的案例比较研究。而从统计学回归分析的意义上来说，20个样本量虽然说得过去，但也算偏少，因为严格意义上，回归分析的样本量至少不得低于30个。

与帕氏的著作不同，本项研究属于纯粹的案例之间的比较研究，所以重点是描述六个案例的细节，并经由比较而得出结论；而非如帕氏著作一样，通过对20个样本（或如本书的6个案例）进行统计学意义上的回归分析，并借此得出推论。

第二节　政策建议

现在来回答我们最初提出的问题：造成六个案例之间，余杭、金牛、浏阳、宝安四个案例之间，以及X县、Y县两个案例之间法治绩效差异悬殊的深层原因是什么。

一 区域法治建设类型

总体说来，在六个案例中，除 X 县之外，其他五个案例的法治政府建设都取得了突出成绩，法治政府建设水平都要高于全国平均水平。不过，如果要对六个案例的法治政府建设整体情况和显著特征进行概括的话，那么依据经验调查结果，我们可以把它们分别概括为以下四种类型，同时，也可大体把它们称为当前中国县级地方法治建设现状的四种典型类型。

第一，"持久积累＋自身动力型"法治建设。它以余杭和宝安为代表。这一类型地方法治建设的最显著特征是，当地政府自身动力强大，主动性强，最重要的是历届政府一如既往地致力于建设良好的地方法治形象，并力图把它打造成该地的最重要地方名片。因此在地方法治制度和政策的制定上，既有敢为天下先的勇气和精神，又具有鲜明的政策创新特点，而且用力持久，新招频出，在历经数十年的持久积累后，法治政府已初具规模。当然，正如法治人力资本与法治动力之间高达 0.9376 的相关系数所表明的，建设法治政府的这种持久积累与内在动力既可能来源于主要领导和普通政府工作人员的法治思维水平，也可能同时还得益于其区位优势，即沿海地区的经济开放性和与外部的经济联系也是促使当地政府大力提高以法治思维和法治方式解决问题的能力之重要原因。总之，"持久积累＋自身动力型"法治建设由于既受自身内在动力驱动，更得益于历届政府法治资本的长期积累，所以法治政府建设成效也较为显著。

第二，"自身动力型"法治建设。这种法治建设缺乏长期深厚的法治资本积累，只是由于地方政府的内在动力，使得法治政府建设初见成效。虽然 Y 县在法治制度制定的政策创新性以及法治资本的持久积累上不如余杭和宝安，但总体言之，Y 县凭借自身的积极性和内在动力竭力为之，也把法治政府建设得有声有色，因此我们可将其称为自身动力型法治。

第三，"外力驱动型"法治建设。这种类型的典型代表是浏阳和金牛。与"持久积累＋自身动力型"法治相比，这种类型的法治建设主要得益于其上级政府的法治制度供给，这也即是说，其上级政府尤其是省级政府的法治制度供给相对较为成熟与健全，如果中央政府和其所在省级政府的法治制度能在当地得到充分贯彻执行，即足以确保其法治政府建设取得较好成绩，县级政府的主要任务是确保贯彻执行好中央政府和省委省政府的相关政策与要求，使上级政府的法治制度与政策落地生根。比如湖南省"一规划两规定六办法"的出台和施行，尤其是《湖南省行政程序规定》的出台，即大大推动了湖南省的地方法治建设，湖南省辖区内的各县级政府都完全可以以之为推进地方法治政府建设的行动指南。因此，如果能一以贯之地全面落实中央政府和湖南省政府的这些已初具体系的法治制度与政策，即可把县级政府建成法治政府。① 目前我国大多数县级法治建设都属于这一类型。

除此之外，外力驱动型法治还应包括吸取教训型这一亚类型，即当地政府因违反依法行政原则而导致的负面事件促使此后的主要领导和广大政府工作人员在工作中深刻总结和吸取教训，从此大力加强依法行政建设和提高依法行政水平。因此以之为契机和重要时间节点，当地的法治政府建设工作进入一个新的阶段。从特定的意义上说，金牛区可以划为此一类型。在 2009 年 11 月拆迁户自焚事件后，金牛区委、区政府即特别重视法治建设，从而将金牛区的法治政府建设推进到了一个崭新的水平。

第四，"无所作为型"法治建设。这一类型的法治建设既无强大的内在动力，又缺乏强大外力因素的驱动，缺乏开展法治建设的争先恐后、你追我赶的外部大环境，地方政府的法治建设只是停留在对中央政府或省政府的法治制度的细化和具体化，几无政策创新可言；更有甚者，在实际贯彻执行中央政府和省委省政府的政策时也往往大打折扣，我们在另一个县政府调研行政负责人出庭应诉制度的落实情况时，他们毫无愧色地对课题组说，"我们这些地方根本就没有行政负责人出庭"，仅仅停留在纸面上的落实，在实际工作中却没有采取多少实际行动。因此，可想而知，这一类型的法治政府建设绩效根本无法让人民群众满意，这一类型以 X 县为代表。笔者在 2015 年 8 月数次登录内陆一些县级政府的官方网站时所发现的，其政府信息公开栏目几为空白或者只能见到 2009 年的信息一样，这一类型较为普遍地存在于经济开放性与对外联系度均较低的内陆经济落后或相对闭塞的地区。

二 法治绩效地区差异的根本原因

本章第一节的回归分析结果告诉我们，在其他条件不变的情况下，法

---

① "一规划"，即《湖南省法治政府建设十二五规划》；"两规定"，即《湖南省行政程序规定》《湖南省政府服务规定》。"六办法"，即《湖南省规范行政裁量权办法》《湖南省规范性文件管理办法》《湖南省实施〈中华人民共和国政府信息公开条例〉办法》《湖南省行政执法案例指导办法》《湖南省人民政府重大行政决策专家咨询论证办法》《湖南省依法行政考核办法》。

治资本指数每增加一个单位，法治绩效得分增加 0.8595 分；而在其他条件不变的情况下，法治动力指数每增加一个单位，法治绩效得分增加 0.4908 分，这也即是说，对于法治绩效而言，法治资本的贡献率要远大于法治动力的贡献率。

因此，我们完全可以说，无论是余杭、宝安、金牛、浏阳四大案例之间，还是同属一省的 X、Y 两县之间，抑或六大案例之间，正是各地近 20 年来在法治资本积累上存在的显著差异，才根本上导致了各地法治政府建设绩效上的差异，也正是宝安、余杭等地在法治资本上的长期积累以及在法治政府建设上的常抓不懈、久久为功，才使它们成为地方法治政府建设的表率。这也充分说明，法治政府的建成并非朝夕之功，而是需要历届政府数年乃至数十年的常抓不懈、厚积深耕与久久为功，方能有望建成。

不过，法治动力得分每增加一个单位法治绩效得分即可增加 0.4908 的回归分析结果亦表明，法治动力对法治绩效也能够产生重要影响，各级政府在做好法治资本的长期积累工作时，亦应注意法治动力的释放与激发。

总之，只有如宝安、余杭那样，同时做好法治资本的长期积累与法治动力的激发工作，地方法治政府建设才能取得显著成效。疏忽了任何一方面的因素和努力，都将严重影响其法治政府的建设成效。

三 积累法治资本

在法治政府建设的过程中，首先要强调法治资本尤其是法治人力资本的长期积累与挖掘。正因为法治人力资本是法治资本中较为便于由上级政府进行配置的资本，因此我们的第一条政策建议是：把具有较强法治意识与法治思维的人选拔到主要领导岗位上来，并把领导干部在工作中坚持依法行政的实际考核情况作为职务提拔或罢免的重要依据，是快速高效地建成法治政府的决定性因素，是法治政府建设的重中之重。虽然就如明末清初大儒黄宗羲在《明夷待访录·原法》中所说的"有治法而后有治人"那样制度很重要，但又如《荀子·君道》中的"有乱君，无乱国；有治人，无治法"之论断一样，世界上根本就没有制定出来即可放任自行、一劳永逸的制度，也根本不会有必然致治之法。任何法律制度的良好运行与落地生根终究离不开人的因素，终究要靠人来执行。一个本身具有较强规则意识、权利意识、程序优先意识的行政执法人员，毫无疑问要比一个缺乏规则观念与程序观念的行政执法人员更为尊重法律，更能不折不扣地贯彻法律，从而也更有利于法治政府的建成。所以积累法治的人力资本，重用具有法治意识与法治思维的领导干部，是建设法治政府的一项先导性工作，而且只有始终和长期坚持重用具有法治意识与法治思维的领导干部，法治资本的长期积累才有可能。

然而，由于我国历史上经历了较长时期的封建专制统治，人治观念、等级观念、情大于法等封建糟粕和落后观念流毒已久，这势必影响广大政府官员乃至整个社会法治思维和法治观念的培育与形成，影响法治文化的建设。因此，我们的第二条政策建议是：一定要抓好法治宣传教育培训和依法行政能力培训工作，要对各级领导干部和广大政府工作人员定期进行严格有效的法治宣传教育和依法行政能力业务培训。而要使法治教育培训工作落到实处，收到成效，就必须组织对广大领导干部与政府工作人员的依法行政能力测试，并把考试成绩作为领导干部和政府工作人员年度考核的内容与提拔、罢免的依据之一。与此同时，为了把提高领导干部与政府工作人员的依法行政能力和法治意识的工作落到实处，各地政府相关职能部门还需借鉴余杭区法制办、广东省高级人民法院与深圳市中级人民法院的先进经验，或是对所辖行政区域内的行政诉讼案件进行分类、剖析、总结，或是整理出若干个行政诉讼典型案例，以供广大行政执法人员参考借鉴。

此外，通过表9-4和表9-6对六大案例各项法治资本指数及其变异程度的具体比较，我们可以清楚地看出，无论是在全部六个案例还是在宝安、余杭、金牛、浏阳四个案例之间，法治制度资本的变异程度都远远高于其他法治资本的变异程度，而且宝安、余杭作为地方法治政府建设的表率，二十年来均历经历届政府的持久用力与法治制度的日积月累，两地的法治制度资本指数都远远高于其他几个地方。因此，我们提出的第三条政策建议是：制度最终是法治政府能否建成的最为关键的因素，各地各级政府一定要在制度供给上多下功夫，长期积累，持久用力，唯其如此，法治政府建设才能更具成效。

四　激活法治动力

在法治政府建设的过程中，强调法治资本的长期积累与挖掘固然重要，但也不能忽略法治动力的有效激发。

第一，任何一个地方的法治政府建设，都是一项牵一发而动全身的系统工程，必然涉及上下各级政府，不是单凭哪一级政府一己之力所能控制与有效推行的事。因此，我们的第四条政策建议是，在法治政府建设过程中，各级政府要群策群力、同舟共济，在各级地方政府的中长期发展规划中，要把法治政府的建成列为所涉各级地方政府的同一较高层级的政府目标，从而实现政府目标的优质耦合，实现法治制度的府际一体化、法治建设的府际协作化与协同化。而事实也正是，余杭与宝安在法治政府建设上取得的骄人成绩，无不得益于它们与其上级省、市政府在政府中、长期目标上的优质耦合与工作协同。

前已述及，中国的法治是政府推进型法治，法治政府能否建成最终取决于各级政府的推动强度与持续时间。因此为了使各级政府能够长期高强度地推动地方法治政府建设，我们的第五条政策建议就是：一定要把地方政府的法治政府绩效考核纳入政府年度绩效考核指标体系中来，加大其在政府绩效考核指标体系中的权重，并把它作为领导干部升迁与罢免的重要依据，甚至实行一票否决。自改革开放以来，中国经济之所以能够持续高速发展，在很大程度上得益于上级政府对下级政府和主要官员GDP的考核。所以，如果上级政府在对下级政府及其主要官员的年度考核中，把法治绩效纳入政府绩效考核中来并加大法治绩效所占权重，那就一定能大幅提高各级地方政府及其主要官员建设法治政府的积极性，充分地释放和激发各级政府的法治动力。

此外，通过六个案例的研究，我们发现，地方法治建设、法治发展水平与地方经济发展水平在空间上呈现同等分布状态，二者在空间分布上是基本吻合的。比如经济发展水平分别处于发达、中等、落后三种层次的区域，它们在法治发展水平上也依然分别居于同一层次。而各地法治建设的时间进度也与经济发展的进度大致吻合，比如宝安与X县在法治建设进度上的差距完全不亚于二者在经济发展进度上的差距，当宝安的各种法治措施齐头并举、初见成效时，X县甚至连基本的行政领导出庭应诉制度都尚未开始推行。因此，在空间上也可根据三类案例的城市等级或区域类型，相应地把其对法治的重视程度与法治发展水平划分为好、中、差三个等级，并分别对应于：高度重视法治政府建设且法治建设成效显著的沿海或经济发达地区（如宝安、余杭），较为重视法治政府建设且法治建设成效良好的内陆省会级的大城市（如浏阳、金牛、Y县），较不重视法治政府建设且法治建设难见成效的内陆中小城市、县城和广大农村（比如X县以及我们调查的其他几个县）。三个层次的案例大致反映了中国法治政府建设的整体进展与全貌。

　　由此可见，在大城市或沿海经济发达地区，法治政府的建设要比内陆或经济落后地区得到更加有力的推行。在这些经济发达或沿海开放地区，经济的对外开放度高，与外部世界联系密切，较高的经济开放性促使地方政府必须持续地改善投资环境，坚持依法行政，努力塑造城市形象，降低制度运行成本，建设法治政府，从而提升经济竞争力。小城市、县城和广大农村，法治水平相对落后，法治观念较为淡薄。在地方主要官员的政绩观中，法治缺乏应有的地位，地方政府官员较为看重发展显绩，而不太重视打基础利长远的潜绩，因此只重经济建设，不重法治建设，法治建设甚至根本没有进入地方主要官员的视线或议事日程。而且由于其国民经济的开放性与外向性都较低，因而缺乏来自外部的改善投资环境的强大压力，法治政府建设也就自然止步不前，毫无进展。

　　这一事实也充分说明，经济发展水平与法治发展水平相互密切关联。[①]不仅法治促进了经济发展，而且经济发展和经济的开放性也有利于法治建设和法治水平的提高。因此，为了激发法治的外部动力，需要不断加强对外开放，提高经济的开放性。只有这样，才能推动地方政府持久、积极、主动地建设法治政府。所以，不断扩大对外开放是我们的第六条政策建议。虽然关于国家法治水平与国家经济发展水平之间关系的研究成果不少，但是，对一个国家内不同地区法治发展水平与地方经济发展水平之间关系的研究却很少，尤其在产业结构与法治发展水平之间关系的研究上，更是存在学术空白。总之，这是一个需要政治学界、法学界和经济学界共同努力的全新交叉研究领域。

第三节　对中国政治发展的总体启示

　　让我们首先把时空定格在 Z 县调研的场景中。

[①] 在世界银行法治指数中排名前 25% 的国家，都是高收入或中上收入的国家，有研究证据表明，在全部国家中，法治与经济发展水平的相关系数达到 0.82，而在亚洲地区，GDP 与法治之间的相关系数更是达到了 0.91，并且呈现出相互促进的态势。Alberto Chang 和 Cesar Calderon 在他们的研究中通过对时间序列数据进行分析发现［"Causality and Feedback between Instituional Measures and Economic Growth," *Economics and Politics* 12（2000），p. 69］，制度与经济增长之间存在双向因果关系，尽管经济增长对制度发展的影响要强于制度对经济增长的影响。见 Randall Peerenboom, *China Modernizes: Threat to the West of Model for the Rest?* Oxford University Press, 2007, pp. 307 - 308。

时间：2016 年 1 月 19 日上午

地点：Z 县政府接待室

参与人员：Z 县信访局局长；县法制办主任；县检察院副检察长；县政府办公副主任；课题组成员；

方式：小范围、推心置腹式的、开放式座谈

发言主要内容：

1. 法治政府建设的措施偏虚。

2. 主要还是选人用人机制的问题，都是体制性的问题：第一，上级政府没有进行法治排名，没有将法治成绩作为考核班子和干部的重要指标并按照法治成绩来选人，下级政府又如何能按法治成绩来选人，上级政府没有做到，下级政府就根本没办法做到；第二，法治政府建成的关键在执法，在各级官员，在体制。

3. 和我们县一样，周边几个县都几乎没有行政领导出庭应诉的情况，问题的关键是没有有效的检查奖惩等具体的落实措施。

4. 关于依法行政考核，我们实行的是软指标考核制度（即一票否决）：只要不出现重大安全和群体性事件就可以过关。

5. 我们的预算是软预算而不是硬预算，随意性太强，这体现出地方政府权力的随意性，对地方政府预算我们没有有效的管控措施；不像西方的预算国家是硬预算，硬约束。

6. 目前法治建设存在的主要难题是，法院做出了司法裁决，但却执行不了，从而影响法院的权威性，也削弱了法院的公信力，使老百姓不信任法院。

7. 要加大违法的成本，一些西方国家把闯红灯纳入个人的诚信记录，与信用卡和个人信用等挂钩，而在我国违法的成本则太低。

8. 在农村是选择性的法治。

9. 老百姓信访不信法，信上不信下；老百姓文化程度低，思想认识不到位；现在基层政府面临的信访压力主要集中在企业欠工程款、年底农民工工资款矛盾比较突出，本来应依法走法律程序，但老百姓没有转变观念，还想走信访途径。

上述发言折射出，在地方法治政府的建设过程中既存在体制性问题，也存在政策、制度的偏差问题；既有执法的问题，也有司法的问题；既有政府层面的问题，也有老百姓法律意识方面的问题。这些发言足以引起我们对法治国家建设、对深化改革进而对中国政治发展的深思，因为这些发言是基层现实的最直接、最真实的反映。

一　对建设法治国家的启示

党的十八届四中全会提出，全面推进依法治国，总目标是建设中国特色社会主义法治体系，建设社会主义法治国家。《中共中央关于全面推进依法治国若干重大问题的决定》中提出了 180 多项对依法治国具有重要意义的改革举措，其中就包括"要把法治建设成效作为衡量各级领导班子和领导干部工作实绩重要内容、纳入政绩考核指标体系"这一条内容。在 2014 年 10 月 27 日上午召开的中央全面深化改革领导小组第六次会议上，习近平总书记强调，要把这些举措"纳入改革任务总台账，一体部署、一体落实、一体督办"。《决定》提出的重要举措是很有针对性的，是全面的、系统的，习近平总书记在中央深改小组六次会议上的上述指示也是高屋建瓴、深谋远虑、完全正确、科学合理的。但正如 Z 县座谈会发言所反映的，当我们在十八届四中全会召开近一年零三个月之后进行调研时却仍然发现，我们的一些地方政府尤其是基层政府在贯彻落实中央政府的决定与战略举措时，进展缓慢，措施乏力，收效甚微。造成这种情况的原因，恐怕主要还是一些基层政府及其主要领导的法治动力没有得到充分激发与释放。举例言之，在规范行政立法方面，一些省级政府出台了包括重大行政决策的决策程序、规范性文件制定程序在内的诸多制度，但这些规定本身多为政府规范性文件，其所处法律位阶过低，涉及的机关和政府人员拥有过大的自由操作空间，但缺乏相应的追责条款。在这种情况下，就难以对地方政府尤其是基层政府的行政决策与文件制定形成有效约束力，自然也就无法充分激发与释放基层政府及其主要领导循规蹈矩的内在动力。据此，我们得到以下几点启示。

第一，在法治国家的建设过程中，我们迫切需要制定一些务实可行的制度政策，使政策落地生根，而不会因为政策乏力而使制度陷于空转的局面。

第二，法治国家建设是全国一盘棋，中央、地方一盘棋，经济、政治、社会、文化一盘棋，体制、政策一盘棋。在法治国家建设中，要有系统思维，不能头痛医头、脚痛医脚。在解决政策性问题时，要多从体制方面想想，而在破解体制性的难题时，又多想想如何来提高政策的科学性、针对性和可操作性。比如行政领导出庭应诉制度落实不力的问题，表面上是政策落实不力，根本上却是用人机制与监督检查考核机制的问题。如果强化对行政领导出庭应诉的硬性规定，并将其纳入选人用人机制中，这一问题是可以解决的。

第三，法治国家的建设，既需要运用目标治理的方法，也需要辅之以政治价值观变迁的视角。只有当广大领导干部能自觉做信法、守法、尊法的表率，当广大人民群众能自觉地信法、用法、守法、尊法，法治国家才能说建成了。目标治理的主要手段或者说检验是否达到目标的标准往往是量化考核结果，比如行政领导出庭应诉率，政府在行政诉讼中的胜诉率，行政复议失败率等等，事实上这类指标衡量的是事物短期的、外在的、表面的变化，而不能像政治价值观的变化那样，揭示事物内在的、深层的、长期的变迁。反之，在政治价值观的视野下，我们再去审视那些量化指标，就可能发现事实已经面目全非了。拿政府行政诉讼胜诉率来说，就需要追问，行政诉讼是否异地审理？摆脱了权力因素的不当干扰吗？是公开审理的吗？又比如，如果老百姓在行政诉讼中胜诉了，法院的裁决能否及时地、不折不扣地得到执行？所以，衡量法治国家是否建成的最准确标准是：老百姓在法律过程（执法、司法、用法、守法）中对法律的完全信任与心服口服，是对法律的尊崇、信赖与守护。

第四，是否获得老百姓的普遍认可是评判法治政府是否建成的标准。正如我们表 10 - 2 中所示，无论是在 X 县还是在 Y 县，其政府工作人员对本县法治政府绩效的自我评估都远远高于当地百姓的满意度，比如 X 县政府工作人员的自评高达 79.423 分，而其当地居民的满意度评价只有 58.370 分。政府公务员与居民问卷中对法治评价的鲜明反差表明：评判是否真正建成法治政府，以及评判政治发展的其他一切方面，普通百姓才是最为权威的终极评判者。在法治政府的评判上，以及在对政治发展和其他一切改革的成效进行评价时，我们更应该倾听黎民百姓的心声。

另外，政府公职人员对法治政府建设成绩的自我评价甚高，这说明他们可能真的认为地方政府在这方面着力甚多，改革力度很大，并且已经颇具成效。而当地居民却予以低评，这又说明人民群众对地方政府的法治建设既不满意也不买账；说明地方政府的法治建设与居民的期望值之间仍然存在较大反差，法治建设依然任重道远；说明广大人民还是渴求法治，并真切希望能早日建成法治政府。

表 10 − 2 政府官员与当地群众对法治政府建设绩效评价的比较

题号	乡镇党委书记全省法治政府水平打分	Y县政府公务员对当地法治政府水平打分	Y县居民对当地法治政府的打分	X县政府公务员对当地法治政府水平打分	X县居民对当地法治政府水平打分
	每题得分	每题得分	每题得分	每题得分	每题得分
1	15.118	15.810	13.625	16.4	12.933
2	15.706	17.333	14.250	17	12.933
3	14.667	15.619	14.188	15	12.733
4	14.882	16.190	14.688	15.2	12
5	16.215	14.286	13.812	16.4	13.4
Σ	76.588	79.238	70.563	80	63.999
题号	每题得分	每题得分	每题得分	每题得分	每题得分
6	15.157	15.429	13.937	15.6	12.2
7	15.412	15.809	12.188	16	11.067
8	15.235	15.619	11.750	15.8	10.667
9	15.431	15.429	12.938	15.8	10.867
10	16.627	14.285	13.500	16	12.4
Σ	77.862	76.571	64.313	79.2	57.201
题号	每题得分	每题得分	每题得分	每题得分	每题得分
11	15.235	15.238	13	16.2	12
12	14.510	15.048	12.313	15.2	11.067
13	14.294	15.429	12.437	15.8	11
14	15.137	16.381	12.25	16.2	11.333
15	16.451	14.476	14.125	16.2	12.067
Σ	75.627	76.572	64.125	79.6	57.467
题号	每题得分	每题得分	每题得分	每题得分	每题得分
16	14.392	16.190	13.875	15.8	12.133
17	14.922	15.810	13.188	16.2	11.6
18	15.216	16.190	13.250	16.4	12.133
19	14.353	15.619	12.250	15.8	9.867
20	16.137	14.857	13	16.4	11.467
Σ	75.020	78.666	65.563	80.6	57.2

题号	乡镇党委书记全省法治政府水平打分	Y县政府公务员对当地法治政府水平打分	Y县居民对当地法治政府的打分	X县政府公务员对当地法治政府水平打分	X县居民对当地法治政府水平打分
题号	每题得分	每题得分	每题得分	每题得分	每题得分
21	14.961	15.810	13.625	16	12.267
22	14.667	15.619	13	15.8	12.066
23	14.588	15.238	14.563	15.6	12.667
24	14.706	14.857	13.937	16	11.8
25	15.941	14.286	13.750	16.2	12.467
Σ	74.863	75.810	68.875	79.6	61.267
题号	每题得分	每题得分	每题得分	每题得分	每题得分
26	15.236	15.048	13.875	16	10.933
27	14.588	15.619	12.188	15.4	10.4
28	14.862	15.810	12.875	15.2	11.2
29	14.451	15.238	13.687	15.4	10.8
30	16.255	14.095	13.250	16.4	10.6
Σ	75.392	75.810	65.875	78.4	53.933
题号	每题得分	每题得分	每题得分	每题得分	每题得分
31	15.157	16	13.250	15.6	10.933
32	15.255	16.381	12.563	15.4	12.133
33	15.314	15.619	10.062	15.6	10
34	15.843	16.381	13.625	15.6	13.067
35	16.804	14.476	13.250	16.2	11.467
Σ	78.373	78.857	62.75	78.4	57.6
186			5.464		4.077
286	7.787	6.706		7.375	
法治得分	76.184	77.322	66.081	79.423	58.370

注：第186题、第286题的得分，是在分别去除两个最高分和两个最低分后所得到的平均分。因为乡镇书记样本量大，故在计算第286题的得分时，分别去掉了20个最高分和20个最低分。

总之，法治国家的建设是一项复杂庞大的系统工程，而法治政府的建设又是这一系统工程的主体工程。只有首先把各级地方政府建设成法治政府，法治国家的建设才能具备坚实基础。法治国家的建设要克竟全功，更需要全体中国人民尤其是各级政府及其官员"焚膏油以继晷，恒兀兀以穷年"，众志成城，矢志不渝。此外，正如余杭、宝安等地方法治政府建设的先进经验启示我们的，在法治国家和法治政府的建设征途上，只要各级政府具有深厚持久的内在动力，常抓不懈，真抓实干，深耕厚积，久久为功，社会主义法治国家最终一定能够建设成功。

二　对制度变革的启示

每一时代都有自己时代的独特问题与主题。正如习近平总书记在 2016 年 5 月 17 日《在哲学社会科学工作座谈会上的讲话》中所说的，"当代中国正经历着我国历史上最为广泛而深刻的社会变革，也正在进行着人类历史上最为宏大而独特的实践创新"。这是个改革的时代，巨变的时代。深化改革，实现中华民族的伟大复兴就是当今中国的时代主旋律。

前文已经指出，要从作为制度变革的角度来审视地方法治政府建设，反过来说，即是要把地方法治政府建设作为制度改革的一个方面或一个切面来对待与认识。如何来检验并准确判断一场全国性改革是否取得成功，这是社会科学的一项重要研究课题。但不管如何，要判断一场全国性改革的成功，至少需要考虑以下三点。

第一，在全国范围内，来自体制内的改革内在动力是否得到了充分激活与释放。法治政府的建设以依法行政为核心，以权力清单与责任清单为基础，以程序正义与权利正义为灵魂，要求权力的运行更加规范、透明。因此，在法治政府中，政府及其工作人员的权力会受到更多规则的制约，权力的随意性与政府官员的自由裁量权也将从根本上受到限制。这些制度约束必定会触及政府及其工作人员的利益，因而一时难以为所有基层政府及其公务人员的理解并遭到他们的消极对待也属情理之中。但是，成功的改革往往是统治阶级绝大多数力量的主动求变。因此，从制度变革的角度来看，就需要各级政府及广大政府工作人员超越个人的利益得失，以高度的责任感与使命感，从民族命运与国家发展的高度，自觉置身于改革洪流之中，做好改革的旗手和推动者。否则的话，法治政府就不可能建成，改革也就不可能成功。

第二，检验改革内在动力是否激活的标志是改革方略和制度政策是否在基层得到贯彻落实。就拿行政机关出庭应诉来说，早在 2004 年 3 月 22 日国务院颁行的《全面推进依法行政实施纲要》第 28 条就规定，对人民法院受理的行政案件，行政机关应当积极出庭应诉、答辩。而在 2010 年 10 月 10 日《国务院关于加强法治政府建设的意见》（国发〔2010〕33 号）第 25

条进一步明确要求：对重大行政诉讼案件，行政机关负责人要主动出庭应诉。然而，正如我们在 Z 县的座谈中发现的，一些基层政府根本没有从深化改革的高度去认识行政领导出庭应诉的问题及其意义，自觉去担当推动制度变革的神圣使命，进而有效落实中央政府的这一制度。

我们不仅可以通过政府五年规划和历年政府工作报告中的内容，来察知中国政治发展的实际进程和中央政府的大政方针在多大程度上得到了各级地方政府的贯彻执行，我们也可以通过基层政府的年度工作台账来把握中国政治发展的更多细节。2016 年 5 月中旬，课题组对余杭区临平东湖街道就其落实"法治余杭"的建设情况进行了调研。笔者随机抽取了 2013 年的建设工作台账，发现临平东湖街道在各个方面都制度齐全，落实得力。翻阅完他们的工作台账之后，笔者心生感叹，余杭区的法治政府建设走在全国前列的最大秘密原来就是，上级政府的改革举措都能在街道得到坚决有力的贯彻落实。

临平、东湖街道 2013 年度"法治余杭"建设工作台账

共包括五个方面：

一、组织制度建设：

1. 2011 年出台《临平、东湖街道法治建设（依法治街、普法教育）2011 – 2015 年规划》；

2. 2013 年印发《临平、东湖街道 2013 年法治建设（依法治理、普法教育）工作要点》的通知；

3. 《目标管理责任书》等；

4. 临平、东湖街道 2013 年社区法律顾问考核金额。

二、依法执政

1. 2011 年出台《临平、东湖街道重大行政决策程序规定》；

2. 《临平、东湖街道重大事项决策制度》；

3. 《余杭区重大决策社会稳定风险评估报告》；

4. 《临平、东湖街道党内重大决策征求意见制度》；

5. 《临平、东湖街道重大决策事项失误责任追究制度》；

6. 2013 年临纪工委出台关于开展临东街道"公述民评"活动的实

施意见。

三、依法行政

1.《临平、东湖街道政务公开制度》。

2.《临平、东湖街道规范性文件管理制度》。

3.《临平、东湖街道办事处深化行政执法责任制实施方案》，该方案明确了街道行政执法人员在实施行政许可和其他行政执法过程中的12类行为，必须追究责任人员的纪律、法律责任：如，对符合法定条件的申请不予受理的；不在办公场所公示依法应当公示的材料的；在法定期限内，未向申请有履行法定告知义务的；对不符合法定条件的申请人准予许可或认定的；对符合法定条件的申请人不予许可或认定的；擅自改变行政处罚种类、幅度的，等等。

4.《临平、东湖街道行政领导应诉工作制度》；该制度要求，各科办（中心）要严格依法行政，认真查找可能引发行政诉讼案件的薄弱环节，提出整改意见和建议，建立健全相关办事规程，建立稳定的委托代理人队伍，确保具体行政行为实体内容及程序合法，以有效防范诉讼及复议风险。同时规定，对案情重大或有重大影响的案件，应当提交办事处主任办公会议讨论。还规定了办事处主任应当出庭应诉的5种情况，如，请求额在5万元以上的行政赔偿案件、当年发生的第一起行政诉讼案件，或案情复杂并对本街道行政执法活动将产生重大影响的案件等。

5.责令整改指令书。

四、依法管理

1.《临平、东湖街道2013年度"民主法治社区"创建工作计划》；

2.《社区民主管理制度》《社区民主决策制度》《社区民主监督制度》《社区重大决策法律咨询制度》；

3.《临平、东湖街道2013年信访工作思路》；

4.《临东街道2013年度社会管理综合治理责任书》。

五、法治宣传

1.《临平、东湖街道法制宣传教育工作月报表及工作汇报》；

2.《领导干部学法用法制度》；

3.《律师法律讲座登记》——问方：是否司法局规定律师必须兴办法律讲座；

4.《学校法制教育计划》；

5.社区两委会及居民学法用法情况。

第三，检验改革成功与否的第三个标准是，制度变革是否引发了制度的连锁效应，获得其他制度领域的支撑与支持，而不是单项制度在孤军奋战。在制度变革的视野下，法治政府建设就是一场深化改革的攻坚战。要想获得成功，加强依法行政、建设法治政府的一系列制度（比如政府职能转变、加强依法科学决策、行政执法的公开透明等制度），就必须获得司法制度与司法改革的支撑，获得组织人事制度的支持与支撑，获得政府绩效考评制度的支撑，甚至获得教育制度（比如教材内容的重新调整）的支持与支撑。一花独放不是春，万紫千红春满园。如果在法治政府的建设过程中，只有行政领域的单兵突进和一枝独秀，而没有引发或激发其他制度领域变革的呼应与支持，没有其他领域制度变革的相应跟进，也就是说如果没有引发制度的连锁效应，制度之间没有形成唇齿相依的局面，那么法治政府的建设很难取得成功，依法行政领域的深化改革也很难取得成功。所以说，成功的、伟大的制度变革一定是全局性的、系统性的制度变革。在法治政府的建设过程中，各级决策者一定要多从系统论与整体论的角度，多从催生制度连锁效应的角度来谋划法治政府建设，谋划深化改革。

三　对中国政治发展的总体启示

康德在《答复这个问题："什么是启蒙运动"》中说，"启蒙运动就是人类脱离自己所加之于自己的不成熟状态"①；日本学者福泽谕吉在其代表作《文明论概略》中又说，"文明是人类智德的进步状态。"② 借用他们的话来说，笔者以为，民族国家政治发展的过程就是一个民族国家在政治认识、政治理念和政治实践上不断减少并最终消灭人类自己加之于自己的不成熟状态的过程，是在人们的政治认识、政治理念与政治制度安排上不断实现政治智德进步的过程。政治发展、社会变革最终都会体现为，在政治理念与政治制度安排上，人类自己加之于自己的不成熟状态将不断减少乃至消失；体现为一个民族共同体内人们的整体政治智慧，及其政治制度的整体政治道德水准之不断提升。因此，判断和检验我们的政治发展目标是否最终实现的标准，不应该是投票率、政治参与率等没有生命力与说服力的抽象数据，而应该是冷静审视在我们这个民族共同体内，在政治认识、政治理念与政治实践上自己加之于自己的不成熟状态还存在多少；应该是客观

---

① 康德：《历史理性批判文集》，何兆武译，商务印书馆，1996，第22页。
② 福泽谕吉：《文明论概略》，北京编译社译，商务印书馆，1992，第42页。

评价在我们这个国度，人民及其体现在政治制度安排上的整体政治智慧与政治的整体道德水准有多高。在1997—2017年长达20年的中国政治发展历程中，我们看到了中国在这两方面的深厚积累与显著进步。"政治发展过程是一场没有终点站的漫长旅行，但是只要开始前行，它就必定会有经停站，在那些经停站，政治发展的列车将补充一切所需，而补充所需的过程既是吸收人类文明有益成果的过程，也是在政治认识、政治理念与政治制度安排方面不断减少自己加之于自己的不成熟状态、提升中国人民整体政治智德进步状态的过程。"①

前路漫漫，其修远兮！政治发展的道路上，祝福中国，一路走好！

---

① 欧阳景根：《国家能力研究——应对突发事件视野下的比较》，吉林出版集团有限责任公司，2011，"自序"，第5页。

附 录

附录1 国务院、省、市法治政府建设指标体系或指导意见

	序号	1	2	3	4	5	6	7	8	9	10	11	12	13
浙江省人民政府关于深入推进法治行政加快建设法治政府的实施意见(2015.02.26)	a	依法全面正确履行政府职能	加强和改进规章制度建设	健全依法决策机制	深化行政执法体制机制建设	坚持严格规范公正文明执法	强化行政权力监督和制约	全面推进政务公开	依法化解社会矛盾纠纷	加强组织领导和工作保障				
宁夏回族自治区法治政府建设指标体系(试行)(2015.01.09)	b	行政决策15	制度建设15	政府职能转变15	行政执法15	社会矛盾纠纷防范化解10	行政监督10	依法行政能力建设10	依法行政组织保障10					
青海省人民政府关于深入推进依法行政加快建设法治政府的实施意见(2014.12.26)	c	依法全面履行行政政府职能	建立健全依法决策机制	提高政府立法质量	深化行政执法体制改革	严格规范公正文明执法	强化对行政权力的制约和监督	全面推进政务公开	健全依法维权和化解纠纷机制	推进法治能力建设				
中共中央关于全面推进依法治国若干重大问题的决定(2014.10.23)	d	依法全面履行政府职能	健全依法决策机制	深化行政执法体制改革	坚持严格规范公正文明执法	强化对行政权力的制约和监督	全面推进政务公开				深入开展法治宣传教育			

续表

	序号	1	2	3	4	5	6	7	8	9	10	11	12	13
吉林省法治政府建设指标体系（2014.07.11）	e	法治思维和体系建设	制度规范体系建设	行政决策体系建设	政务公开体系建设	行政执法体系建设	行政监督体系建设	行政救济体系建设	综合保障体系建设	评价考核体系建设	政府职能转变和行政管理方式创新机制建设			
浙江省法治政府建设考核评价体系（2013.10.11）	f	制度质量15	行政行为规范25	执行力15	透明度7	公众参与6	矛盾纠纷化解20	公务员法律意识和素养6	廉洁从政6					
广东省法治政府建设指标体系（2013.06.01）	g	制度建设15	行政决策10	行政执法20	政府信息公开10	社会矛盾防范和化解10	行政监督15	依法行政能力建设10	依法行政保障10					
中国法治政府报告（2013）	h	机构职能和组织领导22	制度建设和行政决策20	行政执法13	政府信息公开13	监督与问责15	社会矛盾化解与行政争议解决7	公众满意度调查10						
广州市依法行政考核办法（2012.05.01）	i	依法行政工作的组织领导	行政服务职能效能	科学民主决策	制度建设	行政执法	政务公开	行政监督	其他需要考核的内容					
县级法治政府建设指标体系（王璨）2012.04	j	职能转变5.75	行政决策11.45	制度建设10.34	行政执法19.26	行政执法19.26	队伍建设5.75	法治环境10.34	公众评议17.84					
四川省市县政府依法行政评估指标（2011）	k	规范行政决策16	提升公共服务16	改进行政执法20	有效化解争议纠纷16	自觉接受监督16	落实保障措施16							
辽宁省人民政府关于加强法治政府建设的实施意见（2011.02.25）	l	提高公务员特别是领导干部依法行政的能力	加强和改进制度建设	健全行政决策机制建设	全面保证严格、规范、公正、文明执法	全面推进政务公开	强化行政监督和问责	依法及时化解社会纠纷	建立法治政府建设的保障机制					

续表

文件	序号	1	2	3	4	5	6	7	8	9	10	11	12	13
国务院关于加强法治政府建设的意见（2010.10.10）	m	提高行政机关工作人员特别是领导干部依法行政的意识和能力	加强和改进制度建设	坚持依法科学民主决策	严格规范公正文明执法	全面推进政务公开	强化行政监督和问责	依法化解社会矛盾纠纷	加强组织领导和督促检查					
湖北省法治政府建设标准体系（试行）(2010.06.06)	n	政府职能界定与机构职责配置	制度建设	行政决策	行政执法	行政服务	社会矛盾的防范和化解	行政监督	依法行政能力建设					
国办关于推行法治政府建设的指导意见（讨论稿）(2009.12)	o	政府职能转变和行政管理方式创新 15	提高制度建设质量 15	科学决策、民主决策、规范决策 15	行政执法、行政行为规范有效 15	及时防范和有效化解社会矛盾 10	强化对行政权力的制度和监督 10	行政机关工作人员依法行政观念和监督能力不断提高 10	推进依法行政工作的组织领导 10					
国务院关于加强市县政府依法行政的决定 (2008.05.12)	p	大力提高市县政府机关工作人员依法行政的意识和能力	完善市县政府行政决策机制	建立健全规范性行政文件监督管理制度	严格行政执法	强化行政行为的监督	增强社会自治功能	加强领导，明确责任，扎扎实实推进县政府依法行政						
深圳市法治政府建设标准体系 (2008)	q	政府立法工作法治化	机构、职责和编制法治化	政府决策法治化	公共财政管理与政府投资法治化	行政审批法治化	行政处罚法治化	行政服务法治化	政府信息公开法治化	行政救济法治化	行政监督法治化	行政责任法治化	提高行政机关人员依法行政的观念和能力	
青岛市法治政府建设标准体系	r	政府立法工作法治化，提高制度建设质量	政府职能转变和行政管理制度建设创新	科学决策、民主决策、规范决策	公共财政管理与政府投资法治化	行政审批法治化	行政处罚法治化	政府服务意识明显增强，公开、公平、高效、便民的现代服务机制基本建成	政府信息公开法治化	行政救济法治化	行政监督法治化	行政责任法治化	及时防范和有效化解社会矛盾	提高行政机关人员依法行政的观念和能力

续表

序号	1	2	3	4	5	6	7	8	9	10	11	12	13
全面推进依法行政实施纲要（2004） s	转变政府职能，深化行政管理体制改革	建立健全科学行政决策机制	提高制度建设质量	理顺行政执法体制，加强行政程序建设，规范行政执法行为	探索高效、便捷和成本低廉的防范、化解社会矛盾的机制	完善行政监督制度和机制，强化对行政行为的监督	不断提高行政机关工作人员依法行政的观念和能力	提高认识，明确责任，切实加强对推进依法行政工作的领导					

注：指标名称旁边的数字是指其在该指标体系中所占的权重。

附录 2 法治政府建设指标体系及其权重

总体目标	一级指标	二级指标	三级指标	评分标准	得分	权重	最后得分
依法全面履行政府职能		制度指标	1. 是否建立权力清单制度； 2. 是否建立责任清单制度； 3. 是否建立行政审批事项清单制度； 4. 是否建立政府公共服务管理制度； 5. 行政机关的权责划分在制度上是否存在部门交叉、权责不清之处；	每项分值 5 分		14.431	
		过程指标	6. 是否存在行政审批的前置环节及有偿中介服务事项； 7. 是否在规定时间内完成行政审批流程； 8. 是否严格遵守行政审批事项； 9. 是否清理非行政审批事项； 10. 暗访评价	每项分值 5 分			

续表

职能科学、权责法定、执法严明、公平公正、廉洁高效、守法诚信

总体目标	一级指标	二级指标	三级指标	评分标准	得分	权重	最后得分
		结果指标	11. 行政审批投诉率； 12. 行政审批效能情况（监察部门）； 13. 行政服务乱作为、不作为的情况	第一项分值 9 分； 第二、三项分值为每项 8 分			
		满意度	14. 问卷调查（居民对政府职能和政府公共服务的满意度）	得分为问卷满意度 ×25			
		制度指标	15. 是否建立规范性文件制定的相关法定程序制度； 16. 是否建立规范性文件的有效期制度和定期清理制度； 17. 是否建立统一登记、统一编号、统一发布三统一制度； 18. 是否建立规范性文件效果评估制度	每项分值 6.25 分			
		过程指标	19. 规范性文件的制定是否遵守公开征求意见、合法性审查和集体讨论的程序； 20. 重大或者关系人民群众切身利益的规范性文件是否采取听证会、专家论证、听证和向社会公布草案等方式公开听取社会公众意见； 21. 规范性文件是否事后备案； 22. 是否定期清理规范性文件	每项分值 6.25 分			
	提高制度建设质量	结果指标	23. 规范性文件纠错数、规范性文件违法点，或者规范性文件合法率； 24. 县区人大对规范性文件质量的评价（政府及部门没有因规范性文件存在违法事由、被本级人大常委会责令改正或撤销）； 25. 没有发生规范性文件之间彼此冲突或与上位法相冲突的情形	第一项分值 9 分； 第二、三项分值为每项 8 分		14.361	
		满意度	26. 问卷调查（居民和市场主体对规范性文件制定的满意度）	得分为问卷满意度 ×25			

续表

总体目标	一级指标	二级指标	三级指标	评分标准	得分	权重	最后得分
职能科学、权责法定、执法严明、公开公正、廉洁高效、守法诚信	健全科学依法决策机制	制度指标	27. 是否建立重大行政决策程序制度； 28. 是否建立重大行政决策合法性审查制度或政府法律顾问制度； 29. 是否建立重大行政决策的跟踪反馈制度； 30. 是否建立重大行政决策终身责任追究制度及责任倒查机制	每项分值 6.25 分		14.594	
		过程指标	31. 重大行政决策的听证率； 32. 重大行政决策的合法性审查率； 33. 重大行政决策实施的跟踪反馈率； 34. 重大行政决策的责任倒查或追究率	每项分值 6.25 分			
		结果指标	35. 没有发生因违法决策被提起行政复议被责令纠正和撤销的情形； 36. 没有发生因违法决策被提起行政诉讼并被败诉或者判决撤销的情形； 37. 没有发生因违法决策或者不当决策引发重大群体事件或重大集体上访事件的情形； 38. 没有发生违法决策或者不当决策给财政带来了重大负担、造成重大损失的情形	每项分值 6.25 分			
		满意度	39. 问卷调查（居民对重大行政决策的总体满意度）	得分为问卷满意度 ×2			
	严格规范公正文明执法	制度指标	40. 是否建立行政执法人员持证上岗和资格管理制度； 41. 是否建立重大执法程序制度（规范执法操作流程制度）； 42. 是否建立执法全过程记录制度（行政执法公示制度）				

续表

总体目标	一级指标	二级指标	三级指标	评分标准	得分	权重	最后得分
严格规范公正文明执法			43. 是否建立综合执法制度； 44. 是否建立行政裁量权基准制度； 45. 是否建立执法责任制度； 46. 是否建立罚缴分离和收支两条线管理制度	第一、二、三、四四项每项 4 分； 第五、六、七项每项 3 分		14.918	
		过程指标	47. 行政执法人员持证率（合同工、临时工等不具备执法资格人员上岗执法情况）； 48. 行政执法程序合法情况（出示执法证件、调查取证、告知权利、说明理由、听证、回避、送达等）； 49. 行政执法评议考核制度的实施情况； 50. 完善监督检查等行政执法案卷评查（案卷评查规范率）； 51. 行政执法投诉体验	每项 5 分			
		结果指标	52. 行政执法投诉率； 53. 行政执法案件败诉率； 54. 没有发生因违法执法或执法不当引发重大群体性事件的情形； 55. 没有发生执法主体违法、内容违法、程序违法和依据违法等情况； 56. 没有发生行政执法缺位、失职等情况	每项 5 分			
		满意度	57. 问卷调查（社会公众和市场主体对行政执法的满意度）	得分为问卷满意度×25			

续表

总体目标	一级指标	二级指标	三级指标	评分标准	得分	权重	最后得分
职能科学、权责法定、执法严明、公平公正、廉洁高效、守法诚信	政府信息透明公开	制度指标	58. 是否建立政府信息或政务信息公开制度； 59. 是否建立政务信息服务系统或政务信息数据便民服务平台； 60. 是否公开政府信息公开目录，并预先公布不公开的例外情况； 61. 是否公开重点领域信息和政府信息公开年度报告	每项分值 6.25 分		14.525	
		过程指标	62. 应当主动公开的政府信息及时公开情况（政府信息公开或政务公开网页更新情况）； 63. 政府信息公开依申请公开及时答复率或答复时效（申请信息公开体验）； 64. 重要领域信息公开情况； 65. 新闻发言人新闻发言的及时性； 66. 政府信息公开场所是否实际提供信息查阅服务	每项 5 分			
		结果指标	67. 信息公开的覆盖面或覆盖率（行政审批流程、规范性文件制定、重大行政决策、行政处罚、办事公开情况）； 68. 政府与公众互动平台情况； 69. 没有发生因不履行政府职责或者不正确履行政府信息公开义务，在行政复议或行政诉讼中被撤销、确认违法或责令履行的情形	第一项 15 分（其中每一小点的信息公开情况为 3 分）；第二、三项各 5 分			
		满意度	70. 问卷调查（社会公众或市场主体对信息公开的满意度）	得分为问卷满意度 ×25			

续表

职能科学、权责法定、执法严明、公开公正、廉洁高效、守法诚信

总体目标	一级指标	二级指标	三级指标	评分标准	得分	权重	最后得分
强化行政监督和问责		制度指标	71. 是否建立行政问责制度； 72. 人民群众的知情权、参与权、表达权和公众举报投诉制度是否健全（举报箱、意见箱、电子邮箱、热线电话、政务微博、微信等）； 73. 行政机关出庭应诉制度是否健全； 74. 重点部门定期轮岗制度是否健全； 75. 专门监督和常态化监督制度是否健全	每项5分		15.003	
		过程指标	76. 积极配合人大及其常委会的询问、质询和执法检查； 77. 认真办理并按时办结人大、政协代表提案和建议； 78. 财政资金使用、国有资产监管、政府投资、政府采购、公共资源转让、公共工程建设等权力集中部门分事行权、分岗设权、分级授权、定期轮岗的情况	第一项分值为9分；第二、三项分值为每项8分			
		结果指标	79. 人大代表议案和建议、政协委员提案的办结率； 80. 行政机关负责人或相关人员出庭应诉率； 81. 没有发生不履行行政复议决定或者没有落实司法建议或发生行政复议决定和司法裁决定的情形； 82. 失职、渎职行为查处率	每项6.25分			
		满意度	83. 问卷调查（社会公众对行政监督的满意度）	得分为问卷满意度×25			

续表

总体目标	一级指标	二级指标	三级指标	评分标准	得分	权重	最后得分
职能科学、权责法定、执法严明、公开公正、廉洁高效、守法诚信							
	依法化解社会矛盾纠纷	制度指标	84. 是否建立行政调解工作机制； 85. 是否建立完善信访制度； 86. 是否建立行政复议制度（行政复议委员会制度、行政复议调解和解制度等）	第一、二项每项8分； 第三项9分；		12.168	
		过程指标	87. 行政复议案件受理率（是否出现有人收、无人办案的情况）； 88. 行政复议决定书的公开情况； 89. 信访的及时受理与处理情况	第一项为9分； 第二、三项各8分			
		结果指标	90. 行政调解成功率； 91. 行政复议案结事了率或行政复议案件纠错率； 92. 信访事件依法及时结案情况； 93. 群体性事件发生情况； 94. 行政机关阻碍法院受理行政案件、拒不执行法院生效判决裁定的情况	每项5分			
		满意度	95. 问卷调查（社会公众对社会矛盾化解的满意度）	得分为问卷满意度×25			
总　分							

附录3 专家组权重打分

专家编号	政府职能	制度质量	行政决策	行政执法	信息公开	行政监督	化解矛盾	Σ
1	10	8	10	10	9	9	8	
2	8	7	6	7	8	4	5	
3	8	8	8	10	7	9	7	
4	9	6	7	7	9	8	6	
5	6	6	8	8	7	9	7	
6	6	7	7	9	6	6	5	
7	10	8	9	6	6	9	5	
8	8	9	8	8	9	9	8	
Σ	65	59	63	65	61	63	51	
最后得分	49	44	47	49	46	50	38	
平均得分	8.167	7.333	7.833	8.167	7.667	8.333	6.333	53.833
相对权重	15.171	13.622	14.551	15.171	14.242	15.479	11.764	100

注：n = 8。分别去除一个最高分和一个最低分后的总分即为最后得分。

附录4 乡镇党委书记权重打分

编号	政府职能	制度质量	行政决策	行政执法	信息公开	行政监督	化解矛盾	Σ
1	2	10	5	2	10	10	1	
2	9	8	10	6	10	9	9	
3	3	2	4	6	3	6	3	
4	8	7	8	10	10	7	7	
5	10	10	10	9	10	9	10	
6	10	10	9	10	10	10	3	
7	8	8	8	7	9	9	8	
8	10	10	10	8	10	9	9	
9	10	10	10	10	10	10	10	
10	8	8	9	9	7	8	5	
11	2	5	7	7	5	6	2	

编号	政府职能	制度质量	行政决策	行政执法	信息公开	行政监督	化解矛盾	Σ
12	5	10	8	8	7	5	5	
13	7	6	7	5	9	8	10	
14	7	6	9	10	8	8	8	
15	8	9	8	9	8	7	7	
16	3	8	4	8	7	8	3	
17	8	7	8	8	6	8	5	
18	10	10	10	10	8	10	6	
Σ	128	144	144	142	147	147	111	
最后得分	116	132	130	130	134	132	100	874
平均得分	7.250	8.250	8.125	8.125	8.375	8.250	6.250	54.625
相对权重	13.272	15.103	14.874	14.874	15.332	15.103	11.442	100

注：$n = 18$。学历：专科（5）；本科（13）。分别去除一个最高分和一个最低分后的总分即为最后得分。

附录5　县级政府实务部门工作人员权重打分

编号	政府职能	制度质量	行政决策	行政执法	信息公开	行政监督	化解矛盾	Σ
1	9	6	8	7	6	5	4	
2	8	10	8	9	10	10	8	
3	8	6	7	9	9	8	7	
4	8	9	9	9	10	9	9	
5	8	9	10	10	9	10	8	
6	8	7	8	8	7	7	7	
7	10	10	10	10	10	10	10	
8	9	9	9	9	6	9	6	
9	9	8	10	8	10	10	9	
10	8	7	7	8	6	8	7	
11	8	6	8	5	7	6	6	
12	5	5	7	7	6	6	5	
13	8	8	7	8	7	8	7	

编号	政府职能	制度质量	行政决策	行政执法	信息公开	行政监督	化解矛盾	Σ
14	7	8	8	8	7	8	7	
15	8	8	8	8	8	8	8	
16	6	6	6	8	6	6	5	
17	10	10	5	5	5	10	10	
18	9	9	10	10	10	10	10	
19	9	9	8	8	10	8	6	
20	6	7	5	7	7	6	5	
21	8	9	9	8	8	8	8	
22	8	7	5	7	8	4	6	
23	9	9	9	9	8	7	6	
24	9	10	9	10	5	8	8	
25	8	5	7	7	6	7	9	
26	6	5	4	4	6	5	3	
27	7	8	8	8	8	8	8	
28	9	8	8	9	8	9	9	
Σ	225	218	217	222	213	218	201	
最后得分	210	203	203	208	198	204	188	
平均得分	8.077	7.808	7.808	8.000	7.615	7.846	7.231	54.385
相对权重	14.851	14.357	14.357	14.710	14.002	14.427	13.296	100

注：n＝30。有效问卷28。学历：专科（1）；本科（29）。分别去除一个最高分和一个最低分后的总分即为最后得分。

附录6　一级指标的最终权重

专家编号	政府职能	制度质量	行政决策	行政执法	信息公开	行政监督	化解矛盾	Σ
专家权重	15.171	13.622	14.551	15.171	14.242	15.479	11.764	
乡镇党委书记权重	13.272	15.103	14.874	14.874	15.332	15.103	11.442	
县级政府实务部门	14.851	14.357	14.357	14.710	14.002	14.427	13.296	
最终权重	14.431	14.361	14.594	14.918	14.525	15.003	12.168	100

附录7　"建设法治政府"居民问卷

尊敬的朋友：

您好！

为了配合"法治政府"建设，我们希望通过以下问卷，对我国地方法治政府的建设状况有更深入的了解。敬请您依照自己的真实想法，对以下各题进行勾选。您所提供的资料仅用做学术分析，绝对保密，请您放心填写。所有题目均为单选题！

衷心感谢您对法治政府建设做出的特殊贡献，感谢您对本项研究工作的大力支持。

课题组　敬上

I. 居住时间：

A. 在本地居住不到 2 年　　　　　　B. 在本地居住 2—5 年

C. 在本地居住 5 年以上

II. 您的学历：

A. 高中和高中以下　　　　　　　　B. 大学专科

C. 大学本科　　　　　　　　　　　D. 研究生及以上

III. 您的年龄：

A. 25 岁以下　　　　　　　　　　　B. 25—35 岁

C. 36—45 岁　　　　　　　　　　　D. 45 岁以上

IV. 您的职业：

A. 公务员　　　　　　　　　　　　B. 事业单位

C. 个体经营者　　　　　　　　　　D. 企业职工

E. 大学生　　　　　　　　　　　　F. 其他

居民问卷一　居民对政府职能和政府公共服务的满意度

1. 您认为当地政府部门的权力范围和应该承担的相应责任是否明确？

A. 非常明确　　　　　　　　　　　B. 较为明确

C. 不太明确　　　　　　　　　　　D. 很不明确

E. 不知道

2. 您对当地政府部门的行政审批是否满意？

A. 非常满意 　　　　　　　　　B. 较为满意

C. 不太满意 　　　　　　　　　D. 很不满意

E. 不知道

3. 您对当地政府在教育、就业、治安和社会保障等方面提供的公共服务是否满意？

A. 非常满意 　　　　　　　　　B. 较为满意

C. 不太满意 　　　　　　　　　D. 很不满意

E. 不知道

4. 当地政府部门是否存在不作为和乱作为的情况？

A. 从不存在 　　　　　　　　　B. 偶尔存在

C. 不时存在 　　　　　　　　　D. 经常存在

E. 不知道

5. 您认为当地政府在处理与企业的关系方面做得如何？

A. 做得很好 　　　　　　　　　B. 做得较好

C. 做得较差 　　　　　　　　　D. 做得很差

E. 不知道

居民问卷二　居民对政府制定规范性文件的满意度

6. 您认为当地政府规范性文件的制定、废除与评估制度是否健全？

A. 非常健全 　　　　　　　　　B. 较为健全

C. 不够健全 　　　　　　　　　D. 很不健全

E. 不知道

7. 当地政府在制定规范性文件时是否公开征求居民意见？

A. 经常征求 　　　　　　　　　B. 不时征求

C. 偶尔征求 　　　　　　　　　D. 从不征求

E. 不知道

8. 您认为在政府制定规范性文件时，居民意见对当地政府的影响如何？

A. 影响很大 　　　　　　　　　B. 影响较大

C. 影响较小 　　　　　　　　　D. 没有影响

E. 不知道

9. 当地政府在对规范性文件的实施效果进行评价时，是否征求居民意见？

A. 经常征求　　　　　　　　　　　B. 不时征求

C. 偶尔征求　　　　　　　　　　　D. 从不征求

E. 不知道

10. 您对当地的政府规范性文件的总体评价如何？

A. 很好　　　　　　　　　　　　　B. 较好

C. 较差　　　　　　　　　　　　　D. 很差

E. 不知道

居民问卷三　居民对政府行政决策的满意度

11. 您认为当地政府行政决策的程序、评估、反馈与责任追究制度是否健全？

A. 非常健全　　　　　　　　　　　B. 较为健全

C. 不够健全　　　　　　　　　　　D. 很不健全

E. 不知道

12. 当地政府做出重大行政决策时是否公开征求居民意见？

A. 经常征求　　　　　　　　　　　B. 不时征求

C. 偶尔征求　　　　　　　　　　　D. 从不征求

E. 不知道

13. 您认为在政府决策的过程中，居民意见对当地政府的影响程度如何？

A. 影响很大　　　　　　　　　　　B. 影响较大

C. 影响较小　　　　　　　　　　　D. 没有影响

E. 不知道

14. 您认为当地政府在对重大行政决策的效果进行评估时，是否征求居民意见？

A. 经常征求　　　　　　　　　　　B. 不时征求

C. 偶尔征求　　　　　　　　　　　D. 从不征求

E. 不知道

15. 您对当地政府行政决策的总体评价如何？

A. 很好　　　　　　　　　　　　　B. 较好

C. 较差　　　　　　　　　　　　　D. 很差

E. 不知道

居民问卷四　居民对政府行政执法的满意度

16. 您对当地政府制定的有关行政执法的制度与要求是否满意？
A. 非常满意　　　　　　　　　　B. 较为满意
C. 不太满意　　　　　　　　　　D. 很不满意
E. 不知道

17. 您认为当地行政执法人员的总体素质如何？
A. 素质很高　　　　　　　　　　B. 素质较高
C. 素质较低　　　　　　　　　　D. 素质很低
E. 不知道

18. 您认为当地政府执法人员在行政执法时是否能做到公平执法？
A. 完全能做到　　　　　　　　　B. 基本能做到
C. 有时能做到　　　　　　　　　D. 基本做不到
E. 不知道

19. 您周围的朋友和商人是否常常对当地政府的执法和监管行为抱怨不满？
A. 从来没人抱怨　　　　　　　　B. 很少有人抱怨
C. 不时有人抱怨　　　　　　　　D. 经常有人抱怨
E. 不知道

20. 您对亲身经历或亲眼所见的行政执法是否满意？
A. 非常满意　　　　　　　　　　B. 较为满意
C. 不太满意　　　　　　　　　　D. 很不满意
E. 不知道

居民问卷五　居民对政府信息公开的满意度

21. 您对当地有关政府信息公开的制度与要求是否满意？
A. 非常满意　　　　　　　　　　B. 较为满意
C. 不太满意　　　　　　　　　　D. 很不满意
E. 不知道

22. 当地政府官方网站的政府信息公开栏目或政府建立的信息宣传栏是否及时更新信息？
A. 非常及时　　　　　　　　　　B. 较为及时
C. 不太及时　　　　　　　　　　D. 很不及时

E. 不知道

23. 您认为当地政府信息公开是否有助于您获得行政审批、行政处罚等最想了解的信息?

　A. 非常有帮助　　　　　　　　　B. 有较大帮助

　C. 没有多大帮助　　　　　　　　D. 根本没有帮助

　E. 不知道

24. 您认为政府信息公开对约束和规范当地政府行为发挥了何种作用?

　A. 巨大作用　　　　　　　　　　B. 较大作用

　C. 较小作用　　　　　　　　　　D. 不起作用

　E. 不知道

25. 您对当地政府的信息公开服务是否满意?

　A. 非常满意　　　　　　　　　　B. 较为满意

　C. 不太满意　　　　　　　　　　D. 很不满意

　E. 不知道

居民问卷六　居民对行政监督的满意度

26. 您认为当地政府的行政监督制度(如行政责任的追究、民告官时所告政府部门的出庭应诉制度)是否严密和健全?

　A. 非常严密健全　　　　　　　　B. 较为严密健全

　C. 不太严密健全　　　　　　　　D. 很不严密健全

　E. 不知道

27. 您认为人民群众的知情权、参与权和表达权是否得到当地政府的尊重与落实?

　A. 完全得到落实　　　　　　　　B. 基本得到落实

　C. 有时得到落实　　　　　　　　D. 没有得到落实

　E. 不知道

28. 您认为地方政府是否对其官员的失职、渎职行为进行严格查处?

　A. 全部得到查处　　　　　　　　B. 基本得到查处

　C. 有时得到查处　　　　　　　　D. 从没得到查处

　E. 不知道

29. 在老百姓想去法院状告当地政府或其官员时,政府或有关官员是否通过威逼利诱等手段,要求老百姓撤诉?

　A. 从没听说　　　　　　　　　　B. 偶尔听说

C. 不时听说　　　　　　　　　　D. 经常听说

E. 不知道

30. 您认为目前对当地政府的行政监督是否有效？

A. 非常有效　　　　　　　　　　B. 较为有效

C. 不很有效　　　　　　　　　　D. 基本无效

E. 不知道

居民问卷七　居民对社会矛盾化解的满意度

31. 您认为本地的信访制度和行政复议制度是否合理？

A. 非常合理　　　　　　　　　　B. 较为合理

C. 不很合理　　　　　　　　　　D. 很不合理

E. 不知道

32. 您认为当前信访事件的受理、办结是否及时？

A. 非常及时　　　　　　　　　　B. 较为及时

C. 不很及时　　　　　　　　　　D. 很不及时

E. 不知道

33. 您认为导致"大闹大解决、小闹小解决"现象的最主要原因是什么？

A. 百姓蛮不讲理　　　　　　　　B. 百姓被人利用

C. 信访部门权力有限　　　　　　D. 缺乏有效维权途径

E. 不知道

34. 如果自身的合法权益遭受某些政府部门的侵害，您可能会选择哪种维权途径？

A. 申请行政复议　　　　　　　　B. 打官司

C. 上访　　　　　　　　　　　　D. 聚众闹事

E. 不知道

35. 您对当地政府化解社会矛盾与纠纷的工作是否满意？

A. 非常满意　　　　　　　　　　B. 较为满意

C. 不很满意　　　　　　　　　　D. 很不满意

E. 不知道

居民问卷八　居民对法治政府建设的总体评价

186. 总体来看，您认为本地政府已有几成法治政府的样子（请在相应

数字上划勾，满分为 10 分）

   1   2   3   4   5   6   7   8   9   10

居民问卷九　居民对地方政策的参与、认知与评价

36. 您经常关注或收看本地政治和政府事务的新闻报道吗？

  A. 经常关注   B. 不时关注

  C. 偶尔关注   D. 从不关注

37. 地方政府在制定政策时，会通过各种途径广泛征求当地居民的意见吗？

  A. 经常征求意见   B. 制定重大政策时征求

  C. 偶尔征求意见   D. 从不征求意见

  E. 不知道

38. 当地党委、政府制定地方发展战略与政策决策时，您会通过某种途径提出建议或表明看法，以影响他们的政策决策吗？

  A. 经常   B. 不时

  C. 偶尔   D. 从不

  E. 不知道

39. 您认为在政府决策的过程中，居民意见对当地政府的影响程度如何？

  A. 影响很大   B. 影响较大

  C. 影响较小   D. 没有影响

  E. 不知道

40. 您认为身边的朋友或居民赞同和支持当地政府的政策决策吗？

  A. 非常赞同支持   B. 基本赞同支持

  C. 偶尔赞同支持   D. 从不赞同支持

  E. 不知道

41. 您赞同和支持本地党委、政府制定的发展战略与政策决策吗？

  A. 非常赞同支持   B. 基本赞同支持

  C. 偶尔赞同支持   D. 从不赞同支持

  E. 不知道

42. 您如何总体性地评价本地党委、政府制定的发展战略和政策决策？

  A. 很好   B. 较好

  C. 较差   D. 很差

E. 不知道

43. 如果您到政府办理有关事情（比如建房证、户籍证明、营业执照等），您相信政府工作人员会秉公执法、依法办事吗？

A. 完全相信   B. 基本相信

C. 不太相信   D. 从不相信

E. 不知道

44. 如果您到政府办理有关手续（比如建房证、户籍证明、营业执照等），您会首先选择哪种途径（或认为哪种途径最为有效）？

A. 如果自己的申请符合要求，即使有关系我也不找，我就按程序来办事

B. 如果自己的申请符合要求，有关系就找，找了办起事来更踏实

C. 如果自己的申请不符合要求，想方设法也要找关系托人情，办好手续

D. 不知道

45. 您信任地方政府吗？

A. 完全信任   B. 基本信任

C. 不太信任   D. 从不信任

E. 不知道

附录8   "建设法治政府"专家问卷

尊敬的朋友：

您好！

为了配合"法治政府"建设，我们希望通过以下问卷，对我国地方法治政府的建设状况有更深入的了解。敬请您依照自己的真实想法，对以下各题进行勾选。您所提供的资料仅用做学术分析，绝对保密，请您放心填写。所有题目均为单选题！

衷心感谢您对法治政府建设做出的特殊贡献，感谢您对本项研究工作的大力支持。

您的学历：A. 高中以下   B. 大学专科   C. 大学本科   D. 研究生及以上

您的年龄：A. 25 岁以下   B. 25—35 岁   C. 36—45 岁   D. 45 岁以上

专家问卷一 （政府职能）

1. 本地绝大多数政府部门实际上是完全按照政府权力清单运行的，极少发生乱作为的现象。

A. 强烈同意　　　　　　　　　　B. 同意

C. 不同意　　　　　　　　　　　D. 强烈不同意

2. 如果本地一家企业要去政府部门办理行政审批手续，该部门将会严格按照公开透明的行政审批程序来予以办理。

A. 强烈同意　　　　　　　　　　B. 同意

C. 不同意　　　　　　　　　　　D. 强烈不同意

3. 就我所知，本地企业和公民对政府部门的行政审批是满意的，极少有投诉情况发生。

A. 强烈同意　　　　　　　　　　B. 同意

C. 不同意　　　　　　　　　　　D. 强烈不同意

4. 大多数百姓对政府提供的公共服务（如教育、就业、治安和社会保障等）是较为满意的。

A. 强烈同意　　　　　　　　　　B. 同意

C. 不同意　　　　　　　　　　　D. 强烈不同意

5. 在依法全面履行政府职能方面，如果让您对本地政府的表现进行总体评价，您认为政府能得几分（请在相应的数字上划勾，满分为 10 分）

1　　2　　3　　4　　5　　6　　7　　8　　9　　10

专家问卷二 （规范性文件）

6. 在制定规范性文件时，本地绝大多数政府部门是严格遵守法定权限的，没有增设公民或企业的义务。

A. 强烈同意　　　　　　　　　　B. 同意

C. 不同意　　　　　　　　　　　D. 强烈不同意

7. 在制定规范性文件时，本地绝大多数政府部门是严格遵守公开征意见、合法性审查和集体讨论的法定程序的。

A. 强烈同意　　　　　　　　　　B. 同意

C. 不同意　　　　　　　　　　　D. 强烈不同意

8. 在制定重大或关系人民群众切身利益的规范性文件时，本地绝大多数政府部门会以座谈会、专家论证会和向社会公布草案等方式广泛听取社会公众意见。

    A. 强烈同意   B. 同意

    C. 不同意   D. 强烈不同意

9. 绝大多数政府部门制定的规范性文件获得了本地人大的较高评价，很少被本地人大纠错。

    A. 强烈同意   B. 同意

    C. 不同意   D. 强烈不同意

10. 在制定规范性文件方面，如果让您对本地政府的表现进行总体评价，您认为政府能得几分（请在相应的数字上划勾，满分为 10 分）

    1   2   3   4   5   6   7   8   9   10

专家问卷三（行政决策）

11. 在进行重大行政决策时，本地绝大多数政府部门会严格遵守公众参与、专家论证、风险评估、合法性审查、集体讨论决定的法定程序。

    A. 强烈同意   B. 同意

    C. 不同意   D. 强烈不同意

12. 在进行重大行政决策时，本地绝大多数政府部门的政府法律顾问拥有很大的发言权。

    A. 强烈同意   B. 同意

    C. 不同意   D. 强烈不同意

13. 本地绝大多数政府部门的重大行政决策从来没有引起行政复议或行政诉讼案件，或者决策被撤销。

    A. 强烈同意   B. 同意

    C. 不同意   D. 强烈不同意

14. 如果有些部门出现重大决策失误或造成重大损失，将会按"谁决策、谁负责"的原则追究决策者的责任。

    A. 强烈同意   B. 同意

    C. 不同意   D. 强烈不同意

15. 在健全科学依法决策机制方面，如果让您对本地政府表现进行总体评价，您认为政府能得几分（请在相应的数字上划勾，满分为 10 分）

    1   2   3   4   5   6   7   8   9   10

专家问卷四（行政执法）

16. 政府的行政执法都是由通过了执法资格考试并获得执法资格的执法人员进行的。

 A. 强烈同意   B. 同意

 C. 不同意   D. 强烈不同意

17. 行政执法主体在行政执法时均会严格按照执法程序办事，并对执法全过程予以记录。

 A. 强烈同意   B. 同意

 C. 不同意   D. 强烈不同意

18. 行政执法主体在行使行政裁量权时，其行政裁量的种类、范围与幅度都是有章可寻的。

 A. 强烈同意   B. 同意

 C. 不同意   D. 强烈不同意

19. 行政执法结束之后，会由行政监督机构或人员针对相应的行政执法行为进行评议考核。

 A. 强烈同意   B. 同意

 C. 不同意   D. 强烈不同意

20. 在严格规范公正文明执法方面，如果让您对本地政府表现进行总体评价，您认为政府能得几分（请在相应的数字上划勾，满分为 10 分）

 1 2 3 4 5 6 7 8 9 10

专家问卷五（信息公开）

21. 如果我想去面向社会服务的政府部门办事，我能够通过政府网站等途径及时获得办事项目的依据、条件、要求、过程和结果等准确信息。

 A. 强烈同意   B. 同意

 C. 不同意   D. 强烈不同意

22. 如果有一位公民向政府提出信息公开申请，一般都能得到相关政府部门的及时受理和答复。

 A. 强烈同意   B. 同意

 C. 不同意   D. 强烈不同意

23. 有关征地拆迁、重大建设项目批准和公共资源配置等重要领域的政府信息，公民都能通过政府网站、电视、报纸等途径及时了解。

A. 强烈同意   B. 同意

C. 不同意   D. 强烈不同意

24. 如果我是一位当地公民，想要向政府反映自己的建议、要求，我能够通过政府与公众互动平台达到目的，并得到相关政府工作人员或部门的响应。

A. 强烈同意   B. 同意

C. 不同意   D. 强烈不同意

25. 在政府信息透明公开方面，如果让您对本地政府表现进行总体评价，您认为政府能得几分（请在相应的数字上划勾，满分为 10 分）

1   2   3   4   5   6   7   8   9   10

专家问卷六（行政监督）

26. 来自同级人大的询问和质询，会对政府机关造成强大压力，并引起相关部门的高度重视。

A. 强烈同意   B. 同意

C. 不同意   D. 强烈不同意

27. 在财政资金分配使用、政府采购、国有资产监管等权力集中的部门和岗位，分事行权、定期轮岗的制度一般都能得到有效实施。

A. 强烈同意   B. 同意

C. 不同意   D. 强烈不同意

28. 行政执法行为还是极为规范、公正的，因为不作为、乱作为等现象将会遭到严肃查处。

A. 强烈同意   B. 同意

C. 不同意   D. 强烈不同意

29. 如果有公民或企业控告本地行政机关，行政机关的负责人或相关人员一般都会亲自出庭应诉，并且会充分尊重与落实法院的判决或裁定。

A. 强烈同意   B. 同意

C. 不同意   D. 强烈不同意

30. 在强化行政监督与问责方面，如果让您对本地政府表现进行总体评价，您认为政府能得几分（请在相应的数字上划勾，满分为 10 分）

1   2   3   4   5   6   7   8   9   10

专家问卷七（化解矛盾）

31. 总的来看，本地政府的行政调解范围是依法科学界定的，调解行为是公正规范的，调解效力是有保障的。

　　A. 强烈同意　　　　　　　　　　　　B. 同意

　　C. 不同意　　　　　　　　　　　　　D. 强烈不同意

32. 通过健全有效的行政复议制度（比如公开行政复议决定书），本地个别容易引起行政争议的违法或不当行政行为及时得到了纠正。

　　A. 强烈同意　　　　　　　　　　　　B. 同意

　　C. 不同意　　　　　　　　　　　　　D. 强烈不同意

33. 如果在"民告官"的案件中法院裁定政府部门做出行政赔偿，作为弱势一方的老百姓一般能及时足额地获得行政赔偿。

　　A. 强烈同意　　　　　　　　　　　　B. 同意

　　C. 不同意　　　　　　　　　　　　　D. 强烈不同意

34. 只要人民群众在信访中提出的利益诉求合理合法，信访事件一般都能得到及时受理和办结。

　　A. 强烈同意　　　　　　　　　　　　B. 同意

　　C. 不同意　　　　　　　　　　　　　D. 强烈不同意

35. 在依法化解社会矛盾纠纷方面，如果让您对本地政府表现进行总体评价，您认为政府能得几分（请在相应的数字上划勾，满分为10分）

　　1　　2　　3　　4　　5　　6　　7　　8　　9　　10

专家问卷八　法治政府总体评价

286. 总体来看，您认为本地政府已有几成法治政府的样子（请在相应的数字上划勾）

　　1　　2　　3　　4　　5　　6　　7　　8　　9　　10

专家问卷九　政府普通公务人员和普通干部的法治思维水平

36. 在行政决策或行政执法过程中，您是否会越过程序而采取特事特办的办法？

　　A. 从不越过程序去特事特办

　　B. 有时候越过程序而特事特办

C. 常常越过程序而特事特办

37. 考生高考迟到 31 分钟（按规定迟到 30 分钟就不得进入考场），如果您是主考官，您会怎么办？

A. 拒绝他进入考场考试

B. 征求多数考官的意见

C. 允许该考生参加该场考试

38. 在行政决策或行政执法过程中，当百姓的个人权利与集体利益发生冲突时，您会选择？

A. 个人权利优先

B. 不好说，视具体问题而定

C. 集体利益优先

39. 您认为国家公职人员是否应当为自己做出的重大决策或执法行为承担责任？

A. 是，应该承担责任

B. 不好说，视具体问题而定

C. 否，不应该承担责任

40. 在面对棘手问题时（比如拆迁或上访），您倾向于运用何种手段去解决问题？

A. 倾向于运用法律手段

B. 权力手段、法律手段并用

C. 倾向于运用权力手段

附录9　X县专家问卷（1-8）调查统计结果

学历	0 （高中及以下）	5 （大学专科）	13 （大学本科）	2 （研究生以上）	
年龄	0 （25岁以下）	11 （25-35岁）	7 （36-45岁）	2 （45岁以上）	
题号	A （按20分算）	B （按16分算）	C （按12分算）	D （按8分算）	每题得分
1	4	14	2		16.4
2	7	11	2		17
3	2	11	7		15

学历	0 （高中及以下）	5 （大学专科）	13 （大学本科）	2 （研究生以上）	
年龄	0 （25 岁以下）	11 （25 - 35 岁）	7 （36 - 45 岁）	2 （45 岁以上）	
4	2	12	6		15.2
5	8	6	6		16.4
Σ					80
题号	A （按 20 分算）	B （按 16 分算）	C （按 12 分算）	D （按 8 分算）	每题得分
6	3	12	5		15.6
7	4	12	4		16
8	3	13	4		15.8
9	2	15	3		15.8
10	5	10	5		16
Σ					79.2
题号	A （按 20 分算）	B （按 16 分算）	C （按 12 分算）	D （按 8 分算）	每题得分
11	3	15	2		16.2
12	2	13	4	1	15.2
13	3	13	4		15.8
14	4	13	3		16.2
15	6	9	5		16.2
Σ					79.6
题号	A （按 20 分算）	B （按 16 分算）	C （按 12 分算）	D （按 8 分算）	每题得分
16	3	13	4		15.8
17	4	13	3		16.2
18	4	14	2		16.4
19	2	15	3		15.8
20	7	8	5		16.4
Σ					80.6
题号	A （按 20 分算）	B （按 16 分算）	C （按 12 分算）	D （按 8 分算）	每题得分
21	3	14	3		16

续表

学历	0 （高中及以下）	5 （大学专科）	13 （大学本科）	2 （研究生以上）	
年龄	0 （25 岁以下）	11 （25－35 岁）	7 （36－45 岁）	2 （45 岁以上）	
题号	A （按 20 分算）	B （按 16 分算）	C （按 12 分算）	D （按 8 分算）	每题得分
22	2	15	3		15.8
23	3	13	3	1	15.6
24	2	16	2		16
25	7	7	6		16.2
Σ					79.6
题号	A （按 20 分算）	B （按 16 分算）	C （按 12 分算）	D （按 8 分算）	每题得分
26	2	16	2		16
27	1	15	4		15.4
28	2	12	6		15.2
29	3	12	4	1	15.4
30	8	7	4	1	16.4
Σ					78.4
题号	A （按 20 分算）	B （按 16 分算）	C （按 12 分算）	D （按 8 分算）	每题得分
31	3	12	5		15.6
32	2	13	5		15.4
33	4	10	6		15.6
34	3	12	5		15.6
35	7	7	6		16.2
Σ					78.4
286	（148－10－10－5－5）/（20－2－2）=7.375（去掉两个最高分和最低分）				

注：n=20，有效问卷 20 份。表中 A、B、C、D 各列对应的数字意为选择该项的实际人数。问卷中个别未填的选项，按"C"进行统计。X 县法治政府绩效指数（专家打分）最后得分为：80 × 0.14431 + 79.2 × 0.14361 + 79.6 × 0.14594 + 80.6 × 0.14918 + 79.6 × 0.14525 + 78.4 × 0.15003 + 78.4 × 0.12168 = 79.423。

附录 10　Y 县专家问卷（1-8）调查统计结果

学历	3 （高中及以下）	5 （大学专科）	9 （大学本科）	4 （研究生以上）	
年龄	0 （25 岁以下）	5 （25-35 岁）	8 （36-45 岁）	8 （45 岁以上）	
题号	A （按 20 分算）	B （按 16 分算）	C （按 12 分算）	D （按 8 分算）	每题得分
1	4	12	5		15.810
2	7	14			17.333
3	3	14	3	1	15.619
4	3	16	2		16.190
5	4	4	13		14.286
Σ	21	60	23	1	79.238
题号	A （按 20 分算）	B （按 16 分算）	C （按 12 分算）	D （按 8 分算）	每题得分
6	1	16	4		15.429
7	2	16	3		15.809
8	1	17	3		15.619
9	1	16			15.429
10	4	5	11	1	14.285
Σ	9	70	25	1	76.571
题号	A （按 20 分算）	B （按 16 分算）	C （按 12 分算）	D （按 8 分算）	每题得分
11	1	15	5		15.238
12		16	5		15.048
13	1	16	4		15.429
14	4	15	2		16.381
15	3	8	9	1	14.476
Σ	9	70	25	1	76.572
题号	A （按 20 分算）	B （按 16 分算）	C （按 12 分算）	D （按 8 分算）	每题得分
16	3	16	2		16.190
17	2	16	3		15.810

续表

学历	3 （高中及以下）	5 （大学专科）	9 （大学本科）	4 （研究生以上）	
年龄	0 （25 岁以下）	5 （25－35 岁）	8 （36－45 岁）	8 （45 岁以上）	
题号	A （按 20 分算）	B （按 16 分算）	C （按 12 分算）	D （按 8 分算）	每题得分
18	2	18	1		16.190
19	1	17	3		15.619
20	4	7	10		14.857
Σ	12	74	19	0	78.666
题号	A （按 20 分算）	B （按 16 分算）	C （按 12 分算）	D （按 8 分算）	每题得分
21	2	17	1	1	15.810
22	3	14	3	1	15.619
23		18	2	1	15.238
24		16	4	1	14.857
25	3	6	12		14.286
Σ	8	71	22	4	75.810
题号	A （按 20 分算）	B （按 16 分算）	C （按 12 分算）	D （按 8 分算）	每题得分
26		17	3	1	15.048
27	1	18	1	1	15.619
28	2	17	1	1	15.810
29		17	4		15.238
30	3	6	11	1	14.095
Σ	6	75	20	4	75.810
题号	A （按 20 分算）	B （按 16 分算）	C （按 12 分算）	D （按 8 分算）	每题得分
31	5	12	3	1	16
32	2	19			16.381
33	2	15	4		15.619
34	3	17	1		16.381
35	4	6	10	1	14.476
Σ	16	69	18	2	78.857

续表

学历	3 （高中及以下）	5 （大学专科）	9 （大学本科）	4 （研究生以上）	
年龄	0 （25 岁以下）	5 （25－35 岁）	8 （36－45 岁）	8 （45 岁以上）	
题号	A （按 20 分算）	B （按 16 分算）	C （按 12 分算）	D （按 8 分算）	每题得分
286	（139－10－9－3－3）／（21－2－2）≈6.706（分别去掉两个最高分和最低分）。				

注：n＝21，有效问卷 21 份。表中 A、B、C、D 各列对应的数字意为选择该项的实际人数。问卷中个别未填的选项，按"C"进行统计。Y 县法治政府绩效指数（专家打分）最后得分为：79.238×0.14431＋76.571×0.14361＋76.572×0.14594＋78.666×0.14918＋75.810×0.14525＋75.810×0.15003＋78.857×0.12168＝77.322。

附录11　X 省乡镇、街道党（工）委书记专家问卷（1－8）调查统计结果

学历	0 （高中及以下）	24 （11.8%） （大学专科）	157 （77%） （大学本科）	23 （11.2%） （研究生以上）	乡镇干部 学历较高
年龄	0 （25 岁以下）	5 （2.4%） （25－35 岁）	126 （61.8%） （36－45 岁）	73 （35.8%） （45 岁以上）	乡镇干部 年龄偏老
题号	A （按 20 分算）	B （按 16 分算）	C （按 12 分算）	D （按 8 分算）	每题得分
1	8	147	45	4	15.118
2	21	147	36		15.706
3	6	125	72	1	14.667
4	6	137	59	2	14.882
5	60	98	43	3	16.215
Σ	101	654	255	10	76.588
题号	A （按 20 分算）	B （按 16 分算）	C （按 12 分算）	D （按 8 分算）	每题得分
6	8	145	51		15.157
7	12	150	42		15.412
8	8	150	45	1	15.235
9	6	164	33	1	15.431

学历	0 （高中及以下）	24 （11.8%） （大学专科）	157 （77%） （大学本科）	23 （11.2%） （研究生以上）	乡镇干部 学历较高
年龄	0 （25 岁以下）	5 （2.4%） （25 - 35 岁）	126 （61.8%） （36 - 45 岁）	73 （35.8%） （45 岁以上）	乡镇干部 年龄偏老
题号	A （按 20 分算）	B （按 16 分算）	C （按 12 分算）	D （按 8 分算）	每题得分
10	78	84	38	4	16.627
Σ	112	693	209	6	77.862
题号	A （按 20 分算）	B （按 16 分算）	C （按 12 分算）	D （按 8 分算）	每题得分
11	11	144	48	1	15.235
12	5	122	73	4	14.510
13	3	113	86	2	14.294
14	9	144	49	2	15.137
15	70	91	39	4	16.451
Σ	98	614	295	13	75.627
题号	A （按 20 分算）	B （按 16 分算）	C （按 12 分算）	D （按 8 分算）	每题得分
16	7	111	83	3	14.392
17	10	131	61	2	14.922
18	8	151	42	3	15.216
19	6	110	86	2	14.353
20	64	87	49	4	16.137
Σ	95	590	321	14	75.020
题号	A （按 20 分算）	B （按 16 分算）	C （按 12 分算）	D （按 8 分算）	每题得分
21	9	134	60	1	14.961
22	5	131	63	5	14.667
23	4	128	68	4	14.588
24	4	131	68	1	14.706
25	63	81	54	6	15.941
Σ	85	605	313	17	74.863
题号	A （按 20 分算）	B （按 16 分算）	C （按 12 分算）	D （按 8 分算）	每题得分
26	4	157	43		15.236

续表

学历	0 （高中及以下）	24 （11.8%） （大学专科）	157 （77%） （大学本科）	23 （11.2%） （研究生以上）	乡镇干部 学历较高
年龄	0 （25 岁以下）	5 （2.4%） （25 - 35 岁）	126 （61.8%） （36 - 45 岁）	73 （35.8%） （45 岁以上）	乡镇干部 年龄偏老
题号	A （按 20 分算）	B （按 16 分算）	C （按 12 分算）	D （按 8 分算）	每题得分
27	5	123	75	1	14.588
28	6	136	60	2	14.862
29	4	121	75	4	14.451
30	67	88	44	5	16.255
Σ	86	625	297	12	75.392
题号	A （按 20 分算）	B （按 16 分算）	C （按 12 分算）	D （按 8 分算）	每题得分
31	7	147	50		15.157
32	3	160	41		15.255
33	3	167	30	4	15.314
34	14	172	14	4	15.843
35	84	84	29	7	16.804
Σ	111	730	164	15	78.373
286	(1559 - 197 - 85) /164 ≈ 7.787（去掉 20 个最高分和 20 个最低分）				

注：$n = 259$，有效问卷 204 份。表中 A、B、C、D 各列对应的数字意为选择该项的实际人数。问卷中个别未填的选项，按"C"进行统计。204 名乡、镇、街道党（工）委书记对本省的法治政府建设评估得分为：76.588 × 0.14431 + 77.862 × 0.14361 + 75.627 × 0.14594 + 75.020 × 0.14918 + 74.863 × 0.14525 + 75.392 × 0.15003 + 78.373 × 0.12168 = 76.184。

附录 12　X 省乡镇、街道党（工）委书记法治思维水平调查统计结果（专家问卷九）

题号	A（20 分计算）	B（10 分计算）	C（0 分计算）	每题得分
36	68	134	2	13.235
37	62	76	66	9.804
38	14	120	70	7.255

续表

题号	A（20 分计算）	B（10 分计算）	C（0 分计算）	每题得分
39	163	38	3	17.843
40	109	93	2	15.245
Σ	416	461	143	63.382

注：n = 259，有效问卷 204 份。

附录 13　X 省全省、X 县、Y 县政府公职人员法治思维水平比较

题号	全省	X 县	Y 县
36	13.235	15	16.190
37	9.804	10.5	9.524
38	7.255	6	8.095
39	17.843	14.5	18.571
40	15.245	17	16.667
Σ	63.382	63	69.047

参考文献

中文文献

阿维纳瑞：《黑格尔的现代国家理论》，朱学平译，知识产权出版社，2016。

艾尔·巴比：《社会研究方法基础》，邱泽奇译，华夏出版社，2002。

艾历克斯·英格尔斯：《国民性：心理—社会的视角》，王今一译，卢春龙校，社会科学文献出版社，2012。

柏拉图：《法律篇》，《柏拉图全集》（第三卷），王晓朝译，人民出版社，2003。

鲍明钤：《中国民治论》，商务印书馆，2010。

伯特兰·罗素：《社会改造原理》，张师竹译，上海人民出版社，1959。

曹红钢：《政府行为目标与体制转型》，社会科学文献出版社，2007。

长沙市人民政府法制办公室编《长沙市政府法制工作规定释义》，中国法制出版社，2014。

程燎原：《中国法治政体问题初探》，重庆大学出版社，2012。

程树德：《九朝律考》，商务印书馆，2010。

戴维·德沃斯：《社会研究中的研究设计》，郝大海等译，中国人民大学出版社，2008。

丹尼斯·C. 缪勒，《公共选择理论》，杨春学等译，中国社会科学出版社，1999。

德隆·阿西莫格鲁、詹姆斯·A. 罗宾逊：《国家为什么会失败》，李增刚译，湖南科学技术出版社，2015。

丁学良：《韦伯的世界文明比较研究导论》，《中国社会科学》1987年第1期。

费尔南·布罗代尔：《文明史纲》，肖昶等译，广西师范大学出版社，2003。

费希特：《论学者的使命人的使命》，梁志学、沈真译，北京：商务印书馆，1984。

福泽谕吉：《文明论概略》，北京编译社译，商务印书馆，1992。

付子堂、赵树坤等：《发展中法治论：当代中国转型期的法律与社会研究》，北京大学出版社，2013。

葛洪义等：《法治中国：中国法治进程》，广东人民出版社，2015。

顾炎武：《日知录集释》，黄汝成集释，上海古籍出版社，2014。

黑格尔：《历史哲学》，王造时译，上海书店出版社，2001。

湖南省人民政府法制办公室编《湖南省公务员依法行政手册》，中国法制出版社，2015。

黄宗智主编《中国研究的范式问题讨论》，社会科学文献出版社，2003。

加布里埃尔·阿尔蒙德、西德尼·维巴：《公民文化：五国的政治态度与民主》，马殿君等译，浙江人民出版社，1989。

江必新：《法治中国的制度逻辑与理性构建》，中国法制出版社，2014。

姜彦君等：《历史性突破：浙江法治建设的价值探索》，浙江大学出版社,2008。

蒋逸民编《社会科学方法论》，重庆大学出版社，2011。

金耀基：《从传统到现代》，中国人民大学出版社，1999。

康德：《历史理性批判文集》，何兆武译，商务印书馆，1996。

赖特·米尔斯：《社会学的想象力》，陈强等译，生活·读书·新知三联书店，2001。

李华楠、王璞主编《法治政府建设与司法监督实践：深圳行政审判案例评析》，深圳出版发行集团、海天出版社，2011。

李林、田禾主编《中国地方法治发展报告（2014）》，社会科学文献出版社，2015。

李林、田禾主编《中国地方法治发展报告（2016）》，社会科学文献出版社，2016。

李林、杨天宗、田禾主编《四川依法治省年度报告（2016）》，社会科学文献出版社，2016。

李月军主编《法治政府》，中央编译出版社，2013。

梁漱溟：《乡村建设理论》，商务印书馆，2015。

梁志峰主编《2013年湖南法治发展报告》，社会科学文献出版社，2013。

罗伯特·K.殷：《案例研究方法的应用》，周海涛等译，重庆大学出版社，2014。

罗伯特·K.殷：《案例研究：设计与方法》，周海涛等译，重庆大学出版社，2010。

罗伯特·帕特南：《使民主运转起来：现代意大利的公民传统》，王列、赖海榕译，中国人民大学出版社，2015。

罗纳德·英格尔哈特：《现代化与后现代化：43 个国家的文化、经济与政治变迁》，严挺译，社会科学文献出版社，2013。

马克斯·韦伯：《韦伯作品集》，第四卷《法律社会学》，康乐等译，广西师范大学出版社，2005。

马克斯·韦伯：《新教伦理与资本主义精神》，于晓等译，北京三联书店，1987。

迈克尔·曼：《社会权力的来源》，刘北成等译，上海世纪出版集团，2007。

钱乘旦、许洁明：《英国通史》，上海社会科学院出版社，2012。

钱弘道等：《法治评估的实验：余杭案例》，法律出版社，2013。

钱弘道：《中国法治指数报告（2007－2011 年）：余杭的实验》，中国社会科学出版社，2012。

钱弘道主编《中国法治实践学派》，法律出版社，2014。

钱弘道主编《中国法治增长点——学者和官员畅谈录》，中国社会科学出版社，2012。

萨缪尔·普芬道夫：《论人与公民在自然法上的责任》，支振锋译，北京大学出版社，2010。

塞缪尔·亨廷顿：《文明的冲突与世界秩序的重建》，周琪等译，新华出版社，1998。

沈家本：《寄移文存》，商务印书馆，2015。

施塔姆勒：《正义法的理论》，夏彦才译，商务印书馆，2016。

斯宾格勒：《西方的没落》，吴琼译，上海三联书店，2014。

苏力：《法治及其本土资源》（第三版），北京大学出版社，2015。

汤因比：《历史研究》，曹未风等译，上海人民出版社，1966。

田禾、吕艳滨主编《法治中国的地方经验：广东样本》，中国社会科学出版社，2015。

托马斯·莱塞尔：《法社会学基本问题》，王亚飞译，法律出版社，2014。

王成义等：《深圳市建立法治政府研究》，中国法制出版社，2010。

王立峰：《法治中国》，人民出版社，2014。

王人博、程燎原：《法治论》，广西师范大学出版社，2014。

韦庆远、高放、刘文源：《清末宪政史》，中国人民大学出版社，1993。

维克多·李·伯克：《文明的冲突：战争与欧洲国家体制的形成》，王晋新译，上海三联书店，2006。

魏礼群主编《中国行政体制改革报告：政府自身建设与改革》（2016），社会科学文献出版社，2016。

夏新华、胡旭晟整理《近代中国宪政历程：史料荟萃》，中国政法大学出版社，2004。

夏勇：《法治源流：东方与西方》，社会科学文献出版社，2004。

徐勇：《历史延续性视角下的中国道路》，《中国社会科学》，2016。

亚里士多德：《政治学》，吴寿彭译，商务印书馆，1965。

鄢一龙：《目标治理：看得见的五年规划之手》，中国人民大学出版社，2013。

余杭区法制办编《依法行政法律文件汇编》（内部资料），2013。

俞可平主编《国家底线：公平正义与依法治国》，中央编译出版社，2014。

袁方、王汉生主编《社会研究方法教程》，北京大学出版社，1997。

约翰·菲尼斯：《自然法与自然权利》，董娇娇等译，中国政法大学出版社，2005。

约瑟夫·夏辛、容敏德主编《法治》，法律出版社，2005。

张晋藩：《中国法律的传统与近代转型》，法律出版社，2005。

张晋藩：《中国宪法史》，吉林人民出版社，2004。

张千帆等：《宪政、法治与经济发展》，北京大学出版社，2004。

张文显主编《法治中国名家谈》，人民出版社，2014。

张骁儒主编《深圳法治发展报告（2015）》，社会科学文献出版社，2016。

张骁儒主编《深圳法治发展报告（2016）》，社会科学文献出版社，2016。

张允起等：《日本明治前期法政史料选编》，清华大学出版社，2016。

郑方辉、冯健鹏编著《法治政府绩效评价》，新华出版社，2014。

郑泰安主编《四川法治发展报告：迈向制度红利的新时代》，社会科学文献出版社，2015。

中国政法大学法治政府研究院编《中国法治政府评估报告（2013）》，中国人民大学出版社，2014。

中国政法大学法治政府研究院编《中国法治政府发展报告（2015）》，社会科学文献出版社，2015。

中国政法大学法治政府研究院编《中国法治政府评估报告（2016）》，社会科学文献出版社，2016。

朱未易：《地方法治建设的法理与实证研究》，东南大学出版社，2010。

英文文献

Devarajan, Shantayanan, and Simon Johnson, "Two Comments on 'Governance Indicators: Where Are We, Where Should We Be Going?'", edited by Daniel Kaufmann and Aart Kraay, *World Bank Research Observer*, Oxford University Press, Vol. 23 (1), 2008.

Kaufmann, Daniel, and Aart Kraay, *Governance Indicators: Where Are We, Where Should We Be Going? World Bank Research Observer*, Oxford University Press, Vol. 23 (1), 2008.

Kaufmann, Daniel, and Kraay, Aart, and Mastruzzi, Massimo, "*Worldwide Governance Indicators Project: Answering the Critics,*" *World Bank Policy Research Working Paper*, No. 4149 (March 1, 2007).

Knack, Stephen, "Measuring Corruption in Eastern Europe and Central Asia: A Critique of the Cross-Country Indicators," *World Bank Policy Research Working Paper*, No. 3968 (July 1, 2006).

Peerenboom, Randall, *China Modernizes: Threat to the West or Model for the Rest?* Oxford University Press, 2007.

Peerenboom, Randall, *China's Long March Toward Rule of Law*, Cambridge University Press, 2002.

Pitirim Sorokin, *Social and Cultural Dynamics: A Study of Change in Major Systems of Art, Truth, Ethics, Law and Social Relationships*, Porter Sargent Publisher, 1970.

Sharpe, Andrew, "Literature Review of Frameworks for Macro-indicators," *Centre for the Study of Living Standards Research Report*, 2004 – 03 (2004).

Skocpol, Theda, *Social Revolutions in the Modern World*, Cambridge: Cambridge University Press, 1994.

Skocpol, Theda, *States and Social Revolutions: A Comparative Analysi of France, Russia, and China*, Cambridge: Cambridge University Press, 1979.

The World Justice Project, *The WJP Rule of Law Index*, 2014.

Weingast, Barry R., "Why Developing Countries Prove So Resistant to the Rule of Law," Stanford Center for International Development, *Working Paper*, No. 382, Mar., 2009.

致　谢

在许以知识报国、志在弘道燃灯的学术人生中，幸得多位恩师一路教诲指引，众位良朋鼎力相助，才能淡泊宁静，止所当止，一路奋力，砥砺前行。因此，本书的完成，需要向以下良师益友表示衷心的感谢：

衷心感谢北京大学政府管理学院王浦劬教授，感谢恩师长期以来对我一如既往的谆谆教诲、深深厚爱与殷切关怀；

衷心感谢中国人民大学国际关系学院杨光斌教授，感谢恩师一直以来对我无与伦比的关心厚爱和提携教导；

衷心感谢清华大学政治学系张小劲教授，感谢恩师长期以来给予我的莫大关心、支持与巨大帮助；

衷心感谢北京大学政府管理学院徐湘林教授，感谢恩师一直以来对我的关心鼓励与巨大支持；

衷心感谢武汉大学政治与公共管理学院谭君久教授，感谢老先生一直以来对我的期许、提携与巨大帮助；

衷心感谢上海师范大学法政学院李路曲教授，感谢先生一直以来对我的关心厚爱与全力支持；

衷心感谢天津师范大学政治与行政学院佟德志教授、常士闾教授，感谢他们长期以来给予我的大力支持与帮助；

衷心感谢中国行政管理学会鲍静研究员、解亚红研究员，中国社会科学院政治学研究所王炳权研究员长期以来对我的关心、支持与大力帮助；

衷心感谢广州大学政治与公民教育学院赵中源教授、罗明星教授、黄禧祯教授、冉杰教授，感谢他们给予我的信任、支持与帮助；

衷心感谢中山大学政治与公共事务管理学院肖滨教授、郭忠华教授，感谢他们的关心、支持与帮助；

衷心感谢广州大学经济与统计学院陈琼副教授为本书研究思路的设计、完善以及数理统计分析与相关部分的撰写所做出的重要突出贡献；

衷心感谢中共河北省委党校王燕霞副教授、刘艳梅教授、许颖研究员、河北省高级人民法院徐翠翠博士以及清华大学政治学系于晓虹副教授为调查研究所做的特别贡献；

衷心感谢杭州市余杭区政府法制办沈伟功主任、夏成涛科长和陈佳颖科长提供的大力帮助，衷心感谢余杭区司法局陈建六科长提供的全力支持，衷心感谢杭州市余杭区临平、东湖街道司法所方英武科长和中共余杭区委党校单凯老师给予的全力协助；

衷心感谢湖南省浏阳市法制办刘向阳副主任、罗琪科长、何生军科长、吴晶科长为课题组在浏阳市的调研提供的全力支持与帮助；

衷心感谢深圳市宝安区依法治区办蓝亦辉主任、宝安区司法局李思锋科长为课题调研提供的全力支持与帮助，衷心感谢我的大学老师熊光辉教授、宝安区法制办黄尚立主任和黄振凯科长提供的大力支持与帮助；

衷心感谢成都市金牛区法制办田锐副主任、巩红霞科长为课题组在金牛区的调研提供的帮助；

衷心感谢参与 Z 县开放式座谈的全体领导和工作人员。

衷心感谢为本课题做出过贡献和提供过帮助的所有朋友！

本书的出版获得了国家社会科学基金的资助，在此一并致谢。

最需要特别感谢的是我硕士、博士研究生阶段的三位导师，没有他们的付出，就没有我的今天：

衷心感谢中国人民大学国际关系学院朱一涛教授，感谢恩师对我一如既往的关心、厚爱与教诲，并且是他把我引领到了中国人民大学这座知识圣殿，让我的人生有了新的起点；

衷心感谢北京大学政府管理学院宁骚教授，感谢恩师对我一如既往的关心、教诲、期许、勉励，并且是他把我引领到了北京大学这座思想圣殿，让我的人生有了新的意义；

衷心感谢清华大学政治学系景跃进教授，感谢恩师对我一如既往的关心、支持、帮助、鼓励，并且在我的学术生涯中，是他不断把我引领到不同的思想领地与境界，使我的人生有了新的高度。

欧阳景根
2018 年 10 月于广州

图书在版编目（CIP）数据

地方法治政府建设的资本、动力与绩效：基于六县
（区）的调查/欧阳景根，陈琼著. -- 北京：社会科
学文献出版社，2019.5
ISBN 978 - 7 - 5201 - 4764 - 4

Ⅰ.①地…　Ⅱ.①欧…②陈…　Ⅲ.①地方政府 - 社
会主义法治 - 建设 - 研究 - 中国　Ⅳ.①D927

中国版本图书馆 CIP 数据核字（2019）第 075885 号

地方法治政府建设的资本、动力与绩效
——基于六县（区）的调查

著　　者/欧阳景根　陈　琼

出 版 人/谢寿光
责任编辑/宋浩敏
文稿编辑/陈素梅　袁宏明

出　　版/社会科学文献出版社·联合出版中心（010）59367150
　　　　　地址：北京市北三环中路甲 29 号院华龙大厦　邮编：100029
　　　　　网址：www.ssap.com.cn
发　　行/市场营销中心（010）59367081　59367083
印　　装/三河市尚艺印装有限公司

规　　格/开　本：787mm × 1092mm　1/16
　　　　　印　张：18.5　字　数：323 千字
版　　次/2019 年 5 月第 1 版　2019 年 5 月第 1 次印刷
书　　号/ISBN 978 - 7 - 5201 - 4764 - 4
定　　价/98.00 元

本书如有印装质量问题，请与读者服务中心（010 - 59367028）联系